CURSO DE FO

MINISTE

Cómo entender y explicar
LOS NÚMEROS
de la Biblia

HERMENÉUTICA

CURSO DE FORMACIÓN
MINISTERIAL

Cómo entender y explicar
LOS NÚMEROS
de la Biblia

HERMENÉUTICA

editorial clie

E. W. Bullinger

EDITORIAL CLIE
M.C.E. Horeb, E.R. n.º 2.910 SE-A
Ferrocarril, 8
08232 VILADECAVALLS (Barcelona) ESPAÑA
E-mail: libros@clie.es
Internet: http:// www.clie.es

**CÓMO ENTENDER Y EXPLICAR
LOS NÚMEROS DE LA BIBLIA**

Depósito Legal: B-33279-2007 U.E.

ISBN: 978-84-7645-435-0

Impreso en USA / *Printed in USA*

Clasifíquese:
REL006000
Estudio Bíblico
Generales

HB 05.22.2023

PREFACIO

Muchos autores, desde los tiempos más antiguos, han llamado a prestar atención a la importancia de la gran cuestión de los *números* en la Escritura. Pero en su mayor parte ha sido considerada de un modo fragmentario. Uno ha tratado de algún número en particular, como el «siete»; otro se ha contentado con hacer un examen de los números primarios, e incluso al definir su significación, ha dado sólo uno o dos ejemplos a guisa de ilustración; otro se ha limitado a «números simbólicos», como el 10, el 40, el 666, etc.; otro se ha dedicado a estos números simbólicos en su relación con la cronología o la profecía; otro ha recogido ejemplos, pero no se ha extendido mucho acerca del significado de los mismos.

Por ello, parecía haber lugar, y desde luego un apremio, para una obra que fuera más completa, que abarcara una mayor área, y que al mismo tiempo se viera libre de las muchas *fantasías* que todos, más o menos, nos permitimos cuando la mente se queda ocupada excesivamente en una sola cuestión. Todo el que valore la importancia de un principio determinado se verá tentado a verlo allí donde no existe, y si no está allá, lo impondrá a pesar de todo, a pesar en ocasiones del texto original. Éste es el caso especialmente cuando se trata de cuestiones de cronología, siendo que la mayor incertidumbre de las fechas se presta más fácilmente a la imaginación del autor.

La más magna de las obras acerca de esta cuestión, tanto con respecto a la cronología como con respecto a la numerología, no se ve libre de estos defectos. Pero su valor es, no obstante, muy grande. Su autor es el difunto doctor Milo Mahan, de Nueva York. Su obra *Palmoni*,* que ha sido reedita-

---

* No la obra anónima *Palmoni*, de un autor inglés, publicada en Londres.

da en sus obras completas, ha estado mucho tiempo fuera de circulación. Sirvió para acrecentar mi interés en este campo, y me llevó a adicionales estudios, además de procurarme una cantidad de valiosas ilustraciones.

Sería mucho esperar que esta obra estuviera libre de estos defectos, que son inseparables de la debilidad humana. Desde un punto de vista, es un tema que debe resultar frustrante, al menos para el autor, por cuanto de continuo se están descubriendo nuevas ilustraciones; pero desde otro punto de vista sería blasfemia suponer que una obra así pudiera ser exhaustiva; ¡con ello se supondría que las maravillas de esta mina podrían quedar agotadas y que sus tesoros podrían ser plenamente explorados!

Por ello, debo contentarme con la exposición de principios generales y con dar unos pocos ejemplos de la Palabra de Dios que los ilustran, dejando a otros la extensión de estos principios y la búsqueda de ilustraciones inherentes por sí mismos.

Que sea el resultado de esta contribución a una magna cuestión estimular las labores de los estudiosos de la Biblia, el fortalecimiento de los creyentes en su santísima fe, y el convencimiento de los escépticos acerca de la perfección e inspiración divinas del Libro de los Libros, para la alabanza y gloria de Dios.

E. W. BULLINGER

CONTENIDO

PARTE I
SU DISEÑO SOBRENATURAL

CAPÍTULO I
LAS OBRAS DE DIOS

CAPÍTULO II
LA PALABRA DE DIOS

PARTE II
SU SIGNIFICACIÓN ESPIRITUAL

PARTE I

SU DISEÑO SOBRENATURAL

Capítulo I

EL DISEÑO PATENTE EN LAS OBRAS DE DIOS

«¿Quién midió las aguas con el hueco de su mano y abarcó los cielos con su palmo, en un tercio de medida juntó el polvo de la tierra, y pesó los montes con balanza y con pesas los collados?» (Is. 40:12).

«Grandes son las obras de Jehová,
Dignas de meditarse por cuantos en ellas se complacen»
(Sal. 111:2).

No puede haber ni obras ni palabras innumerables. Podemos comprender cómo el hombre puede hablar sin designio ni significado, pero no podemos imaginar que el gran e infinito Creador y Redentor pudiera obrar o hablar sin que Sus palabras y obras sean perfectas en todos los respectos.

«En cuanto a Dios, perfecto es su CAMINO» (Sal. 18:30). «La ley de Jehová es perfecta" (Sal. 19:7). Ambas son perfectas en poder, santidad, justicia, designio, ejecución, perfectas en su objeto y fin y, por qué no decirlo, perfectas en su *número*.

«Justo es Jehová en todos sus caminos, y misericordioso en todas sus obras» (Sal. 145:17).

Todas Sus obras fueron (y son) hechas, y todas Sus palabras fueron pronunciadas y escritas, de la manera correcta, en el momento justo, en el orden correcto y en el número justo. «Él cuenta el número de las estrellas» (Sal. 147:4). Él «saca y cuenta su ejército» (Is. 40:26). Él da «su peso al viento» y «da a las aguas su medida» (Job 28:25).

Así, podemos decir junto con David: «Medito en todas tus obras; reflexiono sobre las obras de tus manos» (Sal. 143:5).

En todas las obras de Dios no encontramos sólo lo que llamamos «Ley» y a un Legislador, sino que observamos asimismo a uno que hace cumplir la ley. Hablamos de leyes, pero ellas no son nada en sí mismas. No tienen ser; no poseen poder; no pueden autogenerarse ni lograr su propio cumplimiento. Lo que queremos decir cuando hablamos de las leyes en la naturaleza es simplemente esto: Dios en acción; no meramente Dios dictando o promulgando leyes, sino llevándolas a cabo e imponiendo su cumplimiento.

Así como Él es perfecto, de la misma manera Sus obras y palabras lo son. Y cuando vemos números empleados no al azar, sino con designio, no aleatoriamente, sino con significado, entonces no vemos simplemente estas obras y palabras, sino al Dios vivo obrando y hablando.

En esta primera parte de nuestro tema vamos a considerar sólo del *designio* en el empleo de los números; y en la segunda parte de su *significación*. Y en este primer capítulo limitaremos nuestras consideraciones al designio que se aprecia en las *obras* de Dios; en el segundo, tal como se ve en la *Palabra* de Dios.

Cuando vemos el mismo designio en ambas cosas; las mismas leyes en acción; los mismos misteriosos principios en acción en cada uno de ellos, es abrumadora la convicción de que tenemos al mismo gran Diseñador, al mismo Autor; y vemos la misma Mano, el mismo sello puesto sobre todas Sus obras, y la misma firma o autógrafo, por así decirlo, en cada página de Su palabra. Y no un autógrafo que pueda ser arrancado o borrado, sino indeleble, como la marca de agua en el papel; impreso y entretejido de tal manera que ningún poder sobre la tierra podría deshacerlo.

Pasemos primero a

LOS CIELOS

Vemos aquí los números expuestos de una manera notable. Los 12 signos del Zodíaco, cada uno de ellos con tres constelaciones, lo que hace 36 en total, que, a su vez, junto con los 12 signos, hacen un total de 48. Por tanto, tiene que haber una razón para que el número 12 impregne los cielos. ¿Por qué debería ser 12 el factor predominante? ¿Por qué no 11, o 13, o 7, o 20?

Ello se debe a que 12 es uno de los cuatro números perfectos, el número de la *perfección gubernamental*, de ahí que esté asociado con el *gobierno* de los cielos, porque el sol ha sido dado para «que señorease en el día» y la luna «para que señorease en la noche». Pero el significado de esto tiene que quedar aplazado hasta que pasemos a considerar el número «doce» bajo su propio encabezamiento. Por ahora es suficiente dejar constancia del hecho, en el mismo umbral de nuestro tema, de que tenemos una medida o factor común, que se ve en los 12 signos del Zodíaco, en las 36 (3 x 12) constelaciones,[1] el total de 48 (4 x 12); los 360 (12 x 30) grados en que se divide todo el gran círculo de los cielos. Nadie puede decirnos por qué el número de grados fue fijado al principio como de 360. Nos ha venido desde los tiempos más antiguos, y se emplea universalmente sin cuestiones de ningún tipo.[2] Y es esta división del Zodíaco la que nos da los 12 meses del año zodiacal. También recibe el nombre de año profético, porque es el año que se emplea en las profecías de la Biblia.[3]

Así, aquí tenemos un ejemplo de un número que se emplea en el cielo. El factor predominante es el *doce*.

CRONOLOGÍA

No es necesario entrar en las complicaciones de esta inmensa parte de nuestro tema. A pesar del hecho de que Dios dio al hombre estos cronómetros celestiales, ha empleado tan mal este don (como también ha sucedido con todo otro don que Dios le haya dado) que ¡ahora no puede decir en qué año estamos en realidad! No hay cuestión que esté sumida en una mayor confusión que ésta, y ello empeorado por aquellos que desean que las fechas concuerden con sus teorías de los números, en lugar de con los hechos de la historia.

Por ello, evitaremos el empleo humano de los números. Nuestra única preocupación en esta obra de Dios se encuentra en el uso que Dios hace de ellos. Por tanto, aquí hallaremos lo que es cierto y lleno de interés.

La primera división natural del tiempo va señalada por el número *siete*. En el *séptimo* día reposó Dios de Su obra de la Creación.

Cuando Él promulgó el ritual para Israel que debía exponer Su obra de Redención, volvemos a ver el *siete* sobre ella en todos sus tiempos y sazones. El día *séptimo* era el día santo; el mes *séptimo* era especialmente santificado por el número que tenía de fiestas sagradas; el año séptimo era el año sabático de reposo para la tierra; y el período de 7 x 7 años señalaba el año del Jubileo (Lv. 25:4, 8).

Treinta jubileos nos llevan desde el Éxodo hasta el comienzo del ministerio de Cristo, cuando, abriendo el libro de Isaías en 61:2, proclamó Él «el año de la buena voluntad de Jehová» en una profecía *séptuple* (véase Lc. 4:18-21).

Las grandes divisiones simbólicas de la historia de Israel, o más bién de los tiempos de los tratos de Dios con ellos, están señaladas por el mismo número; y si nos confiamos a la *duración* de los años en lugar de a la sucesión de los años y de las fechas *cronológicas,* con καιρός (*kairos*), una porción definida y delimitada de tiempo, en lugar de con χρόνος (*chronos*), tiempo, *el curso del tiempo en general* [4] (de ahí nuestra palabra «cronología»), no tendremos dificultades.

Los tratos de Dios con Su pueblo tienen que ver con la *duración* real del tiempo más que con *fechas* específicas; y vemos que sus tratos con Israel fueron medidos en cuatro períodos, cada uno de ellos de una duración de 490 (70 veces 7) años. Así:

El primero: De Abraham al Éxodo.
El segundo: Del Éxodo a la Dedicación del Templo.
El tercero: Desde el Templo hasta el regreso de Nehemías.
El cuarto: Desde Nehemías hasta la Segunda Venida.

Está claro que éstos son períodos cuya duración tiene que ver sólo con Israel y con los inmediatos tratos de Jehová con ellos. Porque en cada uno de ellos hay un período de tiempo durante el cual Él no estaba gobernándolos de un modo inmediato, sino en el que Su mano se apartó de ellos, y Su pueblo quedó sin señales visibles de Su presencia con ellos.

Años

1. Desde el nacimiento de Abraham hasta el Éxodo
   hubo *realmente* (Gn. 12:4; 16:3 y 21:5)[5]   505
   Pero deduciendo los 15 años mientras Ismael fue la
   simiente de Abraham, retardando la simiente de
   la promesa: 15
   Lo que nos da los *primeros* 70 x 7 años   490

2. Desde el Éxodo hasta la fundación de
   Templo, según Hch. 13:20:[6]   Años Años
   En el desierto   40
   Bajo los Jueces   450
   Saúl   40
   David   40
   Salomón (1º R. 6:1, 37)   3
                                                          573

   Pero a estos años debemos restarles las
   Cautividades bajo   Años Años
   Cusán (Jue. 3:8)   8
   Eglón (Jue. 3:14)   18
   Jabín (Jue. 4:3)   20
   Los madianitas (Jue. 6:1)   7
   Los filisteos (Jue. 13:1)[7]   40
                                                           93
                           Lo que nos deja   480

   A esto debemos añadir los años durante los que
   estuvo el Templo en construcción, la terminación
   de la casa (1º Reyes 6:38)   7
   Y *como mínimo* para proveer para todo el trabajo y
   para acabarlo (1º Reyes 7:13-51)[8]   3
   Lo que nos lleva al *segundo* período
   de 70 x 7 años = ...   490

3. Desde la Dedicación del Templo hasta el regreso
   de Nehemías en el año 20 de Artajerjes (Neh.
   2:1)...   560
   Restar los 70 años de Cautiverio en Babilonia (Jer.
   25:11, 12; Dn. 9:2)   70
   Lo que nos lleva al *tercer* período
   de 7 x 70 años = ...   490

4. Desde el regreso de Nehemías hasta el «cortamiento» de «el Mesías Príncipe» (Dn. 9:24-27)

Las «Siete Semanas» (7 x 7)....................... 49

Las   «Sesenta y dos semanas» (62 x 7)......... 434
                                                  ———
                                                  483

«Después de esto, el Mesís debía ser «cortado», comenzando a continuación el presente intervalo, el más prolongado de todos, que ya ha durado más de 1890 años, y que ha de ser seguido, cuando Dios vuelva a tener tratos con Su pueblo Israel, por «Una semana»[9].. 7
                                                  ———
                                                  490

Así, el número *siete* está marcado sobre «los tiempos y las sazones» de las Escrituras, indicando la *perfección espiritual* de las Profecías divinas.

LA NATURALEZA

Esta ley la observamos en acción en varios reinos de la naturaleza. En ocasiones, un número es el factor dominante, en ocasiones es otro. En la naturaleza se ve que el *siete* es lo que marca al único posible modo de clasificación de la masa de individuos que constituye el departamento especial que se llama ciencia. Presentamos las *siete* divisiones, con ejemplos de los reinos animal y vegetal. Un espécimen de *animal* y el otro de una *flor* (la rosa).

		Animal	Vegetal
I.	REINO	Animal	Vegetal
II.	FILUM	Vertebrado	Fanerógama
III.	CLASE	Mamífero	Dicotiledónea
IV.	ORDEN	Carnívoro	Rosifloræ
V.	FAMILIA	Canidæ	Rosaciæ
VI.	GÉNERO	Perro	Rosa
VII.	ESPECIE	Spaniel	Rosa de té

EL REINO VEGETAL

Aquí todo es ley y orden. Los números entran aquí determinando en muchos casos varias clasificaciones. En las Endógenas (o plantas de crecimiento interno) el número dominante es el *tres*, mientras que en las Exógenas (o plantas de crecimiento externo) el número que predomina es el *cinco*.

Los granos en el maíz están dispuestos en hileras generalmente rectas, pero en ocasiones en espiral. Y estas hileras ¡siempre aparecen en un *número par!* ¡Nunca impar! Se encuentran desde 8 a 10, 12, 14, 16, y a veces hasta 24. Pero nunca 5, 7, 9, 11, 13 o cualquier cantidad impar de hileras. El número par es permanente. H. L. Hastings cuenta de un granjero que estuvo 27 años buscando y no pudo encontrar una cantidad *impar* de hileras. A un esclavo le ofrecieron una vez la libertad si descubría una mazorca de maíz con número impar, ¡y un día encontró una! Pero la había encontrado también tiempo atrás, cuando era joven; había cortado cuidadosamente una hilera y la había envuelto, de manera que las partes *crecieran juntas* al ir creciendo la mazorca, que finalmente presentó el fenómeno de prestar una cantidad impar de hileras. Esta excepción demuestra la regla de una manera interesante.

Si observamos cómo las hojas brotan del tronco de la planta, no sólo se ve la ley en la clasificación de su naturaleza y carácter, sino también el número en su arreglo y disposición. Algunas se sitúan de modo alterno, otras en oposición, mientras que otras son dispuestas *en espiral.* Pero en cada caso, todo tiene lugar en un orden perfecto. Después de una cierta cantidad de hojas uno llega a otra que está inmediatamente encima de la primera, y en la misma línea que ella:

En la manzana es la quinta hoja.

En el roble, la cuarta.

En el melocotonero, etc., es la sexta.

En el acebo, etc., es la octava; pero se precisa de *dos vueltas* de la espiral antes que la hoja octava se encuentre inmediatamente por encima de la primera.

En el alerce es la hoja vigésimo primera; pero no es hasta después de *ocho vueltas* de la espiral que la hoja vigésimo primera se encuentra directamente sobre la primera.

Se podrían multiplicar los ejemplos indefinidamente si el tema a tratar fuera exclusivamente el *designio* en la *naturaleza.* Pero es nuestro deseo escudriñar la Palabra de Dios, y por ello sólo podemos arañar la superficie de Sus obras, aunque de manera suficiente para poder ilustrar la acción de la Ley y la presencia de Aquel que la mantiene.

LA FISIOLOGÍA

Nos ofrece un inmenso campo de donde conseguir ilustraciones, pero una vez más aquí se ve que la gran impronta es el número *siete*. Los años de vida del hombre son «setenta» (7 x 10). En *siete* años cambia toda la estructura del cuerpo; y todos estamos familiarizados con «las siete épocas de la vida del hombre».

Hay *siete* palabras griegas que se emplean para describir *estas siete* edades, según Filón:

1. La infancia (παιδίον, *paidion*, un pequeñuelo).
2. La niñez (παῖς, *pais*, niño, chico).
3. Pubertad (μειράκιον, *meirakion*, mozalbete, mozo).
4. Juventud (νεανίσκος, *neaniskos*, joven).
5. Etapa adulta (ἀνήρ, *anër*, hombre).
6. La decadencia (πρεσβύτης, *presbutës*, anciano).
7. La senilidad (γέρων, *gerön*, viejo).

Los diversos períodos de *gestación* son también comúnmente un múltiples de *siete*, bien de días o de semanas.

En el caso de los INSECTOS, los huevos se abren a partir de *siete* medios días (como en el caso de la abeja, la avispa, etc.), mientras que en otros casos se trata de siete días enteros. La mayor parte de los insectos precisan de 14 (2 x 7) a 42 (6 x 7) días; lo mismo se aplica al estado *larval*.

En el caso de los ANIMALES el período de gestación es así:

El ratón, 21 (3 x 7) días.
La liebre y la rata, 28 (4 x 7) días.
El gato, 56 (8 x 7) días.
El perro, 63 (9 x 7) días.
El león, 98 (14 x 7) días.
La oveja, 147 (21 x 7) días

Con las AVES, la gestación es:
En la gallina común, 21 (3 x 7) días.
En el pato, 42 (6 x 7) días.

En el caso de la especie *humana* es de 280 días (o 40 x 7).

Además, el hombre parece estar hecho a base de lo que podríamos llamar el principio de los *siete* días. En varias enfermedades, los días *siete*, catorce y veintiuno son críticos, y en otras *siete* o catorce medios días. El pulso humano late siguiendo el principio de los *siete* días, porque el doctor Stratton expone el hecho de que durante seis días va más acelerado por la mañana que por la tarde, mientras que *en el séptimo día late más lento*. Así, el número siete está estampado sobre la fisiología, y es así amonestado, como hombre, a reposar cada *séptimo* día. No puede violar esta ley impunemente, porque está imbricada en su mismo ser. Puede decir, «descansaré cuando me venga en gana» –un día cada diez, o irregularmente, o nada en absoluto–. Igualmente podría decir de su reloj de cuerda de ocho días: «Es mío, y le daré cuerda cuando me plazca». A no ser que le dé cuerda una vez cada ocho días como mínimo, en conformidad al principio con el que fue fabricado, sería inútil como reloj. Lo mismo pasa con el cuerpo humano. Si no reposa conforme a la ley divina, se verá obligado, más tarde o más temprano, a «guardar sus sábados», y el reposo que no quería tomar a intervalos regulares en conformidad al mandamiento de Dios ¡deberá tomarlo *todo de golpe* por orden de los hombres! Incluso en este caso, Dios le da más reposo que el que pueda conseguir por sí mismo; porque Dios querría que se tomara 52 días de reposo al año, y los pocos días de «cambio» que puede conseguir por sí mismo son un mísero sustituto para esto. Es como todos los intentos humanos de mejorar los caminos de Dios.

No obstante, no es siempre el *siete* el factor predominante en la fisiología o en la historia natural.

En el caso de la ABEJA, es el número *tres* el que impregna todo lo relacionado con ella:

En tres días se abre el huevo de la reina.
Es alimentada durante nueve días (3 x 3).
Alcanza la madurez en 15 días (5 x 3).
La larva de la obrera alcanza la madurez en 21 días (7 x 3).
Y se pone a trabajar tres días después de salir de su celda.
El zángano madura en 24 días (8 x 3).
La abeja está compuesta por tres secciones: cabeza y dos estómagos.
Los dos ojos están compuestos cada uno por alrededor de 3.000 pequeños ojos simples (con una forma semejante a las celdas del panal), teniendo cada uno de ellos seis lados (2 x 3).
Tiene seis (2 x 3) patas. Cada pata está compuesta por tres secciones.

La pata está formada por tres secciones triangulares.
Las antenas consisten de nueve (3 x 3) secciones.
El aguijón presenta nueve (3 x 3) barbas a cada lado.

¿Qué es esto? ¿Designio o casualidad? ¿Por qué debería ser el número *tres* en lugar de cualquier otro número? Nadie puede contestar a esto. Sólo podemos observar la maravillosa acción de las leyes sobrenaturales y admirar la perfección del diseño que patentizan.

QUÍMICA

Aquí llegamos a un campo de conocimiento en el que constantemente se están haciendo nuevos descubrimientos. La química es merecedora del nombre de *ciencia*. Aquí no nos encontramos con teorías e hipótesis, que privan a otras pretendidas ciencias de todo derecho a este nombre. Ciencia significa *Scientia*, conocimiento, aquello que *sabemos*, y lo que sabemos es *verdad* que nunca puede ser alterada. La química, por ejemplo, no es como la geología, en la que las viejas teorías están siendo constantemente sustituidas por las nuevas. Si *conocemos* la acción de una sustancia determinada, entonces nuestro conocimiento nunca cambia. Pero junto con esta verdad inalterable se da el constante descubrimiento de nuevas verdades.

Toda la materia está constituida por diversas combinaciones de diversos elementos, que son sus componentes últimos e irreducibles. No es que estos elementos sean absolutamente simples, sino que hasta el día de hoy no han sido descompuestos. Algunos de ellos han sido conocidos desde tiempos muy antiguos, mientras que otros han sido descubiertos muy recientemente. Por ello, su cantidad va aumentando lentamente. En 1874 se conocían 64; hoy se conocen alrededor de 70.[10]

Pero aunque su número total no pueda aún ser conocido, se ha descubierto la ley mediante la que están distribuidos. Es una ley compleja, pero perfecta.

1. Todos los elementos, cuando son magnetizados, se comportan de dos maneras diferentes. Una clase se alinea de inmediato de este a oeste, en *ángulo recto* con la línea de fuerza magnética (que va de norte a sur), y recibe por ello el nombre de *diamagnética* (esto es, a través del imán); la otra, en cambio,

se alinea en dirección al polo magnético (esto es, norte a sur), y recibe el nombre de *paramagnética* (esto es, al lado a lo largo del imán).

2. Además, se observa que estas especies químicas poseen otras propiedades. Algunas se combinan con *un* solo átomo de otro elemento, y reciben el nombre de *mónadas*; algunas se combinan con sólo *dos* átomos de otro elemento, y reciben el nombre de *díadas*; algunas se combinan con sólo *tres*, y son llamadas *tríadas*, mientras que las que se combinan con *cuatro* son llamadas *tétradas*, etc.

3. Ahora bien, cuando se disponen los elementos, primero a ambos lados de la línea divisoria, según sus propiedades *diamagnéticas* y *paramagnéticas*, y se sitúan a continuación según sus propiedades como *mónadas, díadas*, etc., y además en orden de sus pesos atómicos,[11] se obtiene el resultado que se ve en la ilustración adjunta, que exhibe la presencia y obra de esta maravillosa ley.

Al examinar esta tabla con atención, se verá:

1. Que a cada lado de la línea central o neutra aparecen grupos alternativos de *siete* elementos, y que cada uno de ellos cae en forma de una correspondencia, en la que la *mónada* se corresponde con la *mónada*, la *díada* con la *díada*, etc., de la siguiente manera:

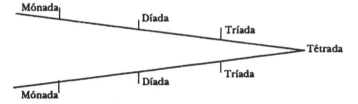

Luego, al otro lado, el grupo de *siete* queda dispuesto de manera inversa, pero correspondiente:

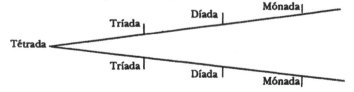

CURVA DE REYNOLDS DE LOS ELEMENTOS
SEGÚN LA
LEY PERIÓDICA DE NEWLANDS–MENDELEYEV

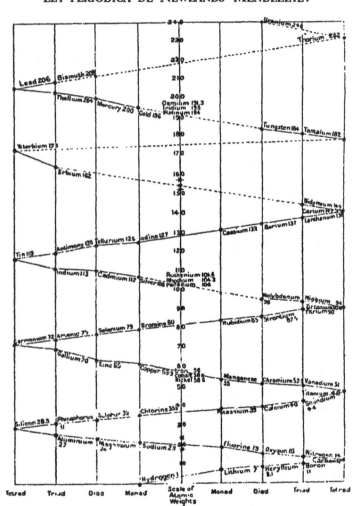

Elementos diamagnéticos   *Elementos paramagnéticos*

Teniendo así una inversión de *siete* elementos que se van *alternando* a través de toda la serie.

2. Obsérvese a continuación que cada vez que la línea pasa hacia arriba de la *derecha* a la *izquierda*, hay *un grupo de tres* elementos naturales que aparecen juntos, cerca de los *pesos atómicos* de 60, 100 y 190. Tan perfecta es la ley, que sus descubridores creen que alrededor de los puntos 20 y 155 hay dos conjuntos de tres elementos que tienen que ser descubiertos para los lugares marcados con ***.

3. Obsérvese asimismo que cuando las líneas pasan hacia arriba de la *izquierda* a la *derecha* no hay elementos de tipo alguno en esta línea neutral, y por ello no se espera que se pueda descubrir ninguno.

4. Además, obsérvese que hay otros que han de ser descubiertos aún para llenar los vacíos que quedan vacantes, por encima de los pesos 145. Hace pocos años, el número de elementos conocidos estaba en 64. La actual lista contiene 69. Y se ha informado de algunos elementos recién descubiertos durante la redacción de este capítulo. Son el Cerio, 141.5; Neodimio, 140.8; Praseodimio, 143.6; e Yterbio, 173. Éstos, junto con algunos otros que puedan ser descubiertos, llenarán algunos de los huecos que quedan.

5. Hay un elemento cuyo peso atómico es múltiplo de 7 (o muy cercano) para cada múltiplo de hasta 147, mientras que la mayor parte del resto son o bien números cuadrados (o sus múltiplos), o múltiplos de 11, o números cúbicos. En verdad, se puede afirmar que cada elemento *importante* es o bien un múltiplo de 4 o de 7; el *oro*, por ejemplo, el más valioso, tiene un peso atómico de 196 (4 x 7^2); el *hierro*, el más útil, de 56 (7 x 2^3); la *plata* tiene 108 (4 x 27, o 2^2 x 3^3), el *cobre* tiene 63 (7 x 9), el *carbono* 12 (3 x 4), el *mercurio* 200 (4 x 50), el *bismuto* 208 (4 x 52), etc.[12]

6. Nótese que aquí se encuentran todos los metales de los que estaba hecha la imagen que Nabucodonosor vio en sueños, y que están todos a la izquierda, o lado *diamagnético*; es decir, ¡que se encuentran en *oposición* a la línea del gobierno divino! Los tres que son puros y sin aleación se encuentran en la misma línea de las *mónadas* –el oro, la plata y el cobre–, mientras que el cuarto, el hierro, es neutro, ni a favor ni en contra, como el cuarto poder, que es religioso y a la vez anticristiano. El

más pesado se encuentra arriba y el más ligero abajo, como si para mostrarnos que siendo que la imagen era más pesada por arriba no estaba destinada a permanecer. Tres han pasado ya; el cuarto está llegando a su fin, en cuyo momento el «poder» que les fue entregado a los gentiles le será dado a Aquel «cuyo es el derecho», y la quinta monarquía (ilustrada por la Peña de la que todas las demás proceden) lo incluirá todo cuando los reinos de este mundo pasen a ser el reino de nuestro Señor y de Su Cristo.

Así, los mismos elementos de la materia están dispuestos según número y ley. Cuando esta ley fue primeramente sugerida, les pareció a algunos químicos que se trataba de algo tan absurdo como suponer que el orden alfabético pudiera ser el orden científico o natural.

Pero aquí tenemos un orden natural, o más bien, deberíamos decir, un orden divino. Porque los elementos, cuando son dispuestos conforme a los pesos y propiedades que Dios les ha dado, exhiben este maravilloso orden. Aquí no hay lugar a la imaginación humana, sino que son los resultados del conocimiento o de la verdadera ciencia.

SONIDO Y MÚSICA

El sonido es la impresión producida en el oído por las vibraciones del aire. El *tono* de la nota musical es más o menos elevado según estas vibraciones sean más o menos rápidas. Cuando son demasiado lentas o no suficientemente regulares y continua para producir un sonido musical, las llamamos *ruido*.

Hace tiempo que se concluyeron los experimentos que fijan la cantidad de vibraciones para cada nota musical, y por medio de ello, naturalmente, podemos calcular fácilmente la diferencia entre el número de vibraciones *entre* cada nota.

Éstas quedaron finalmente establecidas en Stuttgart en 1834. Fueron adoptadas por el Conservatorio de París en 1859, pero no fue hasta 1869 que fueron adoptadas en Inglaterra por la Sociedad de las Artes. Se muestra a continuación la escala de *Do*, en la que se da la cantidad de vibraciones por segundo bajo cada nota, y las diferencias entre ellas:

En la línea superior de cifras, las que se hallan inmediatamente debajo de cada nota son la cantidad de vibraciones que producen aquella nota. Las cifras entre paréntesis, entre estos números, muestran las diferencias entre estas variaciones. Las cifras en la línea inferior son meramente los *factores* de los números respectivos.

Al examinar lo anterior, se verá que el número *once* está imprimido sobre la música; y también podríamos decir el *siete*, por cuanto hay *siete* notas en la escala (siendo que la octava es repetición de la primera).

La cantidad de vibraciones por segundo, para cada nota, es un *múltiplo de siete*, y la diferencia en el número de vibraciones entre cada nota es también un múltiple de once. Estas diferencias no son siempre iguales. Hablamos de tonos y semitonos, como si todos los tonos fueran iguales, y como si todos los semitonos fueran iguales; pero no es así. La diferencia entre el *semitono Mi* y *Fa*[13] es de 22, en tanto que entre el otro *semitono, Si* y *Do*, es de 33. Lo mismo sucede con los *tonos*: la diferencia entre el tono *Do* y *Re*, por ejemplo, es 33, mientras que entre *Fa* y *Sol* es 22; entre *Sol* y *La* es 44; y entre *La* y *Si* es 55.

El oído puede detectar y comunicar estas vibraciones al cerebro sólo dentro de ciertos límites. Cada oído tiene en su interior un diminuto órgano, como una pequeña arpa, con alrededor de diez mil cuerdas. Estos órganos fueron descubiertos por un italiano llamado Corti, y por ello han recibido el nombre de «órganos de Corti». Cuando se produce el sonido, la correspondiente cuerda de esta diminuta arpa vibra en sintonía, y transmite la impresión al cerebro. La gran cantidad de estas pequeñas cuerdas provee a la transmisión de cada sonido concebible dentro de ciertos límites. En la escala, como ya hemos visto, hay un campo de 264 vibraciones. Hay una diferencia entre cada una, por lo que en la práctica hay 264 notas entre cada escala, pero el oído no puede detectarlas. El oído de un adiestrado violinista puede detectar muchas más que el de una persona no adiestrada. La acción mecánica del piano puede registrar sólo doce de estas notas.

El violín puede producir un número mucho mayor, por lo que es un instrumento mucho más perfecto, pero no alcanza a la capacidad de la voz humana. El maravilloso mecanismo de la voz humana, al ser creación de Dios, va mucho más allá de ningún instrumento que el hombre pueda hacer.

Hay vibraciones que el oído no puede detectar, tan lentas que no producen ningún sonido audible, pero hay maneras en que se pueden hacer *visibles a la vista*. Cuando se echa arena sobre un delgado disco metálico, al que se une una cuerda y se la hace vibrar, la arena se dispondrá de inmediato en *una perfecta pauta geométrica*. Y esta pauta variará con el número de vibraciones. Son las llamadas «figuras de Chladni». El yeso húmedo sobre vidrio o una acuarela húmeda sobre superficies rígidas vibrarán con el sonido, sea de la voz humana, sea de una corneta, y asumirán formas de clase diferente: geométricas, vegetales y florales, algunas asemejándose a helechos, otras a hojas y a conchas, según la frecuencia de la nota.

El «pendulógrafo» es otro instrumento empleado para poder visualizar estas vibraciones, y para exhibir gamas de sonido inaudibles al oído. Se une una pluma a un péndulo, y el papel a otro, y se hace que oscilen en ángulo recto entre sí. Cuando cada péndulo se pone a *la misma* longitud (haciendo el mismo número de vibraciones al mismo tiempo), la figura hecha por la pluma será un círculo perfecto. Pero cuando estas longitudes (o vibraciones) varíen, las pautas que se exhiben son tan exquisitas como maravillosas, y casi infinitas en su variedad y diseño.

Incluso los órganos de Corti están limitados en su capacidad de percepción, a pesar de los muchos miles de cuerdas vibradoras. Cuando estos órganos son perfectos o están bien formados, hay lo que se dice un «oído musical». Pero en muchos casos no se tiene «oído para la música». Ello significa que en estas personas estos órganos son defectuosos, o que no están totalmente desarrollados, o que han sufrido una malformación, y que por ello los sonidos no son adecuadamente transmitidos al cerebro.

¡Hay, por ello, una verdad solemne e importante en las palabras «EL QUE PLANTÓ EL OJO»! (Sal. 94:9). ¡Qué plantío más maravilloso!

No todos gozan de este peculiar «oído» musical. Y nadie tiene de natural un oído que pueda distinguir las cosas de

Dios. El oído espiritual es el don directo y plantío de Dios. Por ello se escribe: «El que tenga oído», esto es, sólo aquellos que tienen este oído dado por Dios, plantado divinamente, pueden oír las cosas del Espíritu de Dios.» ¡Un «oído para oír» estas cosas espirituales es una realidad mucho mayor y un don mucho más grande que el de un oído para la música! ¡Oh, maravilloso oído! Es el Señor quien da «el oído que oye» (Pr. 20:12). Él despierta el oído para oír (Is. 50:4). Es el Señor quien abre el oído (Is. 50:5). El oído natural no oye sonidos espirituales; no puede discernirlos (Is. 64:4 y 1ª Co. 2:9). Así, la naturaleza y la gracia se ilustran entre sí, revelando el gran hecho de que hay un oído secreto, más delicado que cualquiera de los «órganos de Corti», que puede detectar sonidos invisibles así como inaudibles a los sentidos, y que posibilita que aquellos que los poseen puedan decir:

> «Más dulce son que el de la música
> Me atrae el nombre de Emanuel;
> Todas sus esperanzas mi espíritu debe
> A su nacer y a su muerte en cruz cruel».

EL COLOR

Otro paso nos lleva al color, que es causado por las vibraciones de la *luz*, así como el sonido es causado por las vibraciones del *aire*. Hay una relación entre ambos, de modo que a un color determinado le corresponde una nota particular de música.

De ahí que existan los siete colores que se corresponden con las siete notas musicales, y se encuentra que los sones que armonizan se corresponden con los colores que armonizan. En cambio, las discordancias en color se corresponden con discordancias en música.

El *siete*, tanto en música como en color, se divide en tres y cuatro. Tres colores primarios y cuatro secundarios, de los que proceden todos los demás, se corresponden con los tres sonidos primarios, llamados «el triple acorde», y los cuatro secundarios.

Esta cuestión es demasiado compleja para extendernos más sobre la misma en estas páginas. Se ha dicho lo suficiente para mostrar que en las obras de Dios todo es perfecta armonía, orden y simetría, tanto en números como en designio; y que lo uno se corresponde con lo otro de una manera verdadera y maravillosa.

La gran pregunta ahora es: ¿Acaso no es de esperar hallar el mismo fenómeno en la mayor de las obras de Dios, Su Palabra escrita? Si no la más grande en algunos sentidos, sí es sin embargo la de mayor importancia para nosotros. Porque al hallar en ella la misma y correspondiente perfección de diseño, entonces vemos a todolo largo de ella el mismo y misterioso autógrafo. Y sus verdades y promesas y preceptos nos vienen con una mayor solemnidad y poder; porque las palabras del libro dicen, junto con las estrellas del cielo:

«La mano que nos hizo, divina es».

NOTAS

1. Hay otras modernas constelaciones hoy en día: Hevelius (1611-1687) añadió veintidós; Halley (1656-1742) añadió quince. Pero todos saben cuán diferentes son éstas de las antiguas constelaciones, tanto por sus nombres su carácter como por su total carencia de significado.

2. Probablemente surja del producto de los cuatro números, 3, 4, 5 y 6, que surgen de los fenómenos que subyacen en las ciencias geométrica y aritmética. 3 x 4 x 5 x 6 = 360, mientras que 360 x 7 = 2520.

3. Hay tipos diferentes o relativos de año, según contemos las revoluciones del sol en relación con ciertos objetos. Por ejemplo: (1) En relación con los *puntos equinocciales*. El tiempo que se toma el sol en volver al mismo punto equinoccial recibe el nombre de año *solar* (o también el de año *civil* o *trópico*), y consiste en 365.2422414 días solares (o 365 días, 5 horas, 48 minutos y 49,7 segundos. (2) En relación con las *estrellas*. El tiempo que tarda el sol en volver a la misma estrella fija recibe el nombre de *año sideral*, y consiste de 365.2563612 días solares (o 365 días, 6 horas, 9 minutos y 9,6 segundos). (3) En relación con su propia órbita. El tiempo que el sol se toma en volver al mismo punto en su propia órbita recibe el nombre de *año anomalístico*, y consiste de 365,2595981 días solares) o 365 días, 6 horas, 13 minutos y 49,3 segundos). La palabra «anomalístico» significa *irregular*, y esta clase de año recibe este nombre debido a que fue en base a él que se descubrieron las primeras irregularidades en los movimientos planetarios.

4. En griego *moderno* καιρός ha venido a denotar *clima*, y χρόνος, *año* preservándose así la esencial distinción entre ambas palabras.

5. Abraham tenía 75 años cuando recibió la promesa (Gn. 12:4). La Ley fue dada 430 años después (Éx. 12:40; Gá. 3:17). Pero 430 y 75 hacen 505 años, o 15 años de más de los 490. ¿Cómo se puede dar cuenta de esta discontinuidad como formando parte de los 505 años? La respuesta es que al partir Abraham hacia Canaán (12:4) tenía 75 años, e Ismael nació 10 años después (16:3), y que por tanto Abraham tenía 85 años al nacer Ismael. Pero tenía 100 años cuando Isaac nació (21:5). Por ello, se sigue que hubo 15 años en que Ismael estaba ocupando y usurpando el puesto de «la simiente de la promesa»; y restando 15 de 505 quedan 490. Aquí, pues, tenemos la primera de las setenta setenas de años, y la primera «discontinuidad» de 15 años.

6. El número real de años fue de 573, según Hch. 13:20. Pero en 1º R. 6:1 dice: «En el año cuatrocientos ochenta de la salida de los hijos de Israel de Egipto... comenzó él a edificar la casa de Jehová». Por ello los comentaristas llegan de inmediato a la conclusión de que el libro está equivocado. Nunca parece ocurrírseles que puede ser que *ellos* estén en un error. Pero lo están, porque el número es *ordinal*, no *cardinal*, y no dice cuatrocientos ochenta años en el original, sino «octogésimo». ¿El 480º desde o de qué? De la *duración* de los tratos de Dios con Su pueblo, descontando 93 años en los que los había «entregado» en manos de sus enemigos. Así, no hay discrepancia entre 1º R. 6:1 y Hch. 13:20. En Hechos se expresa la cantidad *real* de años con el número *cardinal*; en cambio, en Reyes se hace un cómputo con un número ordinal, y se menciona un cierto año en el orden de los tratos de Dios con Su pueblo. Y, sin embargo, algunos impugnan la inspiración de Hch. 13, resolviéndose a varios mecanismo, para hacerle decir lo que cada comentarista considera oportuno. La Versión Revisada inglesa adopta una antigua puntuación que de todas maneras no resuelve la dificultad, mientras que en el *Speaker's Commentary* se imprimen las palabras de 1º R. 6:1 *dentro de corchetes*, como si fueran de autoridad dudosa.

7. Los 18 años de Jue. 10:8 formaron parte de los 40 años de opresión conjuntos; a este lado del Jordán por parte de los filisteos, y «al otro lado del Jordán en la tierra del amorreo» por parte de los amonitas.

8. Porque en 1º R. 8:2 fue *dedicado* en el mes *séptimo*, aunque fue *acabado* en el mes octavo. Por ello, no hubiera podido ser en el mismo año. Y puede ser que se hubieran necesitado tres años para el acabado de todo el trabajo interior descrito en 1º R. 7:13-51.

9. Esta «una semana» tiene que ser futura, porque desde que el Mesías fue «cortado» ningún príncipe ha aparecido para hacer pacto con los judíos, ni «a la mitad de la semana» ha hecho cesar el sacrificio y la ofrenda». De esto se afirma que será especialmente obra de «un príncipe que ha de venir». Véase Dn. 8:11, donde esto es llevado a cabo por «el cuerno pequeño»; 11:31, donde es obra de «un hombre despreciable» (cf. v. 21; nombres diferentes para designar a una misma persona); y 12:11. En todos estos cuatro pasajes se habla de la obra de una misma persona, y esta persona no es Cristo, sino el Anticristo. Además, el Mesías fue «cortado» después de las «sesenta y dos semanas», esto es, al final de la *segunda* de estas tres divisiones. Y ello no puede ser el mismo acontecimiento que tiene que tener lugar «a la mitad» de la *tercera* de estas divisiones. En una profecía tan marcada por las distinciones, en que las distinciones constituyen la parte esencial de la misma, nos es imposible introducir una tan grande confusión forzando la cuestión diciendo que un acontecimiento del que se declara que tiene lugar «después» del *fin* del *segundo* período es el mismo que el descrito como teniendo lugar a la *mitad* de la *tercera*; y al mismo tiempo forzar una distinción de las cuatro distintas descripciones de un acontecimiento posterior entre una como refiriéndose a lo primero y tres a lo último. Esto es simplemente manipular la Palabra de Dios. Un sistema de interpretación que exija un tratamiento tan forzado e injustificado de la Palabra de Dios se condena por sí mismo.

10. Téngase en cuenta que, naturalmente, el autor se refiere al siglo pasado. En la actualidad (1988) se conocen más de 104, varios de ellos, radioactivos de vida media muy corta, y que no pueden hallarse en la naturaleza debido a ello, han sido logrados mediante el empleo de potentes y gigantescos aparatos (ciclotrones, bevatrones y otros aceleradores de partículas). Pero es de destacar que el descubrimiento de nuevos elementos a la tabla periódica ideada por Mendeleyev en el siglo pasado no anula en absoluto los argumentos del autor, sino que los fortalece, por cuanto la existencia misma de estos elementos y sus propiedades físicas y químicas pudieron ser predichas con mucha precisión por el mismo Mendeleyev en base a la posición de los huecos de los elementos sin descubrir en la serie lógica de la tabla, lo que muestra un orden *periódico* y armónico en los elementos y sus propiedades. (N. del T.).

11. El peso atómico es el peso relativo de un átomo expresado en relación con el hidrógeno, al que, siendo el átomo más pequeño, se le asigna la unidad de peso. Así, su peso molecular es de 2, por cuanto su molécula está constituida por *dos* átomos. Se combina con el oxígeno, cuyo peso atómico es de 16, formando agua. El oxígeno tiene dos *valencias*, o capacidades de combinación, mientras que el átomo de hidrógeno tiene una, por lo que la proporción es de *dos* átomos de hidrógeno y *uno* de oxígeno. Con el carbono, cuyo peso atómico es de 12, se combina también en la misma proporción de 2 a 12 (o 1 a 6). Éstas son las llamadas «proporciones de combinación».

12. Allí donde los otros no son múltiplos *exactos* de estos números, son tan cercanos a la exactitud que la ligera incertidumbre en los pesos aceptados pudiera dar cuenta de algunas de las diferencias. [En realidad, hay una explicación satisfactoria. Los pesos atómicos de las especies químicas son un promedio de los pesos y proporciones de los *isótopos* respectivos que se hallan presentes. Un *isótopo* tiene las mismas propiedades químicas que el elemento básico, pero diferente constitución *neutrónica.* Por ejemplo, la mayor parte de hidrógeno es de peso atómico 1 (un protón, de masa 1, más un electrón, cuyo peso es totalmente despreciable en relación con el protón). Pero hay pequeñas proporciones de hidrógeno de peso atómico 2 (un protón, más un neutrón, también de masa 1, más 1 electrón), que recibe el nombre de *deuterio,* y de hidrógeno de peso atómico 3 (un protón más dos neutrones más un electrón), llamado *tritio.* Al ser diferentes en *masa,* pero no *químicamente,* su separación tiene que hacerse por medios *físicos,* no químicos, lo que se consiguió con posterioridad a la redacción de este libro, y que da cuenta de las fracciones. (N. del T.).]

13. Al emplear esta notación, vale la pena recordar, de pasada, aunque no incida sobre el tema de que tratamos, el origen de lo que ahora llamamos *solfeo.* Surgió de un himno medieval a Juan el Bautista, que tenía esta peculiaridad de que las primeras seis líneas de la música comenzaban, respectivamente, con las primeras seis sucesivas notas de la escala, y por ello la primera sílaba de cada línea se cantaba en una nota de un tono más elevado que la primera sílaba de la línea precedente:

Ut *queant laxis*
Re-*sonare fibris*
Mi-*ra gestorum*
Fa-*muli tuorum*
Sol-*ve polluti*
La-*bii reatum*
Sancto Iohannes.

Gradualmente, estas sílabas vinieron a quedar asociadas e identificadas con sus respectivas notas, y al terminar cada sílaba con una vocal, resultaron muy adecuadas para su utilización en la práctica vocal. Por ello, *Ut* fue cambiada artificialmente por «*Do*». Guido de Arezzo fue el primero en adoptarlas en el siglo xi, y Le Maire, un músico francés del siglo xvii, añadió el «*Si*» como nombre de la séptima nota de la escala, para completar la serie. Puede que lo formara con las iniciales de las dos palabras de esta línea, la *S* y la *I.*

Capítulo II

EL DESIGNIO PATENTE EN
LA PALABRA DE DIOS

Llegamos ahora a la Palabra de Dios, que es la más grande y, para nosotros, la más importante de todas las obras de Dios. ¿Acaso no podemos buscar, y esperar encontrar, números empleados con el mismo maravilloso designio, pero aquí también con *significación*? Si hay designio debe haber significación. Puede que no siempre veamos la razón de ello en las obras de la creación, pero no podemos dejar de verla en la gran obra de la revelación divina.

En Dn. 8:13 leemos: «Entonces oí a un santo que hablaba; y otro de los santos preguntó a aquel que hablaba: ¿Hasta cuándo durará la visión del continuo sacrificio abolido, y la iniquidad asoladora puesta allí», etc.? Aquí un santo, esto es, un ángel santo, le dio a Daniel una revelación de un cierto acontecimiento profético futuro, «otro» ángel hizo una pregunta con respecto a *números: ¿Hasta cuándo?*», etc. El nombre de aquel primer santo es dado en el texto hebreo, y es dado en el margen, con su significado. Su nombre es «PALMON», y significa *«el numerador de secretos, o el maravilloso numerador».*

Así que hay un santo ángel, al menos, cuya función tiene que ver con *números.* Los números, por tanto, y los secretos que encierran, tienen un importante puesto en las palabras así como en las obras de Dios. «Un maravilloso numerador» («PALMONI») preside sobre ellos, y tiene su puesto en dar a conocer las cosas de Dios.

Esto, desde luego, parece designio; y si es así, si no sólo los «días» en los que tendrán lugar los acontecimientos están revelados, sino que las mismas *palabras* están numeradas, entonces tendremos una gran y maravillosa prueba de la inspiración divina, verbal, e incluso literal, de la Palabra de Dios.

«Gloria de Dios es encubrir el asunto; pero honra del rey es escudriñarlo» (Pr. 25:2). Por ello, al escudriñar los secretos de la Palabra de Dios estamos haciendo una obra no sólo regia, sino también honrosa.

«Grandes son las obras de Jehová, dignas de meditarse por cuantos en ellas se complacen» (Sal. 111:2). Esto, naturalmente, es totalmente distinto de intentar descubrir lo que Dios llama sus «cosas secretas».

«Las cosas secretas pertenecen a Jehová nuestro Dios; mas las reveladas son para nosotros y para nuestros hijos para siempre» (Dt. 29:29). Nuestra investigación tiene que limitarse a lo que ha sido *revelado*. Con lo que Dios no ha querido revelar, sino además mantener en secreto, no sólo no tenemos nada que hacer, sino que somos culpables del pecado de presunción si siquiera especulamos acerca de ello. Si se observa a un hijo de Dios muy ocupado con las «cosas secretas» de Dios, se verá también que se trata de uno que descuida el estudio de aquellas cosas que Dios sí ha *revelado*.

No podemos tener ni palabras ni obras sin «números». La pregunta a la que debemos dar respuesta es: ¿Se emplea el número con designio o al azar? Desde luego, si es Dios quien lo emplea, tiene que ser con una infinita sabiduría y gloriosa perfección. Y así es. Cada número tiene su propio significado y su sentido resulta estar en armonía moral y relación con la temática en relación   con la que se encuentra. Esta armonía es siempre perfecta. Cada palabra del Libro de Dios está en su puesto correcto. A veces puede parecernos que no. La cerradura puede estar en un lugar, y la llave puede a veces hallarse oculta en otro lugar, en alguna palabra u oración inadvertidas.

Se podría escribir un libro para ilustrar este hecho, y sería un estudio bíblico provechoso ocuparse en estas claves aparentemente poco importantes.

Por ejemplo: En Gn. 11 y 12 vemos cómo Abraham salió de Ur de los Caldeos, pero que en lugar de dirigirse en el acto a Canaán, se detiene largo tiempo en Harán. La explicación de este retardo no se da allí. Está escondido en Hch. 7:4, donde leemos: «y de allí (esto es, de Harán), *después de la muerte de su padre*». De donde llegamos a saber que era Taré el que puso obstáculos; y este hecho, así enfatizado, nos muestra cómo las relaciones terrenas pueden en ocasiones estorbar nuestra completa obediencia.

Otro ejemplo lo encontramos en Is. 52:4: «Mi pueblo descendió a Egipto en tiempo pasado, para morar allá, y el asirio lo cautivó sin razón» (RVR). Aquí tenemos una difícil cerradura. Este versículo ha dejado perplejos a muchos comentaristas, que suponen que se habla de dos opresiones, una en Egipto y otra en Asiria. Por ello, no pueden comprender y explicar por qué estas dos opresiones se mencionan juntas en un versículo como si estuvieran estrechamente relacionadas, cuando de hecho estuvieron separadas por más de siete siglos. La clave se encuentra oculta en una pequeña palabra en Hch. 7:18: «Se levantó en Egipto *otro* rey». La palabra aquí traducida «otro» no es αλλος, *otro* de la misma clase, sino ἕτερος, *otro* de clase diferente, esto es, «diferente», no meramente «distinto»; esto nos muestra que se trataba de una *dinastía diferente*. Y los monumentos demuestran hoy día que se trataba de una dinastía asiria.[1]

Se podrían citar muchos otros ejemplos para mostrar cómo se pueden encontrar un hombre, o una palabra, o una genealogía, o una fecha, que aparentemente tiene poca o ninguna importancia en su contexto, y que sin embargo puede arrojar una luz maravillosa sobre un pasaje escrito en otro lugar, y constituir una clave para una dificultad por otra parte inexplicable. «Pero todas estas cosas las efectúa uno y el mismo Espíritu», cuya infinita sabiduría se ve inspirando la totalidad de la revelación divina, y asegurando una uniformidad de resultados que sería absolutamente imposible en una obra escrita por separado por diferentes escritores.

Dejemos a un lado de momento la cuestión de la *significación*, y examinemos unos cuantos datos que muestran un *designio* manifiesto que impregna a toda la Biblia, por el cual varios agentes, escribiendo en diferentes intervalos, y así separados tanto por lugar como por tiempo y circunstancia, son llevados sin embargo a emplear ciertas palabras un número determinado de veces.

La cantidad real depende del significado específico de la palabra; porque el significado de la palabra se corresponde con la significación de la cantidad de veces que aparece.

Allí donde no existe tal significado específico en el sentido o empleo de la palabra, no hay significación especial en la cantidad de veces que aparece.

Pero cuando la palabra tiene *una importancia general*, aparte de su *significado* directo, entonces la palabra aparece en seguimiento de una ley. Todas estas palabras generales e importantes, esto es, aquellas palabras sobre las que el Espíritu Santo quisiera que pusiéramos especial énfasis, o quiere que destaquemos, aparecen un número concreto de veces, y este número es, bien:

(1) Un número *cuadrado*, o
(2) Un *cubo*, o
(3) Un múltiplo de siete, o
(4) Un múltiplo de once.

Es interesante observar por qué estos números están así asociados. Son significativos por sí mismos; porque el *siete* es uno de los cuatro llamados números perfectos, 3, 7, 10 y 12, como veremos a continuación:

3 es el número de la perfección *divina.*
7   "   "   perfección *espiritual.*
10   "   "   perfección *ordinal.*
12   "   "   perfección *gubernamental.*

El producto de estos cuatro números perfectos constituye el gran número de la *perfección cronológica,* 3 x 7 x 10 x 12 = 2520, los tiempos del castigo de Israel, y los tiempos del dominio gentil sobre Jerusalén.[2]

La asociación de los números 11 y 7 conecta esta ley aritmética con la geométrica, y llama nuestra atención a los fenómenos exhibidos por los lados de las cuatro formas rectilíneas primarias:

En el *plano,*
El triángulo tiene 3 lados $\left.\right\}$ = 7
El cuadrado tiene 4   "

En el *sólido,*
La pirámide tiene 5 caras $\left.\right\}$ = 11
El cubo   6 caras

El número 18 (la suma de éstos, 7 + 11), en la Escritura, como en la naturaleza, es generalmente distribuido así entre 7 y 11, o entre 9 y 9.

La razón entre 7 y 11 es la misma que la de la altura de una pirámide (cuya base es cuadrada) a la longitud de su base.

La razón entre 7 y 11 es también la relación entre el diámetro de un círculo y la longitud de su semicircunferencia; o entre un semicírculo y su cuerda.

Además, así como en la Escritura y en la naturaleza el número 18 se distribuye entre 7 y 11, así también 7 se distribuye entre 3 y 4 (3 + 4 = 7), y 11 se distribuye entre 5 y 6 (5 + 6 = 11).

Estos números, 3, 4, 5 y 6, están relacionados mediante una progresión aritmética perfecta, cuya diferencia es la unidad (1). El producto de los mismos nos da la bien conocida división del círculo (3 x 4 x 5 x 6 = 360).[3] Nadie puede decir por qué el gran círculo de los cielos (el Zodíaco) tiene que estar dividido en 360 partes, en lugar de cualquier otro número, porque aparte de por esto parece un número totalmente arbitrario. Pero éste es el número que nos da el gran año zodiacal, profético y bíblico de 360 días, que fue dado originalmente a Noé, y que fue empleado por los babilonios y por los egipcios.

Es el producto de estos grandes círculos zodiacales, o años, por *siete*, lo que nos da el gran número expresivo de *perfección cronológica* (360 x 7 = 2520).

El número 2520 es, quizá, el más notable de todos, porque

(1) Es el sumario de todas las formas rectilíneas primarias.

(2) Es el producto de los cuatro grandes números de acabamiento o perfección, como se ha visto antes (para 3 x 7 x 10 x 12 = 2520).

(3) Es el mínimo común múltiplo (M.C.M.) de los diez números de los que se deriva nuestro sistema de notación, porque M.C.M. de 1, 2, 3, 4, 5, 6, 7, 8, 9, 10 es 2520.

Finalmente, en la escala musical, como ya hemos visto, volvemos a encontrarnos con estos números *siete* y 11 como la expresión de las *siete* notas primarias y de los 11 semitonos.

Lo que haya ahí de designio o de azar en todo esto lo dejamos al juicio de nuestros lectores.

Para nuestro propósito es suficiente ahora simplemente observar que dos números, el *siete* y el 11, han sido seleccionados para tener un gran papel;[4] y el hecho de que la relación que sostienen entre sí sea tan notable debe ser debida a designio.

¿Por qué estos números, el *siete* y el 11? ¿Por qué no cualesquiera otros números? ¿O por qué dos en absoluto? ¿Por qué no tres? Puede que seamos capaces o no de explicar el porqué, pero no podemos cerrar nuestros ojos a esta realidad. No estamos sólo observando fenómenos y registrando el funcionamiento de leyes. Examinemos en primer lugar

LOS LIBROS DE LA BIBLIA

El Antiguo Testamento

La Versión Autorizada inglesa, lo mismo que todas las Biblias impresas, contiene y cuenta 39 libros canónicos separados en el Antiguo Testamento.

Los judíos alejandrinos y los primeros Padres cristianos contaban 22 (2 x 11) libros. A este número se llegó arbitraria y artificialmente poniendo algunos libros juntos a fin de hacer que la cantidad de libros concordara con la cantidad de letras en el alfabeto hebreo.[5]

Pero todos estos cómputos no tienen valor alguno, al no estar basados en ninguna autoridad cierta, y estando todos ellos en contra de la autoridad del MS. hebreo, que es todo lo que tenemos para guiarnos en este asunto. En otras palabras, el número y orden de los libros de la Biblia nos viene precisamente sobre la misma autoridad que sus hechos y doctrinas.

En el MS. hebreo, Esdras y Nehemías son siempre contados como un libro, bajo el único nombre de Esdras. Cada uno de los libros dobles es contado como un libro (p.e., 1º y 2º Samuel, 1º y 2º Reyes y 1º y 2º Crónicas), y todos los profetas menores se cuentan también como un solo libro. Esto hace un total de 24 libros. Esto es 8 x 3, dando los dos factores el sello de perfección divina a este número. (Véanse los números *Tres* y *Ocho*.)[6]

El Nuevo Testamento

El Nuevo Testamento está compuesto por 27 libros separados (3 x 3 x 3, o 3³).

De estos 27 libros, 21 (3 x 7) son Epístolas.

LOS AUTORES

Si examinamos los agentes empleados en la redacción, tenemos 28 escritores (4 x 7) en el Antiguo Testamento, y 8 (2³) en el Nuevo Testamento; juntos, 36 (6²).

De las 21 Epístolas del Nuevo Testamento, 14 (2 x 7) son de Pablo, y *siete* por otros escritores.

En esto tenemos un argumento en favor de la paternidad paulina de la Epístola a los Hebreos; argumento que queda confirmado por las cantidades de usos verbales que se examinan más adelante. (Ver páginas 49-52)[7]

No sólo encontramos estos fenómenos en los libros y escritores de la Biblia, sino también en el número de usos de importantes palabras y frases.

PALABRAS EN EL ANTIGUO TESTAMENTO

«Propiciatorio»	aparece 27 veces		(3^3).
«El candelero»	" 27	"	(3^3).
La «ofrenda mecida»[8]	" 28	"	(4×7).
La «ofrenda sacrificial»[9]	" 28	"	(4×8).

«Incienso» aparece $\left\{ \begin{array}{l} \text{en Levítico 7 veces} \\ \text{en otros pasajes, 14} \end{array} \right\}$ 21 (3×7).

«Décima parte», 28 veces (4×7).

«Madera de acacia» שִׁטָּה y שִׁטִּים, 28 veces (4×7).

«Viviente» (חַי, Chai):

Arameo ... 7

Hebreo $\left\{ \begin{array}{llll} \text{Lev.} & ... & 35 \ (5 \times 7) \\ \text{Núm.} & ... & 7 \\ \text{Deut.} & ... & 21 \ (3 \times 7) \\ \text{Sam.} & ... & 49 \ (7 \times 7) \\ \text{Salomón} ... & 56 \ (7 \times 8) \end{array} \right\}$ 175 (7×25).

«Maná» מָן, aparece 14 veces (2×7).

Qoheleth, קֹהֶלֶת, «predicador», siete veces, todas en Eclesiastés:

3 al comienzo (1:1, 2, 12).
1 en medio (7:27).
3 al final (12:8, 9, 10).

«Niños pequeños», טַף

En Dt.	7
Resto del Pentateuco	21
Otros pasajes ...	14

$\left. \right\}$ 42 (6×7).

En el pacto de Dios con Noé (Gn. 9) se emplea la palabra בְּרִית,

Berith, «pacto», *siete* veces; con Abraham (Gn. 15 y 17), 14 veces.

N'ginah (נְגִינָה, «*un cántico*», etc.):

En títulos de los Salmos   7 } 14.[10]
En otros pasajes   7

«Músico principal» (מְנַצֵּחַ, *M'natstsach*):[11]

En los Salmos   55 (5 x 11) } 56 (7 x 8).
Hab. 3:19   1

«Bendito» (אַשְׁרֵי, *ashrey*):[12]

Salmos ... ... 25 (5²) } 44 (4 x 11)
Resto del Antiguo Testamento ... 19

«Visión»:

חֱזוּ,	*Cheh-zev* (arameo)	11	
חָזוֹן,	*Chah-zon*	35 (5 x 7)	} 55 (5 x 11).
חִזָּיוֹן,	*Chiz-zah-yohn*	9 (3²)	

«Renuevo»:

נֵצֶר,	*Neh-tzer*[13]	4 (2²)	} 16 (4²).
צֶמַח,	*Tsemech*[14]	12 (3 x 2²)	

פֶּסַה,   *pah-sach,* el verbo empleado de la *Pascua, siete* veces.
כֻּתֹּנֶת,   *k'thôh-neth,* y *koot-toh-neth,* «túnicas», 28 veces (pri-
        mera mención, Gn. 3:15).
לִשָּׁן,   *lish-shahn* (arameo), «lenguas», 7 veces, todas ellas
     en Daniel.
זֶרַע,   *zeh-ragh,* «simiente», 224 veces (7 x 32).

PALABRAS EN EL NUEVO TESTAMENTO

«El Padre» aparece en	Mateo	...	44 veces	(4 x 11).
"	"	Marcos[15] ...	22 "	(2 x 11).
"	"	Lucas ...	16 "	(4²).
"	"	Juan ...	121 "	(11²).
"	"	resto N.T. ..	77 "	(7 x 11).

«El Cordero», un término peculiar, $\dot{\alpha}\rho\nu\acute{\iota}o\nu$ (*arnion*), empleado de Cristo, 28 veces[16] (4 x 7).

$\phi\tilde{\omega}\varsigma$ (*phōs*), *luz*, aparece 72 veces (3^3 x 6) si añadimos, como
la Versión Revisada inglesa, Ef. 5:9 y Ap. 22:5.

$\ddot{\alpha}\pi\alpha\xi$ (*hapax*), *una vez*, o *una vez por todas*, 14 veces (2 x 7),
omitiendo 1 P. 3:20, como lo hace la Versión Revisada
inglesa. Es un término empleado especialmente de los
padecimientos y muerte de Cristo.

$\dot{\alpha}\nu\alpha\sigma\tau\acute{\alpha}\sigma\iota\varsigma$ (anastasis),	*levantamiento*	...·	...	1	} 42.
	resurrección	...	...	41	

$\ddot{\alpha}\phi\theta\alpha\rho\tau o\varsigma$ (aphthartos),	*incorruptible*	...	...	6	} 7.
	inmortal ...	...	...	1	

«Israelitas» (plural), 7.

$K\acute{o}\kappa\kappa o\varsigma$ (*kokkos*), grano, 7.

$K\upsilon\rho\iota\epsilon\acute{\upsilon}\omega$ (kurieuō),	*ser Señor* ...	...	1	}
	de señores ...	...	1	} 7.
	enseñorearse	...	5	}

$\dot{\Omega}\delta\acute{\eta}$ (*hodē*), un cántico, 7

$\Psi\alpha\lambda\mu\acute{o}\varsigma$ (*psalmos*), un *salmo*, 7.

$N\alpha\zeta\alpha\rho\epsilon\theta$, -$\rho\epsilon\tau$ (*Nazaret*) aparece 12 veces (2^2 x 3) } 25 (5^2).

$N\alpha\zeta\omega\rho\alpha\hat{\iota}o\varsigma$, (*nazareno*) aparece 13 veces[17]

Hay otra palabra $N\alpha\zeta\alpha\rho\eta\nu\acute{o}\varsigma$ (*nazareno*), que parece
tener tanto una referencia local como un *sentido moral*. Esta
palabra aparece seis veces[18] y participa de la significación
moral del número *seis*.

Esto muestra que las otras dos palabras se refieren a la
ciudad y a sus moradores, como nombre y adjetivo, y, por
ello, que $N\alpha\zeta\omega\rho\alpha\hat{\iota}o\varsigma$, en Mt. 2:23, tiene una especial referencia a los habitantes de la *población*, y que significa «será
llamado *nazaretano*». (Véase «el primer cumplimiento de
profecía en el Nuevo Tetamento» el número «*Uno*».)

$\sigma\acute{\upsilon}\nu\epsilon\sigma\iota\varsigma$ (sunesis)	*entendimiento*	4	}
	inteligencia	2	} 7.
	conocimiento	1	}

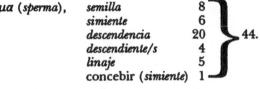

σπέρμα (*sperma*),	semilla	8	
	simiente	6	
	descendencia	20	44.
	descendiente/s	4	
	linaje	5	
	concebir (*simiente*)	1	

μεθερμηνεύω (*methermēneuō*), *traducir*　7.

«De cierto» resulta una palabra de peso. Aparece 49 veces (7^2) en los tres primeros Evangelios[19] y 25 veces en Juan (5^2). Pero en el Evangelio de Juan es siempre empleada con construcción doble («De cierto, de cierto»), con lo que en total en Juan aparece 50 veces, y 49 en los otros tres, o, en total, 99 (3^2 x 11).

Si separamos los dirigidos a los *discípulos* de los dirigidos a *otros*, tenemos:

	Dicho a los discípulos	Dicho a otros
Mateo	20 (2^2 x 5)	10 (2 x 5)
Marcos	9 (3^2)	4 (2^2)
Lucas	4 (2^2)	2
	33 (3 x 11)	16 (4^2)
Juan	10 (2 x 5)	15 (3 x 5)

«Moisés» aparece 80 veces en el Nuevo Testamento (4^2 x 5) (o 2^3 x 10). La Concordancia inglesa daba sólo 79, pasando He. 11:23 por alto.

Los nombres de los apóstoles se amoldan a esta ley:

Pedro	aparece	245	veces	(7^2 x 5)
Simón[20] (usado por Pedro)	"	50	"	(5^2 x 2)
Jacobo (el mayor)	"	21	"	(3 x 7)
Jacobo (el menor)	"	21	"	(3 x 7)
Juan	"	49	"	(7^2)
Simón Zelote	"	4	"	(2^2)
Mateo	"	8	"	(2^3)
Felipe	"	16	"	(4^2)
Pablo	"	160	"	(4^2 x 10)
Saulo (apóstol)	"	25	"	(5^2)

Siete de ellos fueron llamados antes de la designación de los Doce:

Juan	... ...	Jn. 1:35-39
Andrés	... ...	Jn. 1:40
Pedro	... ...	Jn. 1:41, 42
Felipe	... ...	Jn. 1:43
Natanael (Bartolomé)	... ...	Jn. 1:47-51
Jacobo (hijo de Zebedeo) ...	...	Mt. 4:21
Mateo	... ...	Mt. 9:9

Luego aparecen los Doce llamados en *siete* ocasiones diferentes:

1. Andrés y Juan, Jn. 1:35-39 ... ...
2. Pedro, Jn. 1:41 ... ...
3. Felipe, Jn. 1:41 ... ...
4. Natanael (Bartolomé), Jn. 1:47-51... ...
5. Jacobo (hijo de Zebedeo), Mt. 4:21 ...
6. Mateo, Mt. 9:9 ... ...
7. Los cinco restantes, Lc. 6:13-16 ... ...

(1-4) = 4; (5-7) = 3; total = 7

Aquí, como es usual, *siete* se distribuye entre 4 y 3. Cuatro son los registrados en el Evangelio de Juan, y tres en los otros Evangelios.

Es probable también que pertenecieran a *siete* diferentes familias, pero las relaciones son demasiado inciertas para poder hablar con certidumbre. En todo caso, *siete* de ellos eran hermanos: Pedro y Andrés; Jacobo y Juan; Jacobo (el menor), Judas (Labeo o Tadeo), y Simón (Zelota).

Junto con este orden *séptuple*, que marca el número de los Apóstoles, hay una división triple de los doce en cuatros.

En total hay cuatro listas (2^2) de los nombres de los apóstoles: tres en los Evangelios y una en Hechos. En cada lista varía el orden de los nombres, pero con la notable concordancia de que el primer nombre en cada grupo es siempre *el mismo*, mientras que los otros tres, aunque se encuentren en un orden diferente, nunca se hablan en un grupo distinto, así:

	Mateo 10:2-4	Marcos 3:16-19	Lucas 6:14-16	Hechos 1:13
1		PEDRO		
2	y Andrés	y Jacobo	y Andrés	y Jacobo
3	Jacobo	y Juan	Jacobo	y Juan
4	y Juan	y Andrés	y Juan	y Andrés

5	FELIPE			
6	y Bartolomé[21]	y Bartolomé[21]	y Bartolomé[21]	y Tomás
7	Tomás	y Mateo	Mateo	Bartolomé
8	y Mateo	y Tomás	y Tomás	y Mateo
9	JACOBO			
10	y Lebeo[22]	y Tadeo[22]	y Simón[23] (Zelota)	y Simón[23]
11	Simón[23] (Can.)	y Simón[23] (Can.)	y Judas (hermano de Jacobo)	
12	y Judas (Isc.)	y Judas (Isc.)	y Judas (Isc.)	Vacante

Nótese: (1) que 4 de ellos mantienen el mismo puesto en cada lista, siendo Judas Iscariote siempre el último.

(2) Que en Mateo y Lucas los *primeros* cuatro son presentados en pares conforme a su *llamamiento* y *enviados*, mientras que en Marcos y Hechos son relacionados individualmente en conformidad a su preeminencia.

(3) Los *segundos* cuatro son dados en Mateo, Lucas y Hechos en *pares*, mientras que en Marcos son dados *individualmente*.

(4) Los *terceros* cuatro aparecen en Mateo de nuevo *agrupados*, en tanto que en Marcos, Lucas y Hechos el orden es *individual*.

(5) Que cada grupo dio escritores del Nuevo Testamento; del primero, Pedro y Juan; del segundo, Mateo; del tercero, Jacobo y Judas.

Las ilustraciones de la operación de esta ley podrían ser extendidas hasta lo indefinido. Hemos dado meramente una selección de nuestras listas, que contienen una gran cantidad de ejemplos. Pasemos a

El Apocalipsis

En el Libro de la Revelación de Jesucristo, *siete* parece ser el número predominante, no sólo empleado como número sino en la cantidad de aparición de palabras importantes:

«Jesús» aparece 14 veces (2 x 7) (*siete* veces a solas y *siete* veces con «Cristo»).

«Señor»[24] aparece 21 veces (3 x 7).

«Espíritu», 14 veces, $\Pi\nu\hat{\epsilon}\upsilon\mu\alpha$, 1:10; 2:7, 17, 29; 3:1, 6, 13, 22; 4:5: 5:6; 11:11; 14:13; 22:17.

$\check{\alpha}\xi\iota o\varsigma$ (*axios*), *digno*, 3:4; 4:11; 5:2, 4, 9, 12; 16:6.

$\dot{\upsilon}\pi o\mu o\nu\acute{\eta}$ (*hupomonè*), *paciencia*, 1:9; 2:2, 3, 19; 3:10; 13:10; 14:12.

$\sigma\acute{\alpha}\rho\xi$ (*sarx*), *carne*, 17:16; 19:18 (cinco veces), 21.

δέκα κέρατα, (*diez cuernos*), 12:3; 13:1 (dos veces); 17:3, 7, 12, 16.

προφήτεια (*prophēteia*), *profecía*, 1:3; 11:6; 19:10; 22:7, 10, 18, 19.

σημεῖοῦ (*sēmeion*), *señal*, 12:1, 3; 13:13, 14; 15:1; 16:14; 19:20.

ἀστήρ (*astēr*), *estrella*, 1:16, 20 (dos veces); 2:1, 28; 3:1; 6:13; 8:10, 11, 12; 9:1; 12:1, 4; 22:16 (14 veces).

ψυχή (*psuchē*), *vida*, 12:11.
> *alma*, 6:9; 18:13, 14; 20:4.
> [seres] *vivientes*, 8:9.
> *ser* [vivo], 16:3.

καιρός (*kairos*), *tiempo* (esto es, sazón). 1:3; 11:18; 12:12, 14 (3 veces); 22:10.

σεισμός, (*sejsmos*), *temblor de tierra*, 16:18.
> *terremoto*, 6:12; 8:5; 11:13 (dos veces), 19; 16:18. Siete veces más en el resto del Nuevo Testamento, lo que hace en total 14 veces.

ἑτοιμάζω (*hetoimazō*), *disponer*, 8:6; 21:2.
> *preparar*, 9:7, 15; 12:6; 16:12; 19:7.

βασιλεύω (*basileuō*), *reinar*, 5:10; 11:15, 17; 14:6; 20:4, 6; 22:5; 14 veces en otros pasajes, lo que lleva a un total de 21.

ἱμάτιον (*himation*), *ropa*, 4:4; 16:15; 19:13.
> *vestidura*, 3:4, 5, 18; 19:16.

αβυσσος (*abussos*), *abismo*, 9:1, 2, 11; 11:7; 17:8; 20:1, 3.

τέταρτος (*tetartos*), *cuarto*, 4:7; 6:7 (dos veces); 8:12; 16:8; 21:19.
> *cuarta parte*, 6:8.

δρέπανον (*drepanon*), *hoz*, 14:14, 15, 16, 17, 18 (dos veces), 19.

τόπος (*topos*), *lugar*, 2:5; 6:14; 12:6, 8, 14; 16:16; 20:11.

μακάριος (*makarios*), *Bienaventurado*, 1:3; 14:13; 16:15; 19:9; 20:6; 22:7, 14.

ὀξύς (*oxus*), *agudo*, 1:16; 2:12; 14:14, 17, 18 (dos veces); 19:15.

θύμος (*thumos*), *ira* (de Dios), 14:10, 19; 15:1, 7; 16:1.
> *ardor* (de Dios), 16:19.
> *furor* (de Dios), 19:15.

οὐαι (*ouai*), *ay* (sustantivo), 4 veces: 9:12 (dos veces); 11:14 (dos veces).

¡*ay!* (interjección), 10 veces: 8:13 (tres veces); 12:12; 18:10 (dos veces), 16 (dos veces), 19 (dos veces). En total, 14 veces[25] (2 x 7).

βρονταί (*brontai*) (Nom. pl.), *truenos*, 4:5; 8:5; 10:3, 4; 11:19; 16:18; 19:6.

ἀκολουθέω (*akoloutheö*), *seguir*, 6:8; 14:4, 8, 9, 13; 19:14.
                                    llegar, 18:5.

πίπτω (*piptö*), *postrarse* (en adoración a Dios), 4:10; 5:8, 14; 7:111; 11:16; 19:4, 10.

Estos son algunos ejemplos, entre muchos otros, sacados de un libro.

FRASES DE LA BIBLIA

אלה תולדות (*aleh tol'doth*), *estas son las generaciones*, esto es, estos son los acontecimientos que el tiempo le trajo [de ילד (*yalad*), producir]; o estas son las cosas o personas producidas por él. Esta frase aparece 14 veces en la Biblia, 13 veces en el Antiguo Testamento y una en el Nuevo Testamento.

Génesis ...	11 veces, de los Patriarcas, etc.
Números (3:1)	1 vez, de Aarón y Moisés
Rut (4:18) ...	1 vez, de Fares (David)
	13
Mateo (1:1) ...	1 vez, de Jesús
	14

La primera y la última vez se usan sólo del «primer Adán» y del «último Adán». Pero estos tienen además la fórmula adicional «*Este es el libro de*», etc. (Gn. 5:1 y Mt. 1:1).

En tanto que el número total es de 14, Génesis tiene 11, dividiendo el libro en doce secciones, siendo la primera sección la Introducción, y el resto del libro consistiendo en estos once «*Tol'doth*», lo que da en total doce divisiones en Génesis.

Los once *Tol' doth* en Génesis son como siguen:

(1)   2:4–4:26. Los cielos y la tierra.
(2)   5:1–6:8. Adán.
(3)   6:9–9:29. Noé.
(4)   10:1–11:9. Los hijos de Noé.
(5)   11:10-26. Sem.
(6)   11:27–25:11. Taré (¡no Abraham!)

(7)   25:12-18. Ismael.
(8)   25:19–35:29. Isaac.
(9)   36:1-8. Esaú.
(10)   36:9–37:1. La posteridad de Esaú.
(11)   37:2–50:26. Jacob (no José).

La Masora llama la atención al hecho de que la palabra *Tol'* *doth*, en el Antiguo Testamento, tiene dos grafías diferentes. En su *primera* y *última aparición* (Gn. 2:4 y Rut 4:18) se escribe con dos *vaus* (תולדות). En sus otras once apariciones se escribe con una *vau* (תולדת). Los comentaristas judíos dan varias explicaciones fantasiosas de este fenómeno. Pero la simple razón de ello parece encontrarse en el hecho de que la grafía en los casos primero y último se llama *plena*, esto es, completa; mientras que la de los otros once es *defectiva*. Así, las *once* apariciones de la palabra que se relacionan con Adán y su posteridad (5:1, etc.), están marcadas por lo *defectivo*, mientras que la *primera*, que se relaciona con los cielos y la tierra, habla de la perfección con que fueron creados; y la *última*, que se relaciona con Fares (Rut 4:18), contiene la primera mención del nombre de DAVID, y habla del Perfecto, del Hijo y Señor de David, que vendrá a restaurar la perfección a Su pueblo, así como en los nuevos cielos y en la nueva tierra.

Es instructivo contemplar estas divisiones divinas y ver cuán diferentes son, bien de los capítulos de factura humana, bien de las teorías humanas en cuanto a secciones jehovistas y elohístas, según las cuales se supone que algún redactor recopiló una cantidad de documentos separados de dos autores diferentes, uno de los cuales empleaba la palabra *Elohim* (Dios), y el otro *Jehová* (el *Eterno*).

En realidad, si tomamos estas secciones divinamente marcadas, cinco de ellas contienen *ambos* títulos (las 2ª, 3ª, 6ª, 8ª y 11ª); cuatro de ellas no contienen *ninguno* de los dos (la 5ª, la 7ª, la 9ª y la 10ª); sólo en el primero aparece el título combinado de *Jehová Elohim* (Jehová Dios); y sólo en la introducción aparece *Elohim* sólo, en tanto que «Jehová» es empleado por casi todos los oradores, excepto por la serpiente, por Abimelec (hablando a Abraham, no a Isaac), por los hijos de Het, por Faraón, por José y por sus hermanos.

Así, este simple hecho al que somos conducidos por la consideración del designio en el empleo de los números, hace estallar por completo las complicadas teorías de los llamados «altos críticos» acerca del Libro de Génesis.

«En toda la tierra de Egipto» (בכל ארץ מצרים):

7	veces en Génesis
13	veces en Éxodo
1	vez en Jeremías
21	en total (3 x 7)

«Para siempre es su misericordia» (לצולם חמרו):

6	veces en Crónicas
1	vez en Esdras
34	veces en Salmos
1	vez en Jeremías
42	en total (6 x 7)

«Un Dios celoso», 7.

«Los fines de la tierra», אפסי ארץ (*aphse eretz*), 14.

«He aquí, vienen los días», 21.

«Así dice Jehová el Señor (o Jehová)», 126 (7 x 18).

«Vivo yo, dice Jehová el Señor», 14 veces (todas en Ezequiel).

«Hija (o Hijas) de Jerusalén», 7 en singular; 7 en plural.

«El árbol de vida»:

3	veces en Génesis
4	veces en Proverbios
7	

«Palabra fiel», πιστὸς ὁ λόγος (*pistos ho logos*), 7 (todas en Timoteo y Tito); 1ª Ti. 1:15; 3:1; 4:9, 12; 2ª Ti. 2:11; Tit. 1:9; 3:8.

«Lo que dice...» (τάδε λέγει ὁ...), 7 en Apocalipsis.

«Hijo de David», 14 veces de Cristo; con una fraseología algo diferente, 7. [26] } 21 (3 x 7)

«Y conocerás que yo soy Jehová» aparece 7 veces (1º Reyes 20:13; Is. 49:23; Ez. 16:62; 25:7; 32:16; 35:4, 12).

No debemos, sin embargo, prodigar estos ejemplos de apariciones *séptuples*, por cuanto pertenecen propiamente a la sección de «significación», y corresponden a las muchas ilustraciones de este número de *perfección espiritual*. Las trataremos más plenamente bajo el número *Siete*. Terminaremos estos pocos ejemplos, seleccionados de una larga lista de más de cien, con la frase, que así se ve importante de:

«Como está escrito»[27] (καθὼς γέγραπται, y ὡς γέγραπται):

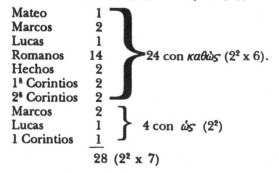

Mateo	1	
Marcos	2	
Lucas	1	
Romanos	14	24 con καθὼς (2^2 x 6).
Hechos	2	
1ª Corintios	2	
2ª Corintios	2	
Marcos	2	
Lucas	1	4 con ὡς (2^2)
1 Corintios	1	
	28 (2^2 x 7)	

Obsérvese que de estas 28 hay 7 en los Evangelios, y las otras 21 están en el resto del Nuevo Testamento; una disposición *séptuple* dentro de los números cuadrados.

EVIDENCIAS EN CUANTO A LA PATERNIDAD DE LOS LIBROS

Esta ley, que afecta a la aparición de palabras importantes, puede ser empleada como evidencia en cuanto a la paternidad literaria. Por ejemplo, si tomamos ciertas palabras en las Epístolas de Pablo solas, no vemos la operación de esta ley a no ser que incluyamos la Epístola a los Hebreos. Si añadimos el número de veces que aparece una palabra en Hebreos a las de las otras Epístolas Paulinas, la armonía queda restaurada en el acto. Omitiendo aquellos números que tienen su propio especial significado, como 2, 3, 4, 5, 6, 8, 9, 10, 12, 13, etc., observemos los siguientes ejemplos de cuadrados, cubos, 7 y 11:

Las Epístolas Paulinas

	Epístolas de Pablo	Hebreos	Total
ἀγαπητός (agapētos), amado	27	1	28 (4 x 7)
ἄγγελος (angelos), ángel	24	13	27 (3^3)

	Epístolas de Pablo	Hebreos	Total
ἀγγέλους (angelous), ángeles (acus. pl.) … … …	5	2	7
ἐπαγγέλλειν (epangellein), anunciar	5	4	9 (3²)
ἀπείθεια (apeitheia), incredulidad …	5	2	7
ἄγειν (agein), hacer … … … …	7	1	8 (2³)
ἄξιος (axios), digno … … … …	8	1	9 (3²)
ἁγιασμός (hagiasmos), santificación …	8	1	9 (3²)
αἷμα (haima), sangre… … … …	12	21	33 (3 x 11)
ἀπιστία (apistia), incredulidad …	5	2	7
ἐπαισχύνεσθαι (epaischunesthai), estar avergonzado… … … …	5	2	7
παρατεῖσθαι (parateisthai), evitar …	4	3	7
αἰώνιος (aiōnios), eterno … … …	21	6	27 (3³)
ἀκούειν (akouein), oír… … … …	34	8	42 (6 x 7)
ἄλλος (allos), otro … … … …	31	2	33 (3 x 11)
ἀρνεῖσθαι (arneisthai), negar … …	6	1	7
αρτος (artos), pan … … … …	10	1	11
διάβολος (diabolos), el diablo … …	8	1	9 [28] (3²)
βασιλεύς (basileus), rey … …	4	8	12 [29] (2²x3)
γεννᾶν (gennān), engendrar … …	7	4	11
γῆ (gē), tierra … … … …	14	11	25 (5²)
ὄνομα (onoma), nombre … … …	21	4	25 (5²)
γράφειν (graphein), escribir … …	62	1	63 (7 x 9)
δέσμιος (desmios), prisionero … …	5	2	7
δεσμός (desmos), cadena … … …	8	1	9 (3²)
ἐνδείκνυσθαι (endeiknusthai), demostrar	9	2	11 [30]
δικαίωμα (dikaiōma), acción o demanda justa [31] … … …	5	2	7
δέχεσθαι (dechesthai), recibir … …	13	1	14 (2 x 7)
ἀποδιδόμαι (apodidomai), pagar …	8	3	11
εὐδοκεῖν (eudokein), parecer o tener por bueno … … … … …	11	3	14 (2 x 7)
ἐξουσία (exousia), autoridad … …	27	1	28 (4 x 7)
ἐλέγχειν (elenchein), redargüir …	8	1	9 (3²)
ἔρχεσθαι (erchesthai), venir … …	72	5	77 (7 x 11)
εἰσέρχεσθαι (eiserchesthai), entrar …	4	17	21 (3 x 7)
ἔσχατος (eschatos), último … …	6	1	7
προσεύχεσθαι (proseuchesthai), orar…	20	1	21 (3 x 7)
ἀνέχεσθαι (anechesthai), soportar …	10	1	11

	Epístolas de Pablo	Hebreos	Total	
προσέχειν (prosechein), estar atento...	5	2	7	
ζητέω (zēteō), buscar	20	1	21	(3 x 7)
θεός (theos), Dios	548	68	616	(7 x 88)
ἀφιέναι (aphienai), despedir	5	2	7	
ἀνιστάναι (anistanai), levantar ...	5	2	7	
καθιστάναι (kathistanai), establecer...	3	4	7	
καθαρίζειν (katharizein), purificar ...	3	4	7	
ἐπικαλεῖσθαι (epikaleisthai), invocar	6	1	7	
κληρονομία (klēronomia), herencia ...	5	2	7	
κοινωνία (koinōnia), comunión ...	13	1	14	(2x7)
εὐλογεῖν (eulogein), alabar, bendecir	8	6	14	
διαλογίζεσθαι (dialogizesthai), deliberar	34	1	35	(5 x 7)
λοιπός (loipos), lo restante...	27	1	28	(4 x 7)
μάρτυς (martus), testigo	9	2	11	
ἁμαρτία (hamartia), pecado	63	25	88	(8 x 11)
νόμος (nomos), ley	119	14	133	(19 x 7)
ἀνομία (anomia), iniquidad	5	2	7	
μετάνοια (metanoia), arrepentimiento	4	3	7	
ὁρᾶν (horan), ver	4	3	7	
ὅρος (horos), monte	3	4	7	
ἀπευθεῖν (apeithein), descreer	5	2	7	
ἀπιστία (apistia), incredulidad ...	5	2	7	
πιστεύειν (pisteuein), creer	54	2	56	(7 x 8)
πράγμα (pragma), asunto...	4	3	7	
πολύς (polus), muchos	81	7	88	(8 x 11)
πούς (pous), pie	10	4	14	(2 x 7)
πρῶτος (prōtos), primero	12	9	21	(3 x 7)
ῥίζα (rhiza), raíz	6	1	7	
ἀσθένεια (astheneia), enfermedad ...	12	4	16	(4²)
σημεῖον (sēmeion), señal	8	1	9	(3²)
σπέρμα (sperma), semilla	18	3	21	(3 x 7)
σταυρός (stauros), estaca (cruz) ...	10	1	11	
ἀπόστολος (apostolos), apóstol... ...	34	1	35	(5 x 7)
σωτηρία (sōtēria), salvación	18	7	25	(5²)
ἐπιτελεῖν (epitelein), cumplir	7	2	9	(3²)
υἱός (τοῦ) Θεοῦ (huios [tou] Theou), Hijo de Dios	4	4	8	(2³)
τελειόω (teleioō), perfeccionar	2	9	11	

	Epístolas de Pablo	Hebreos	Total
ἀθετεῖν (athetein), anular...	6	1	7
θεμέλιος (themelios), fundamento ...	7	2	9 (3²)
πρόθεσις (prothesis), proposición ...	6	1	7
τοσοῦτος (tosoutos), tan grande ...	2	5	7
τύπος (tupos), un tipo	8	1	9 (3²)
υἱός (huios), un hijo	40	24	64 (8²)
" " (aplicado a Cristo) ...	17	11	28 (4 x 7)
ὑστερεῖν (husterein), carecer	8	3	11
φωνή (phonē), voz	6	5	11
φέρειν (pherein), llevar	2	5	7
χωρίζειν (chōrizein), separar	6	1	7
Ἰσαάκ (Isaak), Isaac	3	4	7

Esta lista podría ser muy ampliada, especialmente si se incluyeran grupos de palabras *de la misma raíz.*

Cuando consideramos el mismo fenómeno con respecto a los otros números según su propia y peculiar significación,[32] es abrumadora la evidencia de la paternidad paulina de la Epístola a los Hebreos. Sin ella, las Epístolas de san Pablo son sólo *trece*, y con ella son 14 (2 x 7). Este principio rige el número de veces y el empleo de las palabras.

Esta misma prueba puede ser aplicada a

Las dos Epístolas de Pedro

	1ª Epístola	2ª Epístola	Total
ἅγιος (hagios), santo	8	6	14 (2 x 7)
ἁμαρτία (hamartia), pecado	6	1	7 [33]
ἀπό (apo), de, desde	5	2	7
πίστις (pistis), fe	5	2	7
ἵνα (hina), para que	13	1	14 (2 x 7)
δόξα (doxa), gloria	11	5	16 (4²)
εἰδώ (eidō), ver	5	3	8 (2³)
ἔσχατος (eschatos), último	2	2	4 (2²)
ἔχω (echō), tener	4[34]	5	9 (3²)
καλέω (kaleō), llamar...	6	1	7
κύριος (kurios), Señor	8	13 [35]	21 (3 x 7)
νῦν (nun), ahora ... ·	5	2	7
οὖν (oun), por tanto...	6	1	7 [36]
περί (peri), para, o acerca de	5	2	7

ποιέω (*poieō*), *hacer* 3 4 7
ὑπό (*hupo*), *por* 2 5 7

EL ANTIGUO Y NUEVO TESTAMENTOS COMBINADOS

Del mismo modo, podemos tomar juntos el Antiguo y el Nuevo TestamentoS, y ver cuán maravillosamente emplean *treinta y seis* escritores sus palabras que cuando son todos tomados juntos ¡vemos la misma ley en acción! Esto sería absolutamente imposible si «el uno mismo Espíritu» no hubiera inspirado *la totalidad* para producir un resultado tan armónico. Los ejemplos son muy numerosos, y las siguientes palabras y frases se dan meramente como ejemplos:

«Aleluya»:
  24 veces en los Salmos[37] (2^2 x 6)
  4 en Apocalipsis (2^2)   } 28 (2^2 x 7)

«Hosanná»:
  1 vez en el Antiguo Testamento[38]
  6 veces en el Nuevo Testamento } 7

«Pastor», empleado de Dios o de Cristo:
  (רעה), 12[39] en el A. T. (2^2x3)
  (ποιμήν), 9[40] en el N. T. (3^2) } 21 (3 x 7)

«Jehová Sabaot», traducido como «Jehová de los Ejércitos»:
  Antiguo Testamento, 285
  Nuevo Testamento, 2   } 287 (7 x 41)

«Corbán», ofrenda:
  Antiguo Testamento (קרבן) 82
  Nuevo Testamento (κορβᾶν, Mr. 7:11) 1 } 84(7x12)
    "   " (κορβανᾶς, Mt. 17:6) 1
«Leche»:
  Antiguo Testamento (חלב), 44 (4 x 11)
  Nuevo Testamento (γάλα), 5 } 49 (7 x 7)

«Isaac»:
  En Deuteronomio 7
  Resto del Pentateuco ... ... 91 (7 x 13)
  Otros pasajes del A.T. ... 14 (2 x 7) } (7x18)
  Nuevo Testam., Lucas y Hechos 7
    "   " Epístolas de Pablo[41] 7

«Aarón»:

En el Antiguo Testamento   443 } 448 ($4^3 \times 7$)
En el Nuevo Testamento   5

«Abadón», destrucción:

En el Antiguo Testamento   6 } 7
En el Nuevo Testamento   1

Cristo a la diestra de Dios:

Antiguo Testamento   2 (Sal. 110:1, 5) } 21 (3 x 7)
Nuevo Testamento   19

«Según el orden de Melquisedec»:[42]   }

Antiguo Testamento   1 } 7
Nuevo Testamento   6

«La piedra que los constructores rechazaron, se ha convertido
en piedra angular»:[43]

Antiguo Testamento   1 } 7
Nuevo Testamento   6

«Amarás a tu prójimo como a ti mismo»:

Antiguo Testamento (Lv. 19:18)   1 } 7
Nuevo Testamento   6[44]

«Incircuncisión del corazón»:

Antiguo Testamento   6[45] } 7
Nuevo Testamento   1

La mitad del importante período profético (la última semana de Daniel, o la última de las 70 semanas, Dn. 9:27) es
mencionda *siete* veces. Este tema concreto debiera quizá ser
reservado y considerado en su significación bajo el número
«siete». Pero lo que se considera ahora es la manera en que este
siete está constituido; porque aunque el período se menciona en
tres diferentes idiomas, en *dos* Testamentos y en *tres* formas (años,
meses y días), la cantidad sigue siendo *siete*:

Dn. 7:25, arameo: «Un tiempo, y tiempos, y
        medio tiempo»   1
Dn. 12:7, hebreo: «Un tiempo, tiempos, y la
        mitad de un tiempo»   1
Ap. 12:14, griego: «Un tiempo, y tiempos, y la
        mitad de un tiempo»   1
Ap. 11:2; 13:5: «Cuarenta y dos meses»   ...   2
Ap. 11:3; 12:6: «Mil doscientos sesenta días» ... 2
                                          ―――
                                           7

¿No tenemos en todo esto un designio que está mucho más allá de lo natural? ¿Un designio sobrenatural? Las cantidades han de aparecer. La única cuestión es: ¿Aparecerán por designio o por azar? ¿Ordenadamente o sin orden ni concierto? ¿En seguimiento de una ley, o sin ella? En las obras de Dios se emplean siempre siguiendo un orden perfecto. Ciertamente deberíamos buscar el mismo orden en Su Palabra. Sería sorprendente que no lo halláramos.

Si miramos un ventanal de vidrios coloreados, hecho a la moda moderna, con piezas de varios colores puestos al azar, veremos en seguida que no hay un plan. Pero si observamos otra ventana en la que las piezas de vidrio están dispuestas según una intrincada y perfecta pauta geométrica, o con figuras humanas u otras, ¡de inmediato reconocemos la existencia de un *designio*, y decimos que la mano que hizo la ventana tuvo que ir guiada por una cabeza que diseñó el todo!

Ésta es, entonces, nuestra conclusión en cuanto a las obras y a la Palabra de Dios. Ni Moisés ni ninguna otra persona hubiera podido asegurar los resultados acabados de mostrar. Moisés empleó una cierta palabra por inspiración divina, no sabiendo, con toda probabilidad, cuántas veces la empleaba. ¡Es inconcebible que, incluso si lo hubiera sabido, le hubiera dicho a Josué cuántas veces tenía que usarla él; y que Josué se combinara con otro; y que esto hubiera podido proseguir a lo largo de quince siglos, asegurándose que el último escritor emplease la palabra sólo un determinado número de veces a fin de asegurar un resultado preconcebido! ¡Imposible! Cada escritor debe haber desconocido totalmente el resultado final; pero cada uno de ellos escribió «siendo inspirados por el Espíritu Santo»; y de ahí fue que cada uno de ellos contribuyó aquella parte que debía terminar en el perfeccionamiento del designio original.

Esto barre, con la fuerza de una inundación, todos los mezquinos intentos del hombre tanto en el ataque como en la defensa de la inspiración de la Palabra de Dios; porque la Palabra ha sufrido casi tanto de las poco sabias defensas de sus amigos como de los malignos ataques de sus enemigos.

«La Ley de Jehová es perfecta»

Asumimos el terreno más elevado de hacer que todo se someta a ella. En lugar de hacer que la Biblia concuerde con la ciencia, la ciencia debe concordar con la Biblia. Si no es así, ello es sólo porque se trata de «la falsamente llamada ciencia», y no de verdadera ciencia. *Scientia* es la palabra latina para denotar *conocimiento.* En cambio, ¡mucho de lo que hoy pasa por «ciencia» no es ciencia en absoluto, sino meramente *hipótesis!* Léanse libros humanos acerca de esta pretendida ciencia, y uno se cansa de la continua repetición de palabras como «hipótesis», «conjetura», «suposición», etc., etc. Ésta es la razón de que tales teorías, que son falsamente dignificadas con el nombre de *ciencia,* estén en continuo cambio. Hablamos de la «ciencia de la geología», o de la «ciencia médica»; pero, léanse libros sobre geología o medicina, por ejemplo, escritos hace cincuenta años, y se podrá constatar que están hoy día bien «desfasados». Pero la *verdad* no puede cambiar. La verdad nunca estará «desfasada». ¡Lo que *conocemos* no puede alterarse! Esto, por sí mismo, demuestra que la palabra *ciencia* es mal empleada cuando se aplica sólo a *hipótesis,* que son meramente inventos para explicar ciertos fenómenos.

No es por estas *teorías* que vamos a abandonar realidades. No es por *conjeturas* que vamos a abandonar la verdad. El hombre tiene que ofrecernos algo mejor que *sus propias* opiniones si quiere que abandonemos los pensamientos de Dios. En la Biblia tenemos algo cierto y perfecto. Cada hecho y verdad que se descubre· sirve tan sólo para ayudar a demostrar su veracidad y para exhibir su perfección. Nunca se ha exhumado un solo nomumento, ni descubierto un solo manuscrito, que no haya sido una *evidencia de la verdad bíblica.* No tememos a ningún fenómeno que se pueda observar en las rocas, ni en los monumentos o tabletas que se puedan encontrar debajo de ellas. Ni son ni nunca han sido contrarias a la Palabra de Dios. Es tan sólo *la interpretación que los hombres les han impuesto* que es contraria a esta Palabra, porque sólo son sus *pensamientos* los que se oponen a ella.

«La Ley de Jehová es perfecta»

El hombre y todos sus pensamientos son imperfectos; tan imperfectos que no ha llegado ni a dar una atención adecuada a la perfecta Palabra de Dios.

Es como un hermoso ventanal de vidrios coloreados que ha sufrido un accidente, o fuego, o un asedio, y que el hombre ha tratado de «restaurar». Podemos ver cuán exquisitos son sus colores y diseños; cuán perfecta había sido. Aquí y allá vemos un pequeño fragmento ausente o mal colocado. Pero ello no nos estorba para discernir la perfección de la figura geométrica original, ni para admirar la delicadeza de los rasgos de la figura representada. El ventanal está ciertamente dañado. Y un hombre ha hecho mucho para restaurar el daño causado por la negligencia de otro. Podemos ver los defectos en las reparaciones; pero podemos ver también que el *designio* era originalmente perfecto, y alabamos y admiramos la sabiduría del diseñador.

Así es con la Palabra de Dios. Nada puede ocultar la perfección explayada en su designio. El hombre ha sido negligente en lo que se le había confiado. No la ha preservado con la fidelidad que debería siempre caracterizar a un administrador. Pero debido a que el hombre ha sido infiel, ¡no vamos por ello a poner en duda la fidelidad de Dios! No vamos a poner en duda la perfección de este precioso don de Dios debido a que el hombre no se haya cuidado apropiadamente de él!

Pero ¡esto es lo que el hombre ha hecho y está haciendo: está atribuyendo a Dios el resultado de su propio pecado, negligencia e insensatez!

Dios le ha dado al hombre este «pan de vida», ¡y se dedica a analizarlo en lugar de comerlo! Dios ha dado al hombre Su Palabra, ¡y la crítica en lugar de creerla! Ésta es «la sabiduría» del hombre «al día». Éste es el más elevado vuelo de su sabiduría, ¡la «alta crítica»! Ciertamente que «el mundo no conoció a Dios mediante la sabiduría» (1ª Co. 1:21). Nunca lo hizo y nunca lo hará. La sabiduría humana siempre *aleja* de Dios. ¡Así sucede con la sabiduría del siglo diecinueve![46] Puede parecer muy penetrante, muy osado, muy sabio por parte del hombre criticar la Palabra de Dios, pero sigue siendo cierto, tal como está escrito (1ª Co. 3:19), que

«LA SABIDURÍA DE ESTE MUNDO ES INSENSATEZ PARA CON DIOS»

Así que, ¡afuera con la sabiduría humana! No la queremos, sino que lo que queremos es la verdad de Dios, y si la ciencia humana no concuerda con el Libro de Dios, tanto peor para su ciencia.

Acudiremos a la Palabra de Dios como aquellos que son

necios a los ojos del mundo, porque queremos ser hechos sabios para salvación (2ª Ti. 3:15); y porque recordamos las palabras del Señor Jesús, que dijo: «Estáis en un error, por no saber las Escrituras» (Mt. 22:29).

¿De qué sino del cielo hombres pudieron
Sin arte, de tiempo y lugares difiriendo,
Entretejer tales verdades armoniosas? ¿O cómo y por qué
Querrían conspirar y con mentira confundirnos?
No solicitados sus esfuerzos, sin gratitud su consejo,
El hambre su ganancia, y el martirio su salario.

Dryden

NOTAS

1. El último rey de la VIII dinastía, Amenhotep IV, fue sucedido por una nueva raza de reyes conocida como la I dinastía, comenzando con RAMESES I y su hijo Seti I, que reinaron juntos, sobreviviendo Seti I como faraón de la «Opresión» (Éx. 1 y 2) y muriendo (Éx. 2:23). Su momia se encuentra actualmente en el Museo Boulak. Fue sucedido por RAMESES II, el faraón de las Plagas y del Éxodo y que se ahogó en el Mar Rojo. El cambio a una nueva dinastía se ve claramente en los monumentos, en la gran diferencia entre las caras redondas, narices planas y labios gruesos de la dinastía VIII, o egipcia, y en la cara larga, pómulos altos y nariz aquilina de los asirios de la I dinastía. Josefo se refiere a que «la corona pasó a *otra* familia» *(Ant.* ii. 9). Lo mismo queda implicado en las palabras «un nuevo rey (Éx. 1:8); no שׁרק sino קמ. Véanse Dt. 32:17; Jue. 5:8; Dn. 2:31, 39, 44; 3:24.

2. Véase *El Testimonio de las Estrellas* (Parte II), por el mismo autor (CLIE, Terrassa 1981).

3. El número 360 es divisible sin resto por todos los dígitos excepto *siete*.

4. Desconocemos por qué hayan sido seleccionados ellos. Que debe haber una adaptación peculiar entre ciertos números y ciertas cosas es evidente, incluso en el uso que el hombre hace de ellos. Se habla de «tres hurras» y de «siete suelas», pero no se sabe por qué no otro número.

5. Este número 22 fue obtenido contando arbitrariamente Jueces y Rut como un solo libro, y también Jeremías con Lamentaciones, además de contar los libros dobles como uno, y Esdras-Nehemías como uno.

6. Para adicional información acerca de este interesante sujeto, véase el opúsculo sobre *The Names and Order of the Books of the Old Testament*, por el mismo autor.

7. El siguiente razonamiento lógico también sustenta la paternidad paulina. Hay cuatro pasos en el argumento:

1. Pedro escribió su Primera Epístola a la *Dispersión.* Véase 1ª P. 1:1.

2. Su Segunda Epístola fue dirigida a los mismos dispersos de Israel. Véase 2ª P. 3:1.

3. A estos mismos les dice (2ª P. 3:15) «nuestro amado hermano Pablo... *OS* ha escrito».

4. ¿Cuál es esta Epístola, sino la dirigida a «los Hebreos»?

8. Este término no es traducido uniformemente.

9. En su carácter sacrificial.

10. *Siete* veces en singular: una en Salmos (61), y seis en otros lugares. *Siete* veces en plural *(Neginoth):* seis en Salmos (4, 6, 54, 55, 67, 70), y una en otro pasaje (Hab. 3:19), ¡lo que hace una séptuple combinación dentro de otra!

11. El verbo aparece 9 veces (3²) con otros significados.

12. Esta palabra es masculina constructo plural, y significa literalmente: ¡*Oh las maravillas de! ¡Oh las felicidades de!* Nunca se emplea en forma singular, para mostrar que las bendiciones de Dios no se pueden enumerar.

13. De נצר *(Nahtsar), preservar,* que aparece 63 (7 x 9) veces.

14. *Tsemech* se usa de Cristo el *Renuevo* 4 veces (2²).

15. Hay un pasaje discutido (11:26), y que se omite en la Versión Revisada inglesa. La anterior enumeración es un argumento en favor de su retención.

16. En la Concordancia aparecían 29, pero al examinarlo, se constató que una de las referencias era al Anticristo, Ap. 13:11.

17. Esto omitiendo Mr. 10:47 y Lc. 24:19, donde la lectura es Ναζαρηνός *(nazareno),* según Lachmann, Tischendorf, Tregelles, Alford, Westcott y Hort. Para la significación de este número, véase número *Trece.*

18. Añadiendo los dos pasajes de la nota anterior, son Mr. 1:24; 10:47; 14:67; 16:6; Lc. 4:34; 24:19.

19. Omitiendo Mt. 6:11 y Lc. 13:35 con la Versión Revisada inglesa.

20. La Concordancia daba en este caso uno de más, o sea, 51, pero se vio que incluía Mr. 3:18, que es otro Simón (el «cananista»).

21. Un *patronímico* de Natanael. Véase Jn. 1:44-46, donde se ve junto a Felipe, como aquí y en Jn. 21:2.

22. Judas el hermano de Jacobo, para distinguirlo de Judas Iscariote. Era llamado Lebeo o Tadeo, palabras que tienen un sentido similar, *valiente.*

23. Cananista, no un nombre gentil, sino un término arameo que denota lo mismo que *Zelota.*

24. La palabra κύριος dio algunos problemas. Porque la Concordancia daba 22. Esto estaba bastante bien, como 2 x 11. Pero siendo que en Apocalipsis era de esperar un múltiplo de *siete,* esto condujo a un examen más estrecho. Encontramos que la Versión Revisada inglesa omitía κύριος sobre buena base en Ap. 16:5

y en 19:1, mientras que la insertaba en 11:4 en lugar de la palabra «Dios», dejándolo así exactamente como lo tenemos en el texto.

25. Hay otra disposición *séptuple* en relación con esta palabra, porque mientras que la Concordancia de Bruder da 14 ocasiones en Apocalipsis como *nombre* e *interjección*, esta palabra aparece en otros pasajes 42 veces sólo como interjección.

26. Mt. 22:42; Lc. 1:32; Jn. 7:42; Ro. 1:3; 2ª Ti. 2:8; Ap. 5:5; 22:16.

27. El tiempo es perfecto, y no se refiere al acto de escribir, ni al hecho de que fue escrito en cierta ocasión, sino a la verdad de que *está escrito*.

28. El número de *juicio*.

29. El número de perfección *gubernamental*.

30. Sólo en estas Epístolas.

31. Véase el número *Nueve*.

32. P.e., κατέχειν *(katechain), retener*, 10 + 3 + 13. Véase acerca de la significación de 13 y el empleo de esta palabra en relación con la apostasía.

33. Leyendo αμαρτήμα *(hamartēma)* en lugar de αμαρτια *(hamartia)* en 2ª P. 1:9, con Griesbach, Tischendorf, Tregelles, Westcott y Hort.

34. Leyendo κρινόντι *(krinonti)* con Westcott y Hort, en lugar de ἔχοντι κρίναι *(echonti krinai)*, 1ª P. 4:5.

35. Omitiendo 2ª P. 3:9, con Lachmann, Tischendorf, Tregelles, Alford, Westcott y Hort, y la Versión Revisada inglesa.

36. Omitiendo, con la Versión Revisada inglesa, 1ª P. 2:13 y 2ª P. 3:11, y añadiéndola en 1ª P. 5:1.

37. Esto es, en *siete* Salmos, una vez en cada uno; en *siete* otros Salmos, dos veces en cada uno; en *uno* tres veces, lo que hace un total de 24. Además, esta disposición *séptuple* dentro de números cuadrados, el total de los cuadrados da un resultado *séptuple* (28).

38. Salmo 118:25.

39. Gn. 49:24; Sal. 23:1; 80:1; Is. 40:11; Jer. 31:10; Ez. 34:12, 23 (dos veces); 37:24; Zac. 11:16; 13:7 (dos veces).

40. Mt. 26:31; Mr. 14:27; Jn. 10:11 (dos veces), 14, 16; He. 13:20; 1ª P. 2:25; 5:4.

41. Incluyendo la Epístola a los Hebreos.

42. Sal. 110:4, citado en He. 5:6, 10; 6:20; 7:11, 17, 21.

43. Sal. 118:22, citado en Mt. 21:42; Mr. 12:40; Lc. 20:17; Hch. 4:11; 1ª P. 2:4, 7.

44. Mt. 19:29; 22:39; Mr. 12:31; Ro. 13:9; Gá. 5:14; Stg. 2:8.

45. Lv. 26:41; Dt. 10:16; Jer. 4:4; 9:26; Ez. 44:7, 9; Hch. 7:51.

46. Y así sucede también con todas las corrientes filosóficas y epistemológicas del presente siglo veinte, ya en sus postrimerías, que han evidenciado una total esterilidad y vaciedad, reduciendo al hombre a un universo de preguntas sin respuestas, en el que ya ni las preguntas tendrían significado [N. del T.].

PARTE II
SU SIGNIFICACIÓN ESPIRITUAL

INTRODUCCIÓN

Habiendo así expuesto y establecido el *designio sobrenatural* en el empleo de los números, tanto en las obras de Dios como en la Palabra de Dios, llegamos ahora a la *significación espiritual* de los números mismos.

Nos proponemos tratarlos de manera ordenada y dar bajo cada encabezamiento, no meramente *listas* de pasajes u objetos, sino definir primero la significación del número e ilustrar a continuación su significado, y mostrar su enseñanza en cuanto se aplica a su utilización, al número de cosas que se mencionan, al número de aparición de palabras y cosas, y a los números formados por las letras de las palabras mismas. Esto último era llamado *Gematría* por los antiguos. Es el empleo de las letras del alfabeto como cifras. Siendo que las cifras arábigas son un invento relativamente móderno, no eran, naturalmente, conocidas por las naciones más antiguas, ni pudieron ser empleadas por ellas.

Los hebreos y griegos, por tanto, empleaban sus alfabetos como sigue:

EL ALFABETO HEBREO

Consiste de 22 (2 x 11) letras, por lo que se añadieron las 5 finales para llegar a tres series de 9, o 27 en total:

Alef	א	= 1	Yod	י	= 10	Qof	ק	= 100
Bet	ב	= 2	Kaf	כ	= 20	Resh	ר	= 200
Guímel	ג	= 3	Lámed	ל	= 30	Shin	ש	= 300
Dálet	ד	= 4	Mem	מ	= 40	Tau	ת	= 400
Hei	ה	= 5	Nun	נ	= 50	Qof	ך	= 500
Vau	ו	= 6	Sámej	ס	= 60	Mem	ם	= 600
Záyin	ז	= 7	Ayin	ע	= 70	Nun	ן	= 700
Jet	ח	= 8	Pe	פ	= 80	Pe	ף	= 800
Tet	ט	= 9	Tsáde	צ	= 90	Tsáde	ץ	= 900

EL ALFABETO GRIEGO

Las letras griegas eran 24, y el número necesario era de 27, que se consiguió empleando la ς final (llamada *(Stigma)* para el 6, y añadiendo dos símbolos arbitrarios llamados, respectivamente, *Koppa*, para el 90, y *Sampsi*, para el 900.

Alfa	α	= 1	Iota	ι	= 10	Rho	ρ	= 100
Beta	β	= 2	Kappa	κ	= 20	Sigma	σ	= 200
Gamma	γ	= 3	Lambda	λ	= 30	Tau	τ	= 300
Délta	δ	= 4	Mu	μ	= 40	Upsilon	ν	= 400
Épsilon	ϵ	= 5	Nu	ν	= 50	Phi	ϕ	= 500
Stigma	ς*	= 6	Xi	ξ	= 60	Ji	χ	= 600
Zeta	ζ	= 7	Ómicron	o	= 70	Psi	ψ	= 700
Eta	η	= 8	Pi	π	= 80	Omega	ω	= 800
Theta	θ	= 9	*Koppa*	Ϙ	= 90	*Sampsi*	ϡ	= 900

* Esta letra ς (llamada *Stigma*) se emplea para el número 6. No sabemos por qués esta letra y este número quedan así asociados, excepto que ambos estaban íntimamente relacionados con los «misterios» egipcios. Las tres letras SSS (en griego ΣΣΣ) eran el símbolo de Isis, que queda así relacionada con 666. Y además la expresión de este número, Χξς, consiste en las letras *inicial y final* de la palabra Χριστός *(Christos)*, Cristo, esto es, Χ y ς, con el símbolo de la serpiente entre ambos, Χ–ξ–ς.

UNO

No puede abrigarse ninguna duda en cuanto a la significación de este número primario. En todos los lenguajes es símbolo de *unidad*. Como número cardinal denota *unidad*. Como número ordinal, *primacía*. Siendo la unidad indivisible, y no constituida por otros números, es por ello independiente de todos los demás, y su fuente. Lo mismo sucede con la Deidad. La Gran Primera Causa es independiente de todo. Todos tienen necesidad de Él, y Él no precisa de ayuda de nadie.

«Uno» excluye toda diferencia, por cuanto no hay ningún segundo con el que pueda ni armonizar ni entrar en conflicto.

Cuando encontramos escrito: «Oye, Israel: Jehová es nuestro Dios, Jehová uno es», ello no niega la doctrina de la Trinidad, sino que excluye absolutamente todo *otro* Señor: excluye, por tanto, toda idolatría.

Por ello el primer mandamiento declara: «No tendrás DIOSES AJENOS» (Éx. 20:3).

Declara que hay en Dios una *suficiencia* que no necesita de ningún otro; y una *independencia* que no admite a ningún otro.

Señala el *principio*. Tenemos que comenzar con Dios. Todas nuestras obras y palabras deben estar caracterizadas por las primeras palabras de la Biblia: «En el principio DIOS». Nada es correcto que no comience con Él. «Dios primero» es la voz de la Escritura. El testimonio de Cristo es: «Buscad primeramente el reino de Dios y su justicia, y todas estas cosas os serán añadidas» (Mt. 6:33). La gran proclamación es «Dios primero». Los ángeles anunciaron: «Gloria a Dios en lo más alto». Éste fue el comienzo de su anuncio. Y fue después de esto que se refirieron a la «buena voluntad» para con los hombres. Éste debe ser también el gran principio que gobierne todo nuestro testimonio y nuestra obra. No podemos dar «gloria a Dios» sin hacer bien a los hombres. Y no hay una verdadera buena voluntad para con los hombres que no surja de un deseo de glorificar a Dios. La rápida decadencia, que es la gran marca de estos últimos tiempos, proviene del descuido de este magno principio. Dios es excluido, y el hombre es exaltado. Por ello «el evangelio de Dios» (Ro. 1:16) está siendo rápida y casi universalmente cambiado por el evangelio del hombre, que es el evangelio de la sanidad, y que es además llamado ya de una manera abierta *«socialismo cristiano»*. Pero se trata de un socialismo *sin Cristo*. No comienza con la gloria de Dios, y no puede acabar ni acabará en ningún verdadero bien para el hombre. Comienza con el hombre; su objeto es mejorar la vieja naturaleza aparte de Dios y reformar la carne; y la medida de su éxito es la medida en la que el hombre pueda llegar a ser «bueno» sin «Dios».

Los caminos y los pensamientos del hombre están en oposición a los de Dios. Dios dice: «Buscad *primeramente*». El *hombre* dice «cuidaos primero de lo primero». Y él es a sus propios ojos este «primero», y su gran objetivo es ser independiente de Dios.

La independencia, para Dios, es Su gloria. La independencia, en el hombre, es su pecado, su rebelión, su vergüenza.

Por ello, en la Palabra de Dios, Dios es el *primero*, y antes que todos.

«Así dice Jehová Rey de Israel,
Y su Redentor, Jehová de los Ejércitos:
Yo soy el primero, y yo soy el postrero,
Y fuera de mí no hay Dios».
(Is. 44:6)

«Escúchame, Jacob, y tú, Israel, a quién llamé:
Yo soy, yo soy el primero, yo también el postrero.
Mi mano fundó también la tierra,
Y mi mano derecha extendió los cielos».
(Is. 48:12, 13)

«Antes de mí no fue formado otro dios,
Ni lo será después de mí.
Yo, sí, yo soy Jehová,
Y fuera de mí no hay quien salve».
(Is. 43:10, 11)

«Yo soy el Alfa y la Omega,
el primero y el último».
(Ap. 1:11, 17; 2:8; 22:13)

Así Jehová enfatiza esta gran verdad fundamental. Todo es confusión cuando el hombre rehúsa reconocerla. Todo es paz allí donde es reconocida.

El *primero* es el único. No puede haber *dos* primeros. El hombre habla ignorantemente de «los dos primeros» o de «los tres primeros», cuando en realidad se refiere a los primeros dos a los primeros tres, etc. La Palabra de Dios no habla con esta imprecisión. Él es el único. Él es el primero en prioridad temporal. Él es el primero en superioridad de rango, y Él es el primero en supremacía absoluta.

La redención y la salvación comenzaron con Dios. Suya fue la *palabra* que la reveló por primera vez (Gn. 3:15). Suya fue la *voluntad* que la propuso por primera vez (He. 10:7). Suyo fue el poder solo que la llevó a cabo. Por ello, «la salvación es de Jehová» (véanse Éx. 14:13; 2º Cr. 20:17; Jon. 2:9; etc.). Suya es la voluntad de la que todo procede. «He aquí que vengo, oh Dios, para hacer tu voluntad», dijo el Redentor (Sal. 40:7, 8; He. 10:7) cuando Él vino a hacer aquella voluntad.

LAS PRIMERAS PALABRAS REGISTRADAS DEL SEÑOR JESÚS

están repletas de significado.

Aquí tenemos otra ilustración de la significación de los números en la Escritura. El Señor Jesús tiene que haber hablado desde el tiempo en que hablan todos los niños; pero ni una de las sílabas que Él pronunció ha sido registrada por voluntad del Espíritu Santo en las Escrituras hasta que tenía doce años. Y luego es el *único* pronunciamiento desde Su nacimiento hasta que entró en Su ministerio en Su bautismo. Sólo una oración en todos aquellos veintinueve años. Desde luego que unas palabras así señaladas por el Espíritu Santo deben estar llenas de significado. ¿Y cuáles son? Están registradas para nosotros en Lc. 2:49: «¿NO SABÍAIS QUE YO DEBO ESTAR EN LOS ASUNTOS DE MI PADRE?» ¡Solemnes palabras! ¡Palabras repletas de significación! Especialmente por la luz que estas *primeras* palabras arrojan sobre Sus *últimas* palabras: «CONSUMADO ESTÁ». ¿Qué era lo que estaba consumado? «Los asuntos del Padre». Sí, era la voluntad del Padre. «He aquí que vengo, oh Dios, para hacer tu voluntad». Ésta es la voluntad del Padre, que me envió: Que de todo lo que me ha dado, no pierda yo nada, sino que lo resucite en el último día» (Jn. 6:39). La salvación no fue una segunda intención de Dios. Formaba parte de Su «propósito eterno». Se originó en Su «voluntad». No fue meramente por el bien del hombre, sino por la gloria de Dios en un millar de formas que no vemos ahora o aún. Es por ello que cuando Jesús entregaba de vuelta Su obra en manos del Padre, podía decir: «Yo te he glorificado en la tierra: he llevado a término la obra que me diste a realizar» (Jn. 17:4).

Podemos encontrar otra ilustración de la significación del número «uno» o «primero» al observar

LAS PRIMERAS PALABRAS MINISTERIALES DEL SEÑOR JESÚS

En Su bautismo (Mt. 3:13-17) fue ungido para Su ministerio, e inmediatamente a continuación de ello leemos: «ENTONCES Jesús fue llevado por el Espíritu al desierto, para ser tentado por el diablo». Durante cuarenta días ayunó y fue tentado. Ni una de las palabras que Él pronunció durante aquellos cuarenta días ha quedado registrada. Pero las primeras palabras registradas de Su ministerio son: «Escrito está». Y se repiten tres veces: «Escrito está»; «Escrito está»; «Escrito está».

Su ministerio oficial quedó cerrado con Su oración sumosacerdotal al Padre en Jn. 17, porque a su fin se dirigió al Huerto de Getsemaní para ser entregado, y al cabo de pocas horas a Su muerte. En aquellas últimas palabras de Su ministerio tenemos la misma triple referencia a la Palabra de Dios: v. 17, «Tu palabra es verdad»; v. 14, «Yo les he dado tu palabra»; y v. 8, «les he dado las palabras que me diste».

¿Qué es lo que este hecho nos dice? Si tenemos oídos para oír, nos dice que *el principio y fin de todo ministerio es la Palabra de Dios.* Sí, es toda la suma y sustancia del testimonio ministerial. El Señor exaltó así la Palabra de Dios, y con la significación de Sus *primeras* palabras ministeriales nos enseña esta gran lección.

EL PRIMER LIBRO

de la Biblia nos provee también con otra ilustración. En Génesis vemos la soberanía y supremacía divina. Soberanía en Creación, dando la vida y sustentando la vida.

El nombre con el que Dios se reveló de manera especial a los Patriarcas, dice Él (Éx. 6:3), fue El-Shaddai (Dios Omnipotente o Todopoderoso). Este título aparece

En Génesis, 6 veces
En el resto del Pentateuco, 3 veces
$$\left.\begin{array}{l}\end{array}\right\} = 9 \ (3^2)$$

o nueve veces en total; el cuadrado de *tres*, el número de la perfección divina.

La *primera* aparición del nombre «Todopoderoso» (= Omnipotente) está también llena de instrucción, pero la consideraremos en el número *Cinco*.

Todo a través de este *primer* Libro vemos esta supremacía y soberanía divinas: soberanía de la voluntad en la elección y en el llamamiento: al llamar a Abram y no a otro (Hch. 7:2); escogiendo a Isaac y no a Ismael (Gn. 17:18-21); a Jacob y no a Esaú (*ibid.* 25:23, etc.); a Efraín y no a Manasés (*ibid.* 48:19; He. 11:21).

Este *primer* libro es el *un* libro. Contiene en embrión a todos los otros libros, y ha sido con razón llamado «el semillero de la Biblia». Su título divino es «EL PRINCIPIO», esto es, el primero: «En el principio Dios», esto es, Dios primero. Aquí tenemos el comienzo de la vida, el comienzo de la profecía (Gn. 3:15). La predicción de la simiente de la mujer, y el comienzo de la enemistad entre su simiente y la simiente de la serpiente.

El pacto hecho con Abraham (Gn. 15) fue incondicional, porque hubo sólo *una* parte contratante. La Ley tuvo un mediador, por lo que hubo *dos* partes para aquel pacto. «Y el mediador no lo es de uno solo [esto es, de una sola *parte contratante*], pero Dios es uno» (Gá. 3:20). Sólo Dios se ligó en el pacto con Abraham, por lo que recibe el nombre de «el pacto de la PROMESA».

Luego tenemos los sufrimientos de Cristo, y la gloria que debería seguir tras ellos, prefigurado en José. Su muerte como sustituto se prefigura en el carnero de Isaac. «El camino de Caín» y el camino de Dios se ven en los frutos de Caín y en el cordero de Abel, mostrando la verdadera y única vía de acceso y de adoración a Dios.

Así, ya en la primera línea de la revelación se nos muestra que el hombre no puede ser salvo por las obras, sino por la sola gracia. El fundamento de toda verdad se encuentra aquí. La verdad del Evangelio resplandece con fulgor aquí. Todo se encuentra en *un* libro, y ello en el *primero*.

EL PRIMER MANDAMIENTO

«Éste es el primero y gran mandamiento», Mt. 22:37, 38, o en Mr. 12:29, 30: «Escucha, Israel: El Señor, nuestro Dios, es un solo Señor; y amarás al Señor tu Dios con todo tu corazón, con toda tu alma, con toda tu mente, y con toda tu fuerza».

La referencia es a Dt. 6:4. Se trata aquí de un «primero» en orden, primero en tiempo, y primero en importancia. El primero en la Ley, el mayor en la Ley, y por ello uno de los cuatro pasajes escritos en las filacterias de los judíos.

Las palabras hebreas pueden ser variamente traducidas, pero la cita del Señor Jesús, escrita por el Espíritu Santo en los Evangelios, fija el sentido de las palabras. En hebreo el orden es: «Oye, oh Israel, Jehová nuestro Elohim, Jehová Uno». Los judíos lo repiten así en el día de hoy: «Oye, oh Israel, el Señor nuestro Dios, el Señor Uno es», y toda la congregación repite la palabra «Uno» durante varios minutos.[2]

Si el Señor no hubiera suplido el verbo que fija el sentido, bien hubiéramos podido leerlo como lo hacen los judíos, porque con ello se fija (aunque no sean conscientes de ello) la doctrina de la Trinidad. Porque se hace mención de las tres Personas, y luego se declara que son *una*: «El Señor, nuestro Dios, el Señor, uno es»; esto es, los tres, *Padre, Hijo* y *Espíritu*, uno son.

Pero hay otra peculiaridad en este pasaje. En todos los MSS. y textos impresos se escriben o imprimen siempre las últimas letras de las palabras primera y última en *mayúsculas*, esto es, mayores que las otras. Así:

«ShemA Israel, Jehovah, Elohenu, Jehovah, EchaD».

En hebreo, la primera de estas dos letras más grandes es la ע *(ayin)*, y la segunda es la ד *(dálet)*. El rabí Bochin hace la siguiente observación: «Es posible confesar un Dios con la boca, aunque el corazón esté lejos de Él. Por esta razón, ע y ד se dan como *mayúsculas*, con las que, con la *tsere* suscrita, se forma עד, *«un testigo»*, para que todos sepan, cuando profesan la unidad de Dios, que sus corazones deberían estar involucrados, y libres de todo otro pensamiento, porque Dios es un *testigo*, y conoce todas las cosas».[3] Sin embargo, desconocemos cuál sea la verdadera razón de que estas dos letras sean más grandes. El sentido real de las palabras, en base a su significado, es: Oye, oh Israel, Jehová (el Existente Eterno) nuestro Elohim (nuestro Dios Trino y Uno), Jehová «uno es».

Lo que se predica aquí de Jehová no es en absoluto la *unidad* de Dios, sino que es a Él que pertenece de derecho el nombre Jehová, que Él es el uno y único Dios, y que no puede haber otro. Está igualmente opuesto a todas las formas de *Teísmo* y de *Deísmo*, que son creaciones de la mente humana, lo mismo que al *politeísmo* por una parte, y a las deidades nacionales o locales por la otra. Toda la declaración tiene que ver con la *revelación*. Sólo Israel podía decir: Jehová es *«nuestro* Dios», porque Él se había dado a conocer; «Sus caminos notificó a Moisés, y a los hijos de Israel sus obras» (Sal. 103:7).

Con esto concuerda la elección de la palabra *Echad,* que se emplea para «uno». En hebreo hay dos palabras empleadas para el número «uno»: אחד *(Echad),* «uno», *unus;* y יחיד *(Yachid),* «un único», *unicus.*

Este último término, *Yachid* (יחיד) significa unidad absoluta, o unicidad, un *único.* Aparece sólo doce veces en el Antiguo Testamento (3×2^2), de la siguiente manera:

> Pentateuco, 3 veces.
> Resto del Antiguo Testamento, 9 veces (3^2).

Gn. 22:2: «Toma ahora tu hijo, *tu único,* Isaac».
Gn. 22:12, 16: «No me rehusaste tu hijo, *tu único hijo».*
Jue. 11:34: «Ella era... su *hija única».*
Sal. 22:20: «Libra... mi *única»* (RV).
Sal. 25:16: «Estoy *solo* y afligido».
Sal. 35:17: «Recobra... mi *única* de los leones» (RV).
Sal. 68:6: «Dios hace habitar en familias a los *desamparados».*
Pr. 4:3: «Yo fui... delicado y *único* delante de mi madre» (RV).
Jer. 6:26: «Luto como por *hijo único».*
Am. 8:10: «Como en duelo por el *unigénito».*
Zac. 12:10: «Como se llora por *hijo unigénito».*

Éstos son todos los pasajes en que aparece la palabra *Yachid,* y vemos aquí, por tanto, el significado de la palabra. Pero *ésta no es la palabra que se emplea en Dt. 6:4,* y nunca se emplea de Jehová. Se emplea del Señor Jesús como el Hijo unigénito; pero nunca de Johová, el Dios trino y uno.

En cambio, אחד *(Echad) se emplea así* porque no denota una unidad absoluta, sino una unidad compuesta. Siempre uno de otros que hacen la unidad. Su primera aparición es:

> Gn. 1:5, «Un día» *(de siete).*

Las siguientes son:

> Gn. 2:11: «El nombre del *uno* era Pisón» (esto es, uno de cuatro).
> Gn. 2:21: «Tomó *una* de sus costillas».
> Gn. 2:24: «Se harán *una sola* carne».

Por esto, cuando se emplea dos veces, repitiéndose la palabra, «uno, uno», se traduce como «el *uno* y el *otro*»; pero es siempre *uno* donde hay otros. (Y por ello a veces es *cada*, como en Nm. 7:85.)

Gn. 49:16: «Como *una de* las tribus de Israel».

Nm. 13:23: «Un sarmiento con *un* racimo de [muchas] uvas».

Incluso nos encontramos con el plural *Echadim* (como *Elohim*), *unos*. Al hablar de los dos bastones representando a las casas de Israel y de Judá, dice, en Ez. 37:19: «Y se harán *unos* en mi mano».

Sal. 34:20: «Él guarda todos sus huesos; ni *uno* de ellos será quebrantado».

En todos éstos y otros pasajes *Echad* es *colectivo*. Es uno de otros, y es por ello la palabra empleada en Dt. 6:4. Jehová (el Padre), Elohim (el Hijo), y Jehová (el Espíritu) es *Echad:* Un Dios Trino y Uno.

Ésta es la enseñanza del número *uno* en su aplicación a este *primer* mandamiento. Hay sólo un Señor, y consiguientemente no hay otro para dividir el corazón. Por ello amarás al Señor con todo tu corazón. Así se menciona primero la base para la reivindicación, y luego se da este primero y gran mandamiento, basado sobre ella.

Pero ello nos lleva a otra ilustración en Zac. 14:9.

EL UN REINADO MILENIAL

«Y Jehová será rey sobre toda la tierra.
En aquel día Jehová será uno, y uno su nombre».

No habrá en aquel día glorioso nadie que discuta el gobierno de Jehová. No habrá diferencia de ley, ni de voluntad entonces. Todo será armonía, unidad, concordia. Éste es el secreto de la paz milenial. En la Oración del Señor ambas van juntas, siendo la una consecuencia de la otra.

«Venga tu reino».

«Hágase tu voluntad, como en el cielo, así también en la tierra».

Cuando hay más de una voluntad, no puede haber paz ni reposo. Debe haber necesariamente conflicto y confusión.

Éste es el secreto de toda perturbación en las familias, partidos y naciones.

En ocasiones oímos de un «control por partida doble», pero es una ficción. ¡Existe sólo de palabra, no en realidad!

Éste es el secreto del reposo para el corazón ahora: *«Una voluntad»*. En tanto que haya dos voluntades no puede haber paz. En tanto que nuestra voluntad no esté sujeta a la voluntad de Dios, no podemos conocer el reposo.

Ahí es donde el Señor Jesús, como hombre, tuvo reposo en medio del rechazo que sufrió. En Mt. 11, Juan el Bautista tiene dudas, vv. 2, 3; la gente de aquella generación lo rechaza, vv. 16-19; las ciudades que vieron Sus más poderosas obras no creen en Él, vv. 20-24. Luego leemos en los siguientes versículos (25, 26): «EN AQUEL TIEMPO, tomando Jesús la palabra, dijo: TE ALABO, PADRE, Señor del cielo y de la tierra, porque ocultaste estas cosas a los sabios y a los entendidos, y las revelaste a los niños. Sí, PADRE, porque así te agradó». Y luego, volviéndose a Sus cansados siervos, que habían padecido similares pruebas y decepciones, les dice: «Venid a mí todos los que estáis fatigados y cargados, y yo os haré descansar».

En otras palabras, el *descanso* sólo se puede encontrar en la sujeción a la voluntad del Padre. Éste es el secreto del actual reposo para nuestras almas. Y éste es el secreto de la paz y de la bendición mileniales para la tierra.

¡Cuán sencillo! Pero ¡cuán extraños somos a este reposo! ¡Cómo se afanan los siervos del Señor de un lado a otro para lograr esta gran bendición, y no entran en ella! ¿Y por qué? ¿Se debe a que *no creemos que Su voluntad sea mejor que la nuestra?* Si estuviéramos ocupados con el Señor en lugar de con nosotros mismos, con el Bendiciente en lugar de con la «bendición», pronto adquiriríamos tal consciencia de Su gracia, gloria y poder que nos quedaríamos convencidos de que Su voluntad es mejor que la nuestra; y luego, en lugar de ocuparnos con nosotros mismos y de indagar acerca de cómo abandonar nuestra voluntad, veríamos que Su voluntad es tan buena que realmente aborreceríamos la nuestra, y desearíamos sólo la Suya.

Esta bendición no se alcanza mediante ningún «acto de rendición» o «acto de fe», sino que nuestra propia voluntad simplemente se desvanece en la contemplación de la Suya al verla como totalmente llena de gracia y de benignidad.

Los modernos métodos del hombre comienzan todos mal.

Comienzan con nosotros mismos, nos ocupan con nosotros mismos, y de ahí su fracaso. El método divino pone «a Dios primero», y así se asegura el buen fin.

Es cuando nuestros corazones están así delante de Dios, y por ello con Dios, que aprendemos la maravillosa sabiduría de Su camino y la perfección, dulzura y bienaventuranza de Su voluntad. Anhelamos poseerla, la ansiamos, y deseamos entrar en su gozo; y nuestra propia voluntad se desvanece sin esfuerzo, y sin saberlo, hasta que descubrimos posteriormente lo que ha tenido lugar por una feliz experiencia.

En los tiempos del Milenio ésta será la bendición de toda la tierra. Porque en aquel día habrá un Rey, una voluntad, «Jehová será uno, y uno su nombre».

LA UNIDAD DEL ESPÍRITU

Ésta es la unidad de los miembros del un cuerpo de Cristo, animados todos por el mismo Espíritu. Es una unidad que nosotros no podemos *hacer*. Nos ha sido hecha para nosotros en Cristo. Tan sólo podemos preservarla, y vivir en su poder por el Espíritu Santo, que es «el vínculo de la paz». Desde luego que precisa de su cuidadosa preservación, porque se opone a todas las ideas de unidad en iglesias y sectas. Es una unidad espiritual.

En Ef. 4:4-6 se expone la unidad del cuerpo y de sus miembros. Y nótese su *séptuple* naturaleza. Se expone en un *Epanodos*, esto es, las oraciones están dispuestas en una introversión, en la que lo primero responde a lo último, lo segundo a lo penúltimo, etc. El Señor queda exaltado al quedar situado en el centro de todo:

A ‖ Hay un solo CUERPO,
   B ‖ y un solo ESPÍRITU,
      C ‖ como también fuisteis llamados en una misma
          ESPERANZA de vuestra vocación;
         D ‖ **UN SEÑOR**,
      C ‖ una FE,
   B ‖ un BAUTISMO,
A ‖ un Dios y Padre de todos [*los miembros de este Cuerpo*],
  ‖ el cual está sobre todos, por todos, y en todos.

Nótese aquí que en A y en *A* tenemos el un Cuerpo. En B y *B* tenemos el Espíritu y Su Bautismo. En C y *C*, las gracias de la «fe» y «esperanza», mientras que en D el Señor aparece como la gran cabeza de este un Cuerpo, la piedra clave de este arco de verdad divina.

PRIMERAS APARICIONES DE PALABRAS

Éstas son siempre importantes. Los antiguos comentaristas judíos llaman especialmente la atención a las mismas, y ponen un gran énfasis sobre ello como siempre teniendo alguna significación.
Tomemos, por ejemplo, las siguientes palabras:

«Aleluya»

¿Dónde aparece por primera vez? En Sal. 104:35:

> «Sean barridos de la tierra los pecadores,
> Y los ímpios dejen de existir.
> Bendice, alma mía, a Jehová.
> ALELUYA».

¿Y dónde aparece por primera vez en el Nuevo Testamento? En Ap. 19:1-3: «Oí como una gran voz de una gran multitud en el cielo, que decía: ¡ALELUYA! La salvación, el honor, la gloria y el poder[4] son del Señor Dios nuestro; porque sus juicios con verdaderos y justos; pues ha juzgado a la gran ramera que corrompía a la tierra con su fornicación, y ha vengado la sangre de sus siervos de la mano de ella. Y por segunda vez continuaron diciendo: ¡ALELUYA!»[5]
En estos dos casos, en el Antiguo Testamento y en el Nuevo, la primera aparición de la Palabra «Aleluya» tiene que ver con *juicio*. Es por ello que se alaba a Dios. Esto no concuerda con las enseñanzas de la falsa caridad y de la traidora tolerancia de la actualidad. Los siervos de Jehová, que están impregnados del espíritu de las Escrituras, deben y pueden alabarlo por la destrucción de Sus enemigos, que son también los de ellos.

«Profeta»

La primera aparición de esta palabra tiene relación con Abraham, Gn. 20:7. Dios dice a Abimelec, rey de Gerar, acerca de Abraham y su mujer: «Ahora, pues, devuelve la mujer a su marido; porque es PROFETA, y orará por ti, y vivirás».

Con esto aprendemos que la palabra *profeta* no hace meramente referencia a uno que *predice*, sino a uno que da testimonio por Dios como Su portavoz.[6] La palabra hebrea aparece en Éx. 7:1, «Aarón será tu *profeta*», mientras que en 4:16 se traduce la misma palabra como «en lugar de boca». Esto es exactamente lo que significa; y el hombre que hablaba por Dios era reconocido por el pueblo como «varón de Dios».

«Santo»

La primera aparición de ‏קדש‎ *(Ko-desh)*, *santo*, se encuentra en Éx. 3:5. No se encuentra en el Libro de los Comienzos (Génesis); no aparece hasta que Éxodo abre sus páginas: el Libro de la Redención, que registra cómo Dios acudió para redimir a Su pueblo de Egipto (Éx. 15:13). La *criatura* no puede comprender nada acerca de la *santidad* excepto sobre la base de la *redención*.

«Novia»

La primera aparición de la palabra «novia», ‏כלה‎ *(Kalah)*, aplicada a la Novia de Jehová, se encuentra en Is. 49:18. Esto fija el sentido del término como aplicándose sólo a Israel, y no a la Iglesia, que es «el Cuerpo de Cristo», parte del «Cristo místico»; en otras palabras, parte del Novio. Se nos señala así al hecho de que Israel es la novia. Comparar Is. 61:10; 62:5.

«El Día de Jehová»

Esta importante expresión aparece por primera vez en Is. 2:12, y si leemos su descripción tal como nos es dada por el Espíritu Santo, y observamos su carácter y objeto, así como su propósito, tendremos una clara comprensión de su sentido.

Es el día en que Jehová se levantará para sacudir con fuerza la tierra; cuando el hombre será humillado y abatido; y cuando sólo Dios será exaltado.

Léase todo el pasaje de Is. 2:10-22, y obsérvese cómo se enfatiza, y cómo su importancia es expuesta adicionalmente al ser presentada por medio de dos figuras, que van paralelas: el *polisíndeton*, empleándose la palabra «y» veinte veces en nueve versículos, y *sinonimia*, esto es, donde diferentes palabras de sentido similar son amontonadas y repetidas. Aquí tenemos *siete* palabras y veinte repeticiones de las mismas a fin de mostrar la *elevación* de la soberbia natural del hombre, y la *profundidad* a la que puede ser abajado y humillado en «el Día de Jehová».

Ésta es la primera aparición de la expresión:

«La altivez de los ojos del hombre será abatida,
Y la soberbia de los hombres será humillada;
Y será exaltado Jehová sólo en aquel día.
Porque Jehová de los ejércitos tiene reservado un día» (v. 11).

LAS PRIMERAS PREGUNTAS

del Antiguo y Nuevo Testamento están también llenas de instrucción.[7]

Gn. 3:9: «¿Dónde estás tú?»

Esta pregunta fue hecha por Dios al pecador que se oculta de Su santa presencia, para llevarlo a la convicción, para mostrarle que estaba perdido, que era culpable y que estaba arruinado. Éste es el objeto del Antiguo Testamento. La Ley es lo que da el conocimiento del pecado, y lleva al pecador a la convicción.

El *primer* mandamiento es: «Amarás al Señor tu Dios con todo tu corazón», etc. La imposibilidad de obedecer este mandamiento convence al pecador de su *impotencia*, y lo lleva a refugiarse lleno de agradecimiento en la *omnipotencia* de Dios, y a clamar por un Salvador.

Por ello, la *primera* pregunta del Nuevo Testamento es, en Mt. 2:2, «¿Dónde está EL QUE HA NACIDO?» ¿Dónde está el Salvador que necesito? Él me ha buscado y me ha llevado a la convicción. ¿Dónde está, para que yo pueda encontrarlo, y conocerlo, y adorarlo, y servirlo?

EL PRIMER CUMPLIMIENTO DE PROFECÍA EN EL NUEVO TESTAMENTO

Aquí se abre un extenso campo de instrucción, echando para nosotros las líneas y mostrándonos los principios en base a los que el Espíritu Santo interpreta Su propia profecía. Está en el Evangelio según Mateo (1:22, 23):

A || «Todo esto aconteció para que se cumpliese lo dicho
      por el Señor por medio del profeta, cuando dijo:
B || He aquí que la virgen concebirá y dará a luz un hijo,
B || Y llamarán su nombre Emanuel,
A || que traducido es: Dios con nosotros».[8]

Observemos aquí que la profecía se cita de Is. 7:14. En Mateo se dice especialmente que había sido «dicho por el Señor»; y en Isaías está escrito: «El Señor mismo os dará una señal».

Así se enfatiza el hecho de que «nunca la profecía fue traída por voluntad humana, sino que los santos hombres de Dios hablaron siendo inspirados por el Espíritu Santo» (2ª P. 1:21).

Por cuanto éste es el primer cumplimiento de la profecía del Antiguo Testamento en el Nuevo, podemos esperar encontrar en él el carácter genérico de toda profecía, y el gran ejemplo de la propia interpretación del Espíritu Santo.

La profecía que aquí se presenta como cumplida está así escrita en Is. 7:14: «He aquí que la virgen[9] concebirá, y dará a luz un hijo, y llamará su nombre Emanuel».

Pero hay otra profecía asociada con ésta, que se registra en el siguiente capítulo:

> «El rey de Asiria... invadirá... pasando hasta Judá, inundará y pasará adelante... y extendiendo sus alas, abarcará la anchura de tu tierra, oh Emanuel.
> Reuníos, pueblos, y seréis quebrantados...
> Trazad un plan, y fracasará; proferid palabra, y no se cumplirá; porque DIOS ESTÁ CON NOSOTROS (עמנו אל, *Immanu–el)*»
> (Is. 8:7-10)

Ahora bien, en esta primera cita de una profecía como cumplida, señalamos los siguientes hechos para nuestra instrucción:

1. La profecía ha sido, como ya hemos visto, dada por JEHOVÁ, y los profetas, así llamados, son sólo los instrumentos o agentes. Con esto concuerda 2ª P. 1:20, 21, donde se dice que «hablaron siendo inspirados por el Espíritu Santo».

Ahora bien, la palabra Jehová denota a Aquel que existía ya en la eternidad pasada y que existirá siempre en la eternidad venidera.

En el Antiguo Testamento encontramos la *palabra* (Jehová) que implica la *interpretación*. Mientras que en Apocalipsis tenemos la *interpretación* que implica la palabra, «que es y que era y que ha de venir» (1:4, 8; 4:8).

El *nombre* de Jehová, por tanto, es la clave a la comprensión de Su *Palabra*, porque Él ha magnificado Su palabra conforme a todo Su nombre (cf. Sal. 138:2, BAS). Su Palabra, por tanto, en un sentido aún más elevado, se relacionará con lo que ERA, y ES, y ha de VENIR.

Obsérvese, no obstante, que en el Nuevo Testamento (en Apocalipsis) Jehová Jesús, como el Hijo del Hombre, está para cumplir toda Su santa promesa, y llevar a cabo toda Su responsabilidad. Por ello, Su nombre es:

En el A.T.,　　　Él será ∣ Él es ∣ Él era
En Apocalipsis, Él es ∣ Él era ∣ Él ha de venir.

El futuro se ha transformado en presente, y lo que era presente se funde en el pasado.

El presente en griego se expresa con el participio (no con el indicativo, que es sólo apropiado para un comienzo o final definidos), indicándose así el cumplimiento continuado de la profecía entre el pasado y el futuro, fluyendo desde el anuncio de la profecía hasta el período de la crisis.

En el Apocalipsis la triple afirmación aparece otras dos veces (11:17; 16:5). Pero éstas se refieren al período *posterior* a la Venida de Cristo, y por ende desaparece el aspecto *futuro* de Su nombre. Es mencionado entonces sólo como «el que eres y que eras».[10]

Entonces será simplemente aquel «que es y que era». Se contempla la venida como ya habiendo tenido lugar, y que el Día del Señor [el Día de Jehová] ya ha sido inaugurado; por ello, no queda nada futuro en el nombre en relación con la palabra profética.

Así, el hecho de que las palabras fueron dichas «por el Señor» nos da la primera clave a su desarrollo profético.

2. El tema de la profecía es Cristo, porque «el testimonio de Jesús es el espíritu de la profecía» (Ap. 19:10).

3. Esta profecía fue originalmente pronunciada en relación con el fracaso del hombre como hombre en la persona de Acaz (Is. 7:10-14). Del mismo modo que la profecía de Gn. 3:15 fue dada en relación con el fracaso del hombre en Adán, y que los profetas fueron primero suscitados como un orden especial de testigos acerca del fracaso de Israel. Así, el Espíritu Santo relaciona en esta profecía el *fracaso del hombre* y la *promesa del Mesías*, tomando los diferentes hilos de Sus varios pronunciamientos, y combinándolos en uno. Estableciéndose con ello el principio de que la profecía vino a existir tras el fracaso del hombre.

4. Por otra parte, Él toma las palabras fuera de aquellas combinaciones que fueron la causa directa de su pronunciamiento original. Así, la profecía es resuelta en sus elementos por

el Espíritu Santo, y por Él mismo los elementos son recombinados conforme a Sus planes.

5. Él toma los hilos de los pasajes que siguen al realmente citado, que explican la razón de por qué las combinaciones originales en las que fueron escritas las palabras no permitieron el cumplimiento *total* de la profecía en el tiempo en que fueron habladas o escritas.

6. Él relaciona los significados de los nombres con la verdad profética, y, girando sobre el sentido de la profecía más que sobre las meras palabras, ve en Acaz a los idólatras e incrédulos judíos concertando un pacto con su enemigo gentil.

7. Desarrolla, define y añade al sentido original de la palabra hebrea *Almah*, porque en su cumplimiento definitivo la mujer que tendría el hijo sería virgen. El uso de *Almah* en Isaías lo hacía correcto para el cumplimiento histórico, pero no impedía por ello el cumplimiento *futurista*.

8. Por ello, toda la profecía de Is. 7 y 8 puede recibir su cumplimiento sólo separando aquel cumplimiento en tres partes: *Preterista, Presentista y Futurista*. Luego, como el que habla es Jehová, el Señor, como ya hemos visto, es interpretada en conformidad al significado de Su nombre, que incorpora el pasado, el presente y el futuro, como el Dios siempre existente y eterno, «que es y que era y que ha de venir» (Ap. 1:4, 8).

De ello se sigue, en base esto, que no puede ser correcta ninguna interpretación de la profecía que se limite a sólo una de estas tres partes, negando las otras dos. Esto no sería «trazar bien la palabra de verdad».

Y de esto se sigue también que el poder para dividir así la profecía y recombinar las tres divisiones puede ser sólo el del autor de la profecía, el Señor el Espíritu.

Los intérpretes que adoptan *uno* de estos tres principios quedan por ello divididos en campos opuestos y hostiles en contra de los que adoptan *otro* de estos principios. Pero no es hasta que comprendamos el gran principio establecido por el Espíritu Santo aquí, y los apliquemos todos, y todos juntos, que podremos tener una comprensión adecuada de la profecía.

Ahora pongamos estos principios a prueba.

Primero: El preterista

Acaz, muy inquieto ante la alianza de Efraín con Siria, se sintió tentado de concertar una contraalianza con el rey de

Asiria. Le fue dada una señal en el sentido de que no tenía por qué ceder a la tentación, porque aquella alianza caería. Nacería un niño a una cierta moza, que sería llamado Emanuel, y antes que aquel niño supiera distinguir entre el bien y el mal, la tierra que él temía (esto es, Efraín y Siria, consideradas como una sola) sería abandonada por sus dos reyes.

En el siguiente capítulo se dio otra señal a Acaz. Otra vez nacería un niño, esta vez a la profetisa, y sería llamado *Maher-salal-has-baz*, y antes que él pudiera decir «padre mío» o «madre mía», tanto Siria como Efraín serían despojados por el rey de Asiria.

Las palabras citadas en Mt. 1 son tomadas en parte de Is. 7:14, y muestran de una forma clara que Acaz no tuvo que esperar al nacimiento de Cristo para ver la prometida «señal», sino que tiene que haber sucedido en su propio día. Y así fue. Así queda cumplida la interpretación *preterista* en el pasado.

Segundo: El futurista

Pero parte de la cita en Mt. 1, «Dios con nosotros», está tomada de Is. 8:10, lo que claramente se proyecta al mismo tiempo que el Sal. 2, donde los reyes de la tierra toman consejo contra el Mesías, y es, por ello, exclusivamente *futurista*.

> [El] rey de Asiria... pasando hasta Judá...
> Extendiendo sus alas, abarcará la anchura de tu tierra,
>   oh Emanuel.
> Reuníos, pueblos, y seréis quebrantados;
> Oíd, todos los que sois de lejanas tierras;
> Ceñíos, y seréis quebrantados;
> Disponeos, y seréis quebrantados.
> Trazad un plan, y fracasará;
> Proferid palabra, y no se cumplirá;
> Porque DIOS ESTÁ CON NOSOTROS (Immanau El).
> Porque Jehová me dijo de esta manera con su mano fuerte sobre
>   mí,
> Y me enseñó que no caminase por el camino de este pueblo».
> (Is. 8:8-12).

Esto se continúa en el v. 21, y es evidentemente *futurista*, como lo es el tiempo de tiniebla, cuando los juicios del Apocalipsis se abaten sobre la tierra. (Véase Is. 8:8–9:7).

«La que está ahora en agustia» en 9:1 es evidentemente Sión, o la nación, que dirá en el tiempo del fin: «Un niño nos es nacido». Éste es el tiempo de Ap. 12 y del Sal. 87, donde Cristo es contemplado como nacido de Sión. Es el tiempo en que asume el reino y establece su reinado milenial (Lc. 1:31-33).

Así, es cierto que una sección de estos tres capítulos no puede ser plenamente interpretada excepto sobre líneas *futuristas*.

Tercero: El presentista

Las líneas presentistas, o aquellas que corren a través de las edades entre el *pasado* (la época propia del profeta) y el futuro (el día de la crisis), son también claramente discernibles.

En 7:17 leemos las palabras, que siguen de inmediato a la profecía del nacimiento de este misterioso niño:

«Jehová hará venir sobre ti,
Sobre tu pueblo y sobre la casa de tu padre.
Días cuales nunca vinieron
Desde el día que Efraín se apartó de Judá,
Esto es, hará venir al rey de Asiria».

(Is. 7:17)

Para comprender esto, es necesario saber que Nabucodonosor asumió la herencia de los reyes de Asiria. Por ello, los babilonios recibían el nombre de asirios, incluso en tiempos tan posteriores como los de Jenofonte, que así se refiere a ellos en su *Anábasis*. E incluso Darío, que sabemos que era medo, sigue siendo llamado «el rey de Asiria» en la Palabra de Dios. (Véase Esd. 6:22, y comparar 2º R. 23:29 y 2º Cr. 35:23.)

Así, «el asirio» de la profecía de Isaías, en el tiempo del fin, no es necesariamente un rey de la reavivada Asiria, y se nos enseña que estas profecías del rey de Asiria pasan a todas las cabezas de los cuatro imperios gentiles de los que se habla en Daniel.

La profecía del rey de Asiria de que se habla en estos capítulos de Isaías se desarrolla en un cumplimiento continuado *presentista*, cubriendo todo el período de «los tiempos de los gentiles».

Otra prueba de la necesidad de este cumplimiento *presentista* se da en Is. 8:13:

«A Jehová de los ejércitos, a él santificad;
Sea él vuestro temor, y él sea vuestro miedo.
Entonces Él será por santuario;

Pero a las dos casas de Israel, por piedra para tropezar, y por peña
de escándalo,
Y por lazo y por red al morador de Jerusalén.
Y muchos entre ellos tropezarán, y caerán, y serán
quebrantados.
Y serán atrapados y apresados.
Ata el testimonio,
Sella la instrucción entre mis discípulos.
Esperaré, pues, a Jehová,
El cual escondió su rostro de la casa de Jacob,
Y en él confiaré.
He aquí, yo y los hijos que me dio Jehová
Somos por señales y presagios en Israel,
De parte de Jehová de los ejércitos, que mora en el monte
de Sión».

(Is. 8:13-18)

Aquí tenemos el presente carácter de la dispensación tal
como es descrita en Ro. 9–11, el período de la ceguera de Israel.
Esto queda perfectamente clarificado si comparamos Is. 8:14 con
Ro 9:32, 33.

Cristo es la piedra de tropiezo y la peña de escándalo para las
masas; pero en Él sigue creyendo un remanente de Sus discípulos, el «remanente conforme a la elección de la gracia». Cristo y
Sus discípulos hoy en día son las «señales y maravillas» del Señor
a Israel, porque los discípulos son contados como los «hijos» del
Señor:

«La posteridad [lit.: una simiente] le servirá;
Será ella contada por una generación de Jehová».

(Sal. 22:30, RV)[11]

Esto queda adicionalmente expuesto en los significados de
todos los nombres empleados. *La salvación de Jehová* (éste es el
significado del nombre ISAÍAS) será cumplida por Jehová estando
con Su pueblo (EMANUEL). Esta salvación es necesaria, y dada
como consecuencia del asirio *apresurándose al despojo y a la presa*
de la nación (MAHER-SALAL-HAS-BAZ). Luego, *un remanente
volverá*, esto es, se arrepentirá (SEAR-JASUB, Is. 7:3), se apoyará
en Jehová y esperará en Él.

Éste es el propósito y la enseñanza de toda la Profecía de
Isaías; porque se trata de *una* profecía, un todo, completo en sus
partes, a pesar de la «alta crítica», que querría aserrarlo en
diversas partes.

Así es, por tanto, la importante lección que aprendemos en este *primer cumplimiento registrado de la profecía en el Nuevo Testamento*, del que aprendemos que la profecía es sólo comprensible como un todo orgánico, cuando queda así subdividida por (y por nosotros bajo la conducción de) el Espíritu Santo en sus cumplimientos *preterista, presentista y futurista* según el significado del nombre *Jehová*: «que es y que era y que ha de venir».

PALABRAS QUE APARECEN SÓLO UNA VEZ

Éstas son frecuentemente instructivas; en griego se conocen como απαξ λεγόμενα *(hapax legomena)*. Daremos unos pocos ejemplos detallados.

(1) κριτικός *(kritikos)*, «*crítico*», He. 4:12

Es de donde proviene nuestro término «crítico». En griego es *kritikos*, y «crítico» es meramente una transcripción castellana de la palabra griega, que así ha pasado a nuestro idioma. Significa *capaz de juzgar* o *perito en juzgar*; luego, denota simplemente a un *juez*, pero siempre con la idea de su capacidad para juzgar o discernir. Aparece sólo una vez, en He. 4:12, donde se traduce «discierne»; más exactamente, «discernidora», o, como lo traduce F. Lacueva, «capaz de juzgar» (cp. *Nuevo Testamento Interlineal*, loc. cit.).

Todo el pasaje se relaciona tanto con la Palabra *escrita*, que *es* una espada (Ef. 6:17), como con la Palabra *viva* (Cristo), que *blande* una espada.

La estructura de estos dos versículos distingue entre Dios y Su palabra:

A | 12. Es DIOS cuya Palabra es tan maravillosa.
   B | -12-. Lo que SU Palabra ES (viva, poderosa, y una cortante espada).
      C | -12-. Lo que Su Palabra HACE (penetrando y dividiendo, etc.).
   B | -12-. Lo que Su Palabra ES (un juez capaz).
A | 13. DIOS es quien es omnisciente.

Aquí tenemos, en A y *A*, a Dios, el omnisciente; y en B, C y *B* tenemos Su Palabra. Y aprendemos que la Palabra de Dios es ahora un juez, tan maravillosa que distingue entre los *pensamientos* y las *intenciones* del corazón, juzgándolo todo.

El Señor mismo da testimonio de que la misma Palabra nos juzgará en el más allá: Jn. 12:48: «El que me rechaza, y no recibe mis palabras, tiene quien le juzgue; la palabra que he hablado, ella le juzgará en el último día».

¡Qué solemne verdad! Y tanto más solemne cuanto que el hombre osa hoy en día tomar esta palabra «crítico», o «juez», que Dios así ha apropiado a Su Palabra por el hecho de emplearla sólo una vez, y aplicársela a sí mismo. ¿Y qué es lo que el hombre va a juzgar? ¡A esta misma Palabra de Dios! ¡Haciendo de sí mismo el juez de esta Palabra que debe juzgarle a él! Si la palabra *kritikos* fuera de frecuente aparición, y se empleara de varias cosas o personas, quizá el hombre pudiera ser llevado a considerarse como juez de alguna de ellas. Pero Dios la ha empleado sólo *una vez*, y por ello la ha limitado a una cosa: a Su Palabra. Por ello, es una temeraria osadía que el hombre se asigne a sí mismo este término. Y el hombre no sólo hace esto, sino que a esta obra la llama «alta crítica». Ahora bien, hay una crítica que es legítima, porque juzga no la Palabra de Dios, sino *la obra de Dios* en cuanto a los manuscritos; esto recibe el nombre de Crítica Textual, que es algo muy diferente. Pero esta «alta crítica» no es otra cosa más que *razonamientos* humanos; no es otra cosa más que la imaginación del corazón humano, ¡aquellos mismos *pensamientos e intenciones* que juzga la Palabra misma!

¡Qué confusión! ¡Qué perversión! ¡Y qué insensatez! Porque cuanto más se aparta la crítica humana del dominio de la *evidencia* y más se introduce en la de la *razón*, ¡tanto más «alta» la considera! Es decir, cuanto menos actúa como juez capaz, ¡tanto más exalta su juicio! ¡Pobre hombre! ¡Ojalá quisieras someterte a esta Palabra! Porque debe juzgarte o bien ahora, en este día de gracia, y darte convicción de pecado, o bien será tu juez en el último día, cuando toda boca se cerrará, y quedarás enmudecido y sin excusa.

(2) καπηλεύω (kapēleuō), «corromper», 2ª Co. 2:17

Ésta es otra palabra que aparece sólo una vez, y que está, como todas estas palabras, llena de instrucción. Se deriva de κάπη, un *pesebre* o *comedero*, de donde proviene κάπτω, *comer rápidamente* (latín, *capio*, *tomar*). Luego viene κάπηλος, *uno que vende provisiones*, especialmente un *avituallador* o *vinatero*, y el verbo καπηλεύω, que significa ser un κάπηλος, *regentar una taberna, vender vituallas y bebidas* (especialmente vino). Luego, como tantas palabras que, en el curso de su historia, dan testimonio de la caída del hombre,[12] y debido a que tales vendedores solían adulterar sus productos, el verbo vino a denotar, simplemente, *adulterar*. Esto se puede mostrar con toda claridad acudiendo a Is. 1:22, donde el texto hebreo

> «Tu plata se ha convertido en escorias,
> Tu vino está mezclado con agua»

se traduce en la Septuaginta:

> «Tus mercaderes de vino (οι κάπηλοί) mezclan el
> vino con agua».

Y esto es exactamente lo que significa en 2ª Co. 2:17, donde el apóstol dice: «no somos como la mayoría que trafican con la palabra de Dios», esto es, que adulteran y «diluyen» la Palabra.

El Espíritu Santo, al confinar el empleo de este verbo sólo a la ministración de la Palabra de Dios, pone el mayor énfasis posible sobre la práctica de ¡la MAYORÍA»! Acababa él de declarar con toda solemnidad que Su ministerio de aquella Palabra era para algunos olor de muerte para muerte (esto es, resultando en su muerte eterna). Aquella «mayoría» no declaran como él todo el consejo de Dios, sino que lo diluyen, y adulteran toda la verdad discriminadora, profetizando cosas blandas, y tratando de complacer a la gente, en lugar de procurar con diligencia presentarse a Dios aprobados (2ª Ti. 2:15).

La revisión 1909 de Reina-Valera lee *«mercaderes falsos»*, lo que es una traducción más ajustada. Ésta traducción es la correcta, y no la que aparece en las revisiones posteriores de Reina-Valera, que diluyen precisamente el sentido de esta enérgica palabra. La Versión Moderna falla también aquí, aunque en el margen da el sentido *«adulteran, falsifican»*; lo mismo la BAS, que diluye la traducción como «que comercian», dando en el margen «O *corrompen»*, que es indiscutiblemente el verdadero sentido del término.

(3) δολόω *(doloö)*, *«manejar engañosamente»*, 2ª Co. 4:2.

Ésta es otra palabra que se emplea sólo una vez, y aquí de nuevo en relación con la Palabra de Dios. Desde luego, las tres podrían compararse con provecho: He. 4:12; 2ª Co. 2:17, y esta palabra δολόω en 2ª Co. 4:2. Como sucede con otras palabras que aparecen sólo una vez, su significado es por ello mismo no tan claro o evidente como otras palabras más generalmente utilizadas. Por ello, tenemos que investigar para hallar su significado. En primer lugar, todos los verbos acabando en -όω son *causativos*, llevando a cabo el acto que pertenece al nombre. Así, δουλος *(doulos)* es un *esclavo*, y por ello δουλόω *(doulo-ö)* significa *esclavizar a otro*; πόλεμος es *guerra*, por ello πολεμόω *(polemo-ö)* significa *hacer la guerra*, u *hostilizar, hacer hostil.*

Ahora bien, con respecto a esta palabra, el nombre *(dolos)* significa cualquier *astuta estratagema para atrapar mediante engaño*. Homero la emplea[13] del tejido de Penélope, que ella emplea como un medio para engañar a sus muchos pretendientes, diciendo que tenía que terminarla antes de poderse decidir. La emplea también[14] de la red con la que Vulcano atrapa a Marte, y del caballo de Troya;[15] se emplea también de una ratonera.[16] De ahí que δόλος significa cualquier *truco*, o *treta* o *estratagema mediante la que se engaña a otro.*

El verbo δολόω, por tanto, debe significar el acto de engañar con una estratagema, o de entrampar con una treta. Los escritores griegos lo emplean de alear oro, de adulterar vino,[17] de teñir tejidos[18] y de disfrazarse.[19]

Por ello, en este pasaje significa que el apóstol declara que él no ha actuado de esta manera con la Palabra de Dios. Ni la empleó como un vinatero con su vino, adulterándolo o diluyéndolo (2ª Co. 2:17), ni la empleó como un malabarista o un ilusionista para atraparlos con astucia, tretas, habilidad o estratagema.[20]

Se puede dar un ejemplo de la manera en que los ignorantes racionalistas actúan de esta forma con la Palabra de Dios. Uno de ellos[21] cita Jer. 7:22 para demostrar que Jehová «nunca dio ninguna especie de instrucciones acerca de holocaustos ni de sacrificios», omitiendo las palabras que definen y limitan la referencia a «el día que los saqué de la tierra de Egipto». Ésta es una muestra de los malabarismos que abundan por todas partes, bien por ignorancia, bien por malicia.

Este «manejo engañoso» de la Palabra de Dios se ve con la mayor frecuencia cuando se citan palabras aparte de su contexto, mediante lo cual naturalmente se puede llevar a que la Biblia demuestre cualquier cosa. Ésta es una fructífera fuente de errores incluso en el caso de aquellos que aman la verdad y van en pos de ella.

Un ejemplo clarísimo de este engaño voluntarioso se ve en un texto de pared que dice: «No beberás el vino», dando así como un mandamiento divino lo que se pronuncia como una amenaza de juicio divino. Véase Mi. 6:15.

(4) ἄρτιος (artios), «perfecto», 2ª Ti. 3:17

Ésta es otra palabra que aparece sólo una vez, y ello también con referencia a la Palabra de Dios. Se traduce «perfecto» en algunas versiones (RV), pero significa *apto*, y tiene referencia a una aptitud especial para cualquier uso determinado. El verbo, en el mismo versículo, está formado con esta palabra, prefijada con la preposición ἐξ, *fuera*, ἐξαρτίζω (*exartizō*), y significa *equipado fuera*, como una nave para una travesía, *totalmente equipado, totalmente pertrechado*. Las dos palabras, por tanto, son cognadas, y deberían ser traducidas de manera similar. Además, y para dar énfasis, son puestas fuera de su lugar, para llamar nuestra atención; una aparece al *comienzo* de la oración, y la otra *al final*, de esta manera: «que *equipado* pueda ser el hombre de Dios, para toda buena obra *plenamente equipado*»: o apto... totalmente apto; o pertrechado... plenamente pertrechado. Es decir, aquel que ha «aprendido» y está «seguro de» la Palabra de Dios, habiendo sido «hecho sabio para salvación», y ha obtenido provecho del continuado empleo de la Sagrada Escritura como inspirada por Dios, es «un hombre de Dios», esto es, un *profeta*, y que por ello sabe en base a estas Escrituras lo que debe decir como portavoz de Dios.[22] El que estudia los libros del *hombre* vendrá a ser un *hombre de hombres*; pero el que estudie el libro de Dios vendrá a ser «un hombre de Dios». Además, será *equipado* para toda emergencia, *equipado totalmente* frente a toda necesidad, listo para afrontar toda contigencia; así como una nave que se equipa para una larga travesía debe tener provisiones para la calma y para la tempestad, lista para ayudar a un amigo y para derrotar a un enemigo, preparada para el fuego y para todo accidente, del mismo modo el hombre de Dios, que verdaderamente obtenga provecho del estudio de las Escrituras, queda equipado y pertrechado, preparado y listo para toda emergencia

(5) ῥητῶς (rhētos), «claramente», 1ª Ti. 4:1.

Esta palabra ῥητῶς (*rhētos*) proviene de ῥητός, *hablado*, o *expresado en palabras*. El nombre *rhetōr* (ῥήτωρ) se empleaba de alguien que hablara al pueblo y que los aconsejara; luego se emplea de un orador contratado; y se empleaba el término *retórica* del arte que usaba. Así que aquí puede significar que el Espíritu Santo realmente pronunció estas solemnes palabras de 1ª Ti. 4:1 audiblemente en los oídos del apóstol[23] a fin de enfatizar su enorme solemnidad y la certidumbre de su veracidad. (Véase el contexto.)

(6) βασκαίνω *(baskainō)*, «*fascinar*», Gá. 3:1

«¡Oh gálatas insensatos!, ¿quién os fascinó para no obeceder a la verdad...?»

La palabra significa *fascinar*. Y en verdad la palabra castellana fascinar se deriva de ésta, tomando la inicial *f* en latín el puesto de la β griega. Entre los paganos esta fascinación era con el ojo (Dt. 38:54, 56; Ec. 14:8; Sab. 4:12). En Gá. 3:1 se emplea en un sentido más amplio, y al emplearla sólo una vez, el Espíritu Santo la enfatiza y señala a un peligro común al pueblo de Dios a través de todos los tiempos. Cuando profesan sentirse «*encantados*» por este maestro, o «*fascinados*» con aquel orador, demuestran ser ciertamente «insensatos» ἀνόητος,[24] *sin entendimiento*), debido a que se sienten «fascinados» y privados del uso de sus facultades, y se encuentran en un gran peligro de verse engañados y apartados de la verdad.

(7) ἐπιούσιος *(epiousios)*, Mt. 6:11

Esta palabra *epi-ousios* aparece sólo una vez. No se trata meramente de una palabra que fue empleada sólo una vez, sino que además no aparece en ningún otro lugar, ni siquiera en ningún otro escrito griego, porque fue acuñado por el mismo Señor Jesús. Por ello no hay otra vía de obtener ayuda para comprender su significado que recurriendo al Espíritu Santo.

Se traduce «de cada día»: «El pan nuestro de cada día, dánoslo hoy» (Mt. 6:11).

Se ha entendido y traducido de varias maneras. La Versión Revisada inglesa, en el margen, la trata como una elipsis, y suple la palabra «día»: «Griego, *nuestro pan para el día de mañana*». Pero esto no puede ser correcto, porque está en directa oposición al versículo 34, ¡en el que se nos dice expresamente que «no os afanéis por el día de mañana»! Además, «Danos hoy nuestro pan para el día de mañana» es una negación de la gran realidad de que nuestra necesidad nos es suplida de día en día. La verdad es que no tenemos un almacenamiento de gracia suplido para un uso futuro; lo que necesitamos en cualquier día determinado no es suplido por Dios ni antes ni después, sino aquel mismo día, sí, en el mismo momento de nuestra necesidad. La Versión Revisada inglesa tiene razón al decir que el griego significa *«que viene»*, pero sería aún más correcto decir *«viniendo sobre»*, preservando así el sentido de la preposición *ἐπί (epi), sobre*.[25]

Tenemos que esperar que esta peculiar palabra del Señor Jesús tenga tanta plenitud que ninguna palabra castellana pueda expresarla por sí sola. Califica a la palabra «pan». Es este pan que es *epiousios*, esto es, *viniendo sobre nosotros*. No se trata del pan que perece, sino del pan celestial que *descendió* del cielo (Jn. 6:32, 33), que es Jesús, la Palabra viva de Dios. Porque «no sólo de pan vivirá el hombre, sino de toda palabra que sale de la boca de Dios». En otras palabras, lo que pedimos a nuestro Padre en esta oración no es el pan que *sube* de la tierra, sino el pan que *descendió* del cielo, Cristo, la Palabra viviente, y las Escrituras, la Palabra escrita. Es por ello sólo que verdaderamente vivimos.

(8) σκόλοψ *(skolops), «una espina»* (2ª Co. 12:7)

Es otra palabra que aparece sólo en una ocasión, en esta cita. «Me fue dada *una espina* en mi carne», o, más literalmente, *para la carne* (τῇ σαρκί). Los comentaristas y expositores agotan su ingenio en su intento de explicar cuál era esta «espina», en tanto que la verdadera explicación la da el Espíritu en las palabras que siguen a continuación. A fin de que no nos equivoquemos acerca de qué era «la espina», de inmediato se añade ἄγγελος Σατανᾶ, «un ángel de Satanás».[26] Es decir, esta «espina para la carne» era «un ángel de Satanás», al que se le permitía venir para «que me abofetee» (ἵνα με κολαφίζῃ). La palabra κολαφίζω significa *dar un golpe con el puño*.[27] Ninguna «espina» podría hacer esto. Pero este ángel malo, enviado por Satanás, podría hacerlo; y se le permitió hacerlo, y ser para el apóstol lo que una espina es en la carne, a fin de que no se exaltara sobremanera por la abundancia de las revelaciones que había recibido.

Primero, tenemos la palabra «espina», luego tenemos la explicación, «un ángel de Satanás». ¿Por qué deberíamos tratar de ir más allá e intentar *explicar la explicación* ya dada? ¿Por qué no contentarnos con lo que verdaderamente se dice, en lugar de tratar de introducir algo que no se dice? La palabra y la frase aparecen sólo en este pasaje,.para mostrarnos la importancia de la gran lección que enseña.

Por tres veces oró el apóstol que fuera quitado de él. Literalmente, «a fin de que pueda retirarse o apartarse de mí» (ἵνα ἀποστῇ ἀπ ἐμοῦ). Pero ¡su oración recibió una respuesta negativa! ¿Por qué? *¡Porque había pedido lo que no necesitaba!* La gracia de Cristo era totalmente suficiente. Le era preciso ser humillado. Para conseguir esto se empleaba el mismo abofeteamiento de Satanás para derrotar los propios designios de este mismo. El designio de Satanás era exaltar con soberbia al siervo de Dios. Pero aquí los abofeteamientos de parte del mensajero de Satanás fueron llevados por la soberanía de Dios a frustrar los intentos del mismo Satanás, y Satanás fue atrapado en su propia astucia.

(9) ἀλλοτριοεπίσκοπος *(allotrio-episkopos)*, 1ª P. 4:15

Allotrio–episkopos es una palabra que aparece sólo aquí, no siendo empleada siquiera por ninguno de los escritores clásicos griegos. Se compone de dos palabras: ἀλλότριος *(allotrios)*, «perteneciente a otros», y ἐπίσκοπος *(episkopos)*, «un supervisor» (obispo). En base de esto, significaría *uno que asume la supervisión de asuntos que pertenecen a otros y en absoluto a él mismo.* Por ello, se traduce «entremeterse en lo ajeno». Pero esto es evidentemente débil, y de hecho está bien lejos de los hechos a que se hace referencia en el contexto. En esta Epístola se está exhortando a los cristianos acerca de una gran persecución, que se estaba iniciando entonces, y en la que se los acusaba de «homicidas», «ladrones», «malhechores» y *«allotrio-episkopoi»*, sea lo que sea que esto signifique. Ahora bien, está claro que aquí se hace referencia a algo más que a un mero «entrometido», al quedar englobado con tales grandes criminales. El hecho es que estas persecuciones comenzaron con acusaciones populares. Los «cristianos» eran considerados con odio general, y las acusaciones generales que se les lanzaban eran que se trataba de homicidas, incendiarios, etc., pero sobre todo se les acusaba de odio al mundo y *hostilidad a la sociedad.* El término técnico para este último crimen era *odium humani generis,*[28] y significaba que los cristianos estaban dedicados a debilitar los vínculos familiares, a enfrentar a los hijos contra los padres, a los padres contra los hijos, y ello mediante artes mágicas e ilegítimas. Esta acusación era absolutamente necesaria para procurar la muerte de ellos; porque en el

Imperio Romano el derecho a condenar a la pena capital pertenecía sólo a unos pocos altos funcionarios, y la muerte era la pena que se aplicaba a los magos.

Los funcionarios romanos desdeñaban acusaciones meramente *religiosas* (véase Hch. 18:15-17; 19:37; etc.). Parece evidente, entonces, que la palabra ἀλλοτριοεπίσκοπος fue acuñada a fin de expresar en griego el término acusativo latino de *odium humani generis.* Una acusación tan elástica podía ser fácilmente probada en tiempos de agitación popular. Los cristianos eran acusados de quebrantar la paz familiar, de suscitar el descontento y la desobediencia entre los esclavos. Cierto es que sentían hostilidad contra los *vicios* de la sociedad humana, e indudablemente los denunciaban. La sociedad, por tanto, ¡debía destruir a estos cristianos en defensa propia! Ésta es la enseñanza involucrada en esta palabra. No se trata de un mero consejo a echar a un lado los vituperios o escarnio de los demás. Era una solemne exhortación a que cuando llegara la persecución, que sufrieran no como asesinos o ladrones, ni como nuestros agitadores —como los enemigos de la sociedad—, sino como *cristianos.* «Estar siempre preparados para presentar defensa»[29] (1ª P. 3:15). «Si padecéis por causa de la justicia, dichosos sois. Y no os amedrentéis por temor de ellos» *(ibid.* 3:14). No sufráis bajo estas terribles acusaciones y falsos cargos, sino sufrid «como cristianos». No os avergoncéis de esto, sino glorificad a Dios por ello *(ibid.* 4:12-16).[30]

Muchos cristianos hoy en día ignoran —y por ello descuidan lo que significa esta solemne exhortación. Como líderes del pueblo están asumiendo la posición de lo que conocemos como «agitadores»; y al predicar lo que es abiertamente conocido como «un evangelio social» y «el evangelio del pueblo», están sirviendo de ayuda a los enemigos de la sociedad, y son ellos mismos perturbadores de la paz pública, bajo el disfraz de lo que ellos llaman «socialismo cristiano». Estos maestros encontrarían difícil obedecer la exhortación a hacer una buena defensa en contra de tales acusaciones, porque en su caso la acusación sería verdadera, no falsa.

(10) δωδεκάφυλον *(dōdekaphulon), «doce tribus»* (Hch. 26:7)

Esta palabra *dōdekaphulon* es empleada por san Pablo en Hch. 26:7, donde, hablando de la esperanza de la resurrección, dice:

«Promesa cuyo cumplimiento esperan alcanzar nuestras doce tribus, rindiendo culto constantemente a Dios de día y de noche»

Esto muestra que la idea de que las Doce Tribus estén «perdidas» es una falacia popular.

Es cierto que en las profecías del Antiguo Testamento el término «Judá» puede ser empleado técnicamente del reino de Judá, y el término «Israel» de las Diez Tribus; pero de ello no sigue que el actual uso popular de las palabras esté marcado con la misma precisión. Hoy en día nos referimos a toda la simiente de Abraham como los «judíos», pero ¡no por ello determinamos que pertenezcan únicamente a la tribu de Judá! La creencia popular es que en el tiempo de la crucifixión sólo la tribu de *Judá* estaba en la tierra, y que ellos fueron responsables de la muerte del Señor Jesús.

Pero la realidad es que en la época de la separación de los dos reinos había «hijos de Israel que habitaban en las ciudades de Judá» (2º Cr. 10:17). Y en 2º Cr. 11:3 leemos de «todos los israelitas en Judá y Benjamín». Mucho antes de la dispersión de las Diez Tribus y de la cautividad de Judá, *muchos de todas las tribus* se unieron al reino de Judá huyendo de la idolatría introducida por los reyes de Israel.

En 2º Cr. 11:13, 16, 17, «los sacerdotes y levitas que estaban en todo Israel, se juntaron a él [a Roboam, rey de Judá] desde todos los lugares donde vivían... Tras ellos acudieron también *de todas las tribus de Israel* los que habían puesto su corazón en buscar a Jehová Dios de Israel; y vinieron a Jerusalén a ofrecer sacrificios a Jehová, el Dios de sus padres. Así fortalecieron el reino de Judá».[31]

En 2º Cr. 15:9, Asá, rey de Judá, impelido por el profeta Azarías, hizo una reforma: «Después reunió a todo Judá y Benjamín, y con ellos a los forasteros de Efraín, de Manasés y de Simeón; porque muchos[32] *de Israel se habían pasado a él*, viendo que Jehová su Dios estaba con él».

Dice Josefo (*Ant.* xi. 5, 7) acerca del término «judíos», «que es el nombre que reciben desde el tiempo en que subieron de Babilonia, y que se deriva de la tribu de Judá, que vino primero a estos lugares, y por ello tanto ellos como el país recibieron este nombre». Pero la palabra pronto obtuvo una aplicación más amplia, y a su regreso del cautiverio en Babilonia lo que nosotros llamamos «Judá» no se limitaba meramente a la *tribu* original, sino que abarcaba al viejo reino de Judá y de Benjamín, junto con una *«multitud»* proveniente de las otras tribus de Israel.

En los Evangelios leemos de «Ana, hija de Fanuel, de la tribu de *Aser»* (Lc. 2:36). Así que aquí tenemos a una de las Diez Tribus que podía seguir su genealogía, y que seguía viviendo en la tierra.

Al dar sus instrucciones a los doce apóstoles, el Señor les dio en particular esta instrucción: «No vayáis por camino de gentiles, ni entréis en ciudad de samaritanos, sino id más bien a las ovejas perdidas de *la casa de Israel»* (Mt. 10:5, 6). Y de Sí mismo dijo: «No he siso enviado sino a las ovejas perdidas de la *casa de Israel»* (Mt. 15:24).

El hecho es que toda la nación era conocida por los gentiles como «los judíos», y que los términos «judíos» e «israelitas» no se empleaban en el Nuevo Testamento con la distinción que les ha impuesto el uso moderno.

Está claro por el Libro de Ester que en Persia y en otros lugares se les conocía y hacía referencia de ellos como «los judíos».

En Jer. 34:9, el término «judío» es coextensivo con el término «hebreo».

En Zac. 8, también, que distingue cuidadosamente entre «la casa de Judá» y «la casa de Israel» (v. 13), el término «judío» se emplea claramente de toda la nación (v. 23).

Vemos el mismo empleo indiscriminado de las palabras «judío» e «israelita» en el Nuevo Testamento. Pedro, en el día de Pentecostés, se dirige a ellos como *«varones judíos»* (Hch. 2:14), y en v. 22, como *«varones israelitas».* Y otra vez en Hch. 4:8, «Pedro, lleno del Espíritu Santo, les dijo: Gobernantes del pueblo, y *ancianos de Israel...* sabedlo todos vosotros, y *todo el pueblo de Israel».*

Además, en Hch. 4:27 se nos dice expresamente que, bien lejos de ser los judíos, como tales, los culpables de la muerte de Jesús, lo era *«el pueblo de Israel».*

Pedro y Santiago dirigieron sus Epístolas a la *Diaspora*,[33] la «Dispersión», esto es, «a las doce tribus que están en la dispersión».

Y finalmente el Espíritu Santo, hablando por medio de Pablo de la promesa de la Resurrección dada a los padres, dice (Hch. 26:7): «Promesa cuyo cumplimiento esperan alcanzar *nuestras doce tribus,* rindiendo culto constantemente a Dios de día y de noche». Vemos así que aquellos a los que nosotros nos referimos como «judíos» son idénticos a «las Doce Tribus».

Aunque ni nosotros ni ellos podamos separarlos y distinguir-
los actualmente, todos por un igual nos «maravillaremos» cuando el verdadero José, que «vive aún», muestre que Él sí puede
hacerlo, cuando los haga sentarse de manera ordenada delante
de Él (Gn. 43:33).

Estos casos expuestos deben ser suficientes como ejemplos de
la importancia de los *hapax legomena*, o palabras que aparecen
sólo una vez. Hay una gran cantidad de ellas, y a modo de
apéndice damos una lista (que no es en absoluto exhaustiva)
para el estudio adicional por parte de aquellos que quieran
proseguir este interesante campo del estudio bíblico.

דל (*dal*), Sal. 141:3, "la puerta".

עזה (*zĕh-gah*), Gn. 3:19, "con el sudor de".

זרזיף (*zar-ziph*), Sal. 47:6, "agua".

חפף (*chah-phaph*), Dt. 33:12, "lo cubrirá".

חבב (*cha-vav*),[34] Dt. 33:3, "ama".

בחן (*boh-chan*), Is. 28:16, "probada".

כנף (*kah-naph*), Is. 30:20, "tu Maestro...".

כשלון (*hish-shäh-löhn*), Pr. 16:18, "la caída".

לח (*lĕh-ach*), Dt. 34:7, "vigor".

רן (*röhn*), Sal. 32:7, "cánticos de".

רהב (*roh-hav*), Sal. 90:10, "su fortaleza".

טפש (*tah-phash*), Sal. 119:70, "se engrosó".

רגש (*rah-gash*), Sal. 2:1, "se amotinan".

יונק (*yöh-nehk*), Is. 53:2, "retoño".

רנע (*rah-gĕh-ag*), Sal. 35:20, "los mansos".

ילל (*y'lehl*), Dt. 32:10, "horrible soledad".

יֵמִם (*yĕh-mim*),[35] Gn. 36:24, "los mulos" (RV); "los manantiales"
(RVR77).

קשט (*koh-shet*), Sal. 60:4, "la verdad".

יסודה (*y'su-dah*), Sal. 87:1, "su cimiento".

קפאון (*kip-päh-öhn*), Zac. 14:6, "ni oscuro".

בטחה (*bit-chah*), Is. 30:15, "confianza".

קריאה (*k'riah*), Jon. 3:2, "proclama".

בלימה (*b'li-mah*), Job 26:7, "nada".

בלם (*bah-lam*), Sal. 32:9, "sujetados".

יעט (*yah-ghat*), Is. 61:10, "me ha revestido".

צפין (*tzäh-phin*), Sal. 17:14, "tú les reservas".

כמה (*käh-mah*), Sal. 63:1, "anhela".

צוק (*tzöhk*), Dn. 9:25, "en... angustiosos".

סְרֹחֹת (kir-käh-rohth), Is. 66:20, "camellos".

פַּלְמֹנִי (pal-möh-nee), Dn. 8:13, "a un". (Margen, Heb. Palmoni; o el numerador de secretos; o el maravilloso enumerador).

מֹשָׁעוֹת (möh-shah-oth), Sal. 68:19, "de salvación".

מֹשְׁכוֹת (möh-sh'koth)), Job 38:31, "las ligaduras".

מִשְׁיָה (n'shiy-yäh), Sal. 88:12, "olvido".

נֵבֶךְ (neh-vech), Job 38:16, "fuentes".

O, llegando al Nuevo Testamento, podemos observar:

ἀγρεύω (agreuö), Mr. 12:13, "atrapar".

ἄγνωστος (agnöstos),[36] Hc. 17:23, "desconocido".

ἄδολος (adolos), 1ª Ped. 2:2, "no adulterada".

αἱματεχυσία (haimatekchusia), Heb. 9:22, "derramamiento de sangre".

αἱρετίζω (airetizö), Mat. 12:18, "he escogido".

ἀνόμος (anomös), Rom. 2:12, "sin ley".

ἀπαράβατος (aparabatos), Heb. 7:24, "inmutable".

ἀπάτωρ (apatör), Heb. 7:3, "sin padre".

ἀπόβλητος (apoblëtos), 1ª Tim. 4:4, "es de desecharse".

ἀπαύγασμα (apaugasma), Heb. 1:3, "resplandor".

ἀποκλείω (apokleiö), Luc. 13:25, "haya cerrado".

ἀρρητος (arrhëtos), 2ª Cor. 12:4, "inefables".

ἀρχιποίμην (archipoimën), 1ª Ped. 4:4, "Príncipe de los pastores".

ἄπειρος (apeiros), Heb. 5:13, "inexperto".

ἀποβλέπω (apoblepö), Heb. 11:26, "tenía puesta la mirada".

βοήθος (boëthos), Heb. 13:6, "ayudador".

βραβεύω (brabeuö), Col. 3:15, "gobierne".

γυναικάριον (gunaikarion), 2ª Tim. 3:6, "mujercillas". (Género neutro, ¡para incluir mujercillas tontas de ambos sexos!).

δακρύω (dakruö), Jn. 11:35, "Jesús lloró".

δειλιάω (deiliaö), Jn. 14:27, "se turbe".

δήπου (dëpou), Heb. 2:16, "ciertamente".

διανυκτερεύω (dianukteruö), Lc. 6:12, "pasó la noche entera".

δικαιοκρισία (dikaiokrisia), Rom. 2:5, "justo juicio".

δότης (dotës), 2ª Cor. 9:7, "dador".

δυσνόητος (dusnoëtos), 2ª Ped. 3:16, "difíciles de entender".

ἐγκατοικέω (enkatoikeö), 2ª Ped. 2:8, "que residía entre".

ἐγκρατής (enkratës), Tito 1:8, "dueño de sí mismo".

εἰρηνοποιέω (eirënopoieö), Col. 1:20, "haciendo la paz".

εἰσδέχομαι (eisdechomai), 2ª Cor. 6:17, "recibiré".
ἐμέω (emeō), Apoc. 3:16, "vomitaré".
ἐμπεριπατέω (emperipateō), 2ª Cor. 6:16, "andaré entre".
ἐμφυσάω (emphusaō), Jn. 20:22, "sopló".
ἤπερ (ēper), Jn. 12:43, "que".
θαῦμα (thauma), Apoc. 17:6, "asombro".
θεόπνευστος (theopneustos), 2ª Tim. 3:16, "dada por el aliento de Dios" (esto es, alentada por Dios, inspirada por Dios).
θρόμβος (thrombos), Luc. 22:44, "grandes gotas".
ἱδρώς (hidrōs), Luc. 22:44, "sudor".
ἱερουργέω (hierourgeō), Rom. 15:16, "administrando".
ἱκανότης (hikanotēs), 2ª Cor. 3:5, "suficiencia".
καρτερέω (kartereō), Heb. 11:27, "se mantuvo firme".
κατανάθεμα (katanathema), Apoc. 22:3, "maldición".
καταμανθάνω (katamanthanō), Mat. 6:28, "considerad".
κατάλειμμα (kataleimma), Rom. 9:27, "remanente".
κατανύσσω (katanussō), Hec. 2:37, "se compungieron".[37]
κατοπτρίζομαι (katoptrizomai), 2ª Cor. 3:18, "mirando... como en un espejo".
κέλευσμα (keleusma), 1ª Tes. 4:16, "voz de mando" (esto es, un grito de llamada a la reunión).
κνήθω (knēthō), 2ª Tim. 4:3, "comezón".
λειτουργικός (leitourgikos), Heb. 1:14, "ministradores" (esto es, que rinden adoración).
μέγιστος (megistos), 2ª Ped. 1:4, "grandísimas".
μετριοπαθέω (metriopatheō), Heb. 5:2, "sentir compasión".
μίασμα (miasma), 2ª Ped. 2:20, "contaminaciones".
μώλωψ (mōlōps), 1ª Ped. 2:24, "herida".
νύττω (nuttō), Jn. 19:34, "abrió".
ὁλοτελής (holotelēs), 1ª Tes. 5:23, "por completo".
ὀρθοτομέω (orthotomeō), 2ª Tim. 2:15, "que traza rectamente".
πάλη (palē), Ef. 6:12, "lucha".
παραλλαγή (parallagē), Stgo. 1:17, "mudanza".
πενιχρός (penichros), Luc. 21:2, "pobres"
περιούσιός (periousios), Tito 2:14, "de su propiedad".
πλατύς (platus), Mat. 7:13, "ancha".
πλάσμα (plasma), Rom. 9:20, "vaso de barro".
πολυποίκιλος (polupoikilos), Ef. 3:10, "multiforme".
πολυμερῶς (polumerōs), Heb. 1:1, "muchas veces".
πολυτρόπως (polutropōs), Heb. 1:1, "muchas maneras".
πρᾷος (praos), Mat. 11:29, "manso".

προβλέπω (*problepō*), Heb. 11:40, "había provisto".

πρόδρομος (*prodromos*), Heb. 6:20, "precursor".

προελπίζω (*proelpizō*), Ef. 1:12, "los que ya antes esperábamos".

σάρκινος (*sarkinos*), 2ª Cor. 3:3, "de carne", término que indica la naturaleza de la persona (hecha de carne), mientras que σαρκινος (carnal) indica la tendencia de la mente.

σεβάζομαι (*sebazomai*), Rom. 1:25, "adorando".

σινιάζω (*siniazo*), Luc. 22:31, "zarandearos".

στίγμα (*stigma*), Gál. 6:17, "marcas".

συναυξάνομαι (*sunauxanomai*), Mat. 13:30, "crecer juntos".

συνωδίνω (*sunōdinō*), Rom. 8:22, "a una está con dolores de parto».

συστενάζω (*sustenazō*), Rom. 8:22, "gime a una".

σωφρόνως (*sōphronōs*), Tito 2:12, "sobria(mente)".

τάγμα (*tagma*), 1ª Cor. 15:23, "orden" (rango).

ταρταρόω (*tartaroō*), 2ª Ped. 2:4, "arrojándo(los) al infierno".

τεκμήριον (*tekmērion*), Hc. 1:3, "pruebas indubitables".

τελειωτής (*teleiōtes*), Heb. 12:2, "consumador".

τροποφορέω (*tropophoreō*), Hc. 13:18, "soportó".

ὑδροποτέω (*hudropoteō*), 1ª Tim. 5:23, "(no) bebas agua".

ὑπερείδω (*hupereidō*), Hc. 17:30, "habiendo pasado por alto".

ὑπερκινάω (*huperkinaō*), Rom. 8:37, "más que vencedores".

ὑπερυψόω (*huperupsoō*), Fil. 2:9, "exaltó hasta lo sumo".

ὑπέχω (*hupechō*), Judas 7, "sufriendo".

ὑπόδικος (*hupodikos*), Rom. 3:19, "quede bajo" (culpado).

φιλία (*philia*), Stgo. 4:4, "amistad".

φιλοπρωτεύω (*philoprōteuō*), 3ª Jn. 9, "gusta tener el primer lugar".

φιλοσοφία (*philosophia*), Col. 2:8, "filosofía".

φλογίζω (*phlogizō*), Stgo. 3:6, "inflama".

φρυάσσω (*phruassō*), Hc. 4:25, "amotinan".

φωσφόρος (*phōsphoros*), 2ª Ped. 1:19, "lucero de la mañana".

χλιαρός (*chliaros*), Apoc. 3:16, "tibio".

χρώς (*chrōs*), Hc. 19:12, "cuerpo".

ψευδώνυμος (*pseudōnumos*), 1ª Tim. 6:20, "falsamente llamada" (cf. *pseudónimo*).

ψύχομαι (*psuchomai*), Mat. 24:12, "se enfriará".

ὠρύομαι (*ōruomai*), 1ª Ped. 5:8, "anda alrededor".

Lo que es cierto de las *palabras* que aparecen sólo una vez es cierto también de las

FRASES QUE APARECEN SOLAMENTE UNA VEZ

Todas éstas tienen una gran importancia. Hemos visto ya una antes (pp. 88, 89, «ángel de Satanás»). Hay muchas otras; daremos uno o dos ejemplos.

πνεῦμα Χριστοῦ (*pneuma Christou*), «*el Espíritu de Cristo*», Ro. 8:9

«Y si alguno no tiene el Espíritu de Cristo, el tal no es de él». En la generalidad de las versiones se imprime la palabra espíritu con una «E» mayúscula, como haciendo referencia a la Persona del Espíritu Santo; y la mayoría de los comentaristas así lo interpretan.

Pero πνεῦμα Χριστου es una notable expresión. *En primer lugar*, no aparece el artículo, «el», ni antes de «Espíritu» ni antes de «Cristo»; y, *en segundo lugar*, esta combinación de las dos palabras no aparece en ningún otro lugar.[38] Esta expresión tiene por ello una gran importancia, y no se puede obtener ninguna ayuda de su uso en otros pasajes.

Πνεῦμα Χριστουes, literalmente, *de Cristo espíritu*. Es la «nueva criatura» o «nueva creación», que es creada por el Espíritu Santo en todos aquellos que están «en Cristo» (2ª Co. 5:17). Esta nueva criatura recibe el nombre de πνεῦμα (*pneuma*), o *espíritu*, en oposición a aquello que es sólo σάρξ (*sarx*), carne. Se dice que es «de Dios». Recibe el nombre (Ro. 8:9) de πνεῦμα Θεοῦ (*pneuma Theou*), *Espíritu de Dios*, o espíritu divino. Se hace referencia a él como «Cristo en vosotros» (Col. 1:27). Es «vida eterna». Es ciertamente Cristo en nosotros, porque el Cristo resucitado y ascendido es «nuestra vida», y esta vida, contemplada en su naturaleza abstracta y origen, es llamada aquí (Ro. 8:9) πνεῦμα Χριστοῦ (*pneuma Christou*). El contexto sustenta esta exposición, porque el siguiente versículo contiene una conclusión que se deriva de la declaración: «Si Cristo está en vosotros, el cuerpo en verdad está muerto a causa del pecado, mas el espíritu vive a causa de la justicia» (Ro. 8:10). ¡Tiene que haber este πνεῦμα Χριστοῦ en nosotros, creación del Espíritu Santo, antes que Él pueda dar testimonio con nuestro espíritu! Por ello esta vida de Cristo en nosotros es el tema de este maravilloso capítulo antes que se mencione la Persona del Espíritu Santo en el versículo 16.

Pablo nunca habla de «nacer de nuevo» ni de «convertirse». El πνεῦμα Χριστοῦ el espíritu de Cristo en nosotros, implica esto, y mucho más; porque «nacer de nuevo» o «convertirse» es necesario, incluso para la parte terrenal del reino, el τὰ ἐπίγεια (*ta epigeia*) o *cosas de la tierra* de Jn. 3:12.

Cuando Cristo estaba sobre la tierra Él era, como lo es, la vida de los hombres. Pero ahora que Él ha sido resucitado de entre los muertos y exaltado a la diestra de Dios, Él ha venido a ser nuestra vida de esta manera especial: vida en Resurrección. Y esta vida es πνεῦμα Χριστοῦ, o Cristo formado en nosotros por el acto creador del Espíritu Santo, como la esperanza de gloria. Cristo es llamado «Espíritu vivificante (o dador de la vida)» (1ª Co. 15:46), y el que es así unido a Cristo el Señor es un espíritu (1ª Co. 6:17).

Así que en la Escritura encontramos:

1. Que Dios es Espíritu (Jn. 3:24). πνεῦμα ὁ Θεός
2. Que Cristo es Espíritu, πνεῦμα (1ª Co. 15:46);
3. Que el Espíritu Santo es Espíritu, πνεῦμα; y
4. Que nuestra nueva naturaleza es también porque lo que es nacido del Espíritu es πνεῦμα (Jn. 3:6).

Y así se nos dice, en la maravillosa gracia de nuestro Dios y Padre, que somos participantes de la Naturaleza Divina (2ª P. 1:4). Es esta Naturaleza Divina la que, en Ro. 8:9, recibe el nombre de πνεῦμα Χριστοῦ.[39]

La Iglesia pronto se corrompió, y antes que el canon de la Escritura quedara finalizado, había perdido la verdadera enseñanza con relación a

1. El «Misterio» (o secreto) con respecto al Cuerpo de Cristo, la Iglesia de Dios;
2. La Justificación sobre el principio de la sola fe; y
3. La obra del Espíritu Santo.

En la Reforma se recuperó parcialmente la *segunda* de estas verdades. Hace unos sesenta años se recuperó la *primera*, pero fue rápidamente pervertida, mientras que la *tercera* nunca ha sido plena o propiamente preservada. ¿Dónde tenemos un Comentario sobre Romanos en el que «el espíritu de vida es Cristo Jesús» y el «espíritu de adopción» (esto es, el espíritu de filialidad) no sean confundidos con la inhabitación de y con la persona del Espíritu Santo?

Todas las sectas modernas y todos los modernos movimientos espirituales han *añadido* en cada caso alguna forma nueva y distinta de falsas enseñanzas con respecto a la obra del Espíritu Santo a sus especiales y peculiares errores.

Sin embargo, la palabra de Dios permanece, y la Palabra sigue siendo la espada del Espíritu.

ἔννομος Χριστοῦ[40] (*ennomos Christou*), «*dentro de la ley de Cristo*».

1ª Co. 9:21

Ésta es otra difícil expresión. Una cosa es segura: que no hay artículo ni con la palabra «Ley» ni con «Cristo», y que no se trata entonces de «la» Ley. La Versión Revisada inglesa omite el artículo, y traduce «bajo ley a Cristo». Hay otra cosa cierta también, y es que no hay «a». La palabra Χριστοῦ está en caso genitivo (como bien traduce Reina-Valera), y no en el dativo (ello según todos los textos críticos).

Los cristianos de la gentilidad tienen gran afán por ponerse bajo «la Ley». Pero Dios nunca los ha puesto ahí. La Ley fue dada por Dios a Israel por mano de Moisés. Los cristianos de la gentilidad nunca han sido *puestos* bajo esta Ley. Y en verdad que Pablo, como judío, afirma claramente de sí mismo y de sus hermanos judíos en Cristo, en Ro. 7:6: «Pero ahora estamos libres de la ley, por haber muerto para aquella en que estábamos sujetos»; o, como en BAS: «habiendo muerto a lo que nos ataba», esto es, como judíos ellos habían, en Cristo, muerto a la Ley, y estando sobre el terreno de resurrección, su antiguo marido no tenía ya más título a ellos.

Luego dice en 1ª Co. 9:20: «Me he hecho a los judíos como judío, para ganar a los judíos; a los que están bajo la ley (aunque yo no esté bajo la ley), como si estuviese bajo la ley, para ganar a los que están bajo la ley». Aquí encontramos una importante frase que había sido eliminada en manuscritos posteriores por un escriba, pero que se encuentra en todas las versiones antiguas y textos críticos, y que por tanto ha mantenido siempre su puesto en Reina-Valera, desde la misma traducción de Reina (1569): «¡AUNQUE YO NO ESTÉ BAJO LA LEY»! Luego prosigue con su argumento: «A los que están sin ley, como si yo estuviera sin ley» (siendo no ἄνομος θεου, sino ἔννομος Χριστοῦ) o siendo, no un proscrito de Dios, sino un sujeto-de-la-Ley de Cristo; o no estando carente de Ley Divina, sino bajo Ley de Cristo; esto es, aunque no estoy bajo la Ley de Moisés, sí estoy bajo una ley de Dios. ¿Cómo? Estoy sujeto *a la obediencia a los mandamientos de Cristo.* Equivale a decir: Si guardo los mandamientos de Cristo, ¿qué ley quebrantaré? ¡Ninguna! Porque si camino en el amor de Cristo cumpliré la Ley de Moisés (Ro. 13:10). Si camino en amor cumpliré «la ley de Cristo» (Gá. 6:2).

Por ello, la conclusión es que los gentiles, que nunca estuvieron bajo la «Ley», y los israelitas, que sí estuvieron, si están ambos «en Cristo», no están bajo la Ley de Moisés, pero sí están sujetos a obedecer los mandamientos de Cristo, que son sublimemente más elevados y santos. Este pasaje no demuestra, por tanto, que los gentiles o los cristianos estén bajo la Ley, sino que están «libres de la Ley».

Otra frase de este gran tema está allí donde

SOLAMENTE UNA PALABRA

se emplea para denotar una cierta cosa, aunque aquellas palabras pueda ser empleada y aparezca muchas veces.

El nombre hebreo para *Verdad* es una notable ilustración de esto. Son muchas las palabras que se emplean para denotar *engaño* y *mentira*,[41] pero *sólo hay una palabra para verdad.* ¡La verdad de Dios es una! ¡Las mentiras humanas son casi infinitas! La palabra אמת *(Emeth)* significa *firmeza* y *estabilidad, perpetuidad, seguridad.* Esto es lo que Dios es. ¡Y esto es exactamente lo que el hombre no es! El hombre es totalmente vanidad. «Todo hombre es mentiroso» (Sal. 116:11). «Llena está su boca de maldición, y de engaños y fraude; debajo de su lengua hay vejación y maldad» (Sal. 10:7). «Habla mentira cada uno con su prójimo; hablan con labios lisonjeros, y con doblez de corazón» (Sal. 12:2).

La *Verdad* se encuentra sólo en la Palabra de Dios, en Cristo, que dice de Sí mismo, la Palabra viviente: «Yo soy la verdad» (Jn. 14:6); y en la Palabra *escrita*, las Escrituras: «Tu palabra es verdad» (Jn. 17:17).

La verdad se oye actualmente sólo en la Palabra de Dios. Es enseñada sólo por Jesús. Por ello está escrito (Ef. 4:20, 21): «Pero vosotros no habéis aprendido a Cristo de esta manera, si en verdad LO oísteis y habéis sido enseñados en ÉL, así como la verdad es en Jesús. Estas últimas palabras generalmente se citan mal, como si dijeran, «conforme a la verdad que hay en Jesús». Pero ¡esto da un sentido totalmente diferente! ¡Esto implicaría que se puede encontrar alguna verdad aparte de Jesús! No, sino que lo que dice es: «así como la verdad es en Jesús» (cp. las versiones inglesas RV, *New Translation*), esto es, en Él, y en nadie más. Por naturaleza todos los hombres son como Jacob. Él fue un *engañador*, y al intentar conseguir sus bendiciones mediante engaño, se atrajo sobre sí dolores y problemas. Aquellas bendiciones que Dios había designado para él fueron obradas, y lo serán, por el «Dios de verdad», como está escrito: «Cumplirás la verdad de Jacob» (Mi. 7:20).

Los rabinos han señalado que, siendo que el hombre es pura falsedad, Dios lo señaló a la muerte, para que con el temor de la muerte ante sus ojos, se volviera piadoso y aprendiera la verdad. Por ello, con la palabra אמת *(Emeth)* hicieron (por la regla de *Notricon* o *Acróstico)* tres palabras:

א, inicial de ארון *(Aron)*, «un ataúd»,

מ, inicial de מטה *(Mittah)*, «una camilla»,

ת, inicial de תכריכים *(Tachrichim)*, «lienzos funerarios.

Por ello mismo enseñaban que la muerte de los santos de Dios era «estimada a los ojos de Jehová» (Sal. 116:15), porque sólo en la resurrección puede conocer lo que ha perdido, la imagen de Dios, y así «La verdad brotará de la tierra» (Sal. 85:11).

Pero hay un hecho más sencillo acerca de esta notable palabra: que la primera letra, *Alef* (א), es la primera letra del alfabeto; la media, *Mem* (מ), está en medio del alfabeto; y la última, *Tau* (ת), es la última letra del alfabeto. Como para decirnos que la Palabra de Dios es totalmente verdad. De principio a fin cada letra y cada palabra expresa y contiene y es la Verdad de Dios. En tanto que Jesús es Él mismo el Alfa y la Omega,[42] el primero y el último, el principio y el fin de los caminos, obras y palabras de Dios (Ap. 1:8, 17).

Tenemos que distinguir entre *Emeth, verdad,* y *Emunah,* que significa «fidelidad»;[43] y también *Aman,* אמן *(Ahman),* que proviene de una diferente raíz, y que como adverbio significa *verdaderamente,* y como adjetivo, *firme* o *fiel.* Es de aquí que los latinos derivaron su palabra *omen* y *ominoso,* porque creían firmemente en sus *omens.* Cuánto más deberíamos nosotros creer aquello a lo que ponemos nuestro *Amén,* cuando empleamos esta misma palabra.

NOTAS

1. La elipsis es suplida erróneamente en Gá. 3:20. No es la palabra *mediador* la que debe ser repetida, sino *la parte contratante* del v. 19.

2. Como «Elohim» es plural, ¡podríamos con mucha más razón repetir «Elohenu» durante varios minutos!

3. J. H. Michaelis, *Bibl. Hebr.*

4. La repetición de esta palabra «y» es un ejemplo de la figura de *polisíndeton.*

5. Éste es un ejemplo de la figura de repetición llamada *epanadiplosis*, donde la misma palabra que comienza una oración es repetida al final, para dar énfasis, y para llamar nuestra atención a alguna lección importante en relación con ella.

6. Véase *The Man of God*, por el mismo autor.

7. Gn. 3:1 no es una pregunta, como lo explica el margen.

8. Nótese que en esta introversión tenemos, en A y *A*, la profecía y la interpretación, mientras que en B y *B* tenemos la profecía cumplida; en B Su nacimiento, y en *B* Su nombre.

9. La V.M. traduce «una virgen», pero la RVR77 traduce *«la virgen concebirá, y dará a luz».* Estos verbos aparecen otras dos veces, Gn. 16:11 y Jue. 13:5, 7; el v. 12 muestra que el nacimiento era inminente. El nombre virgen es העלמה, *Haalmah*, y significa la «moza» o «doncella». *Almah* se emplea *siete* veces, Gn. 24:43; Éx. 2:8; Sal. 68:25; Pr. 30:19; Cnt. 1:3; 6:8; Is. 7:14, y significa «una moza» o «muchacha soltera». Aquí es «la moza», esto es, una moza concreta bien conocida del profeta y de Acaz, pero no por nosotros. El término hebreo para virgen en nuestro sentido técnico es בתולה [y se usa 50 (2×5^2) veces; la primera mención es Gn. 24:16]. La verdad es que cada *Bethulah* es verdaderamente una *Almah*; pero que una *Almah* no es necesariamente una *Bethulah*. La profecía no pierde un ápice de su carácter y sentido mesiánicos por esta admisión, como veremos más adelante. Cuando fue *cumplida* en tiempos de Acaz, era meramente *Almah*; pero cuando fue *consumada*, el Espíritu Santo la interpreta mediante la palabra griega παρθένος, definiéndola así técnicamente como una virgen. [Para algunas precisiones y matizaciones, véase el estudio de Edward J. Young de esta palabra *Almah* en «Virgen», *Nuevo Diccionario Expositivo de palabras del Nuevo Testamento*, volumen IV, CLIE, Terrassa 1987. *(Nota del traductor).*]

10. Las palabras «y que has de venir», que aparecen en algunas versiones, fueron añadidas por algunos copistas que las introdujeron de la sección primera (1:4, 8), y no tienen autoridad textual alguna. Son excluidas por Griesbach, Lachmann, Tischendorf, Tregelles, Alford, Wordsworth, Westcott y Hort, y de la Versión Revisada inglesa, así como la V.M. y la BAS. La Reina-Valera omite sólo en 16:5, desde el mismo Reina (1569).

11. Está claro también por He. 2:13 que Is. 8:18 tuvo un cumplimiento tanto *preterista* como luego *futurista.*

12. Véase p. 107 y *nota* 1 (p. 119).

13. *Odisea,* 19. 137.

14. *Odisea,* 8. 276.

15. *Odisea* 8. 494.

16. *Batr.* 116.

17. Lucano, Hermot. 59.

18. Poll.

19. *Soph. Phil.* 129.

20. Puede ser de interés señalar las muchas palabras que han sido empleadas para afrontar la naturaleza caída del hombre en sus varias formas de engaño:

πλανάω *(planaō)* es «extraviar», empleado de error doctrinal o de engaño religioso.

παραλογίζομαι *(paralogizomai),* «engañar mediante razonamientos falaces».

ἀπατάω *(apataō),* «engañar con falsas afirmaciones».

καπηλεύω *(kapēleuō),* «adulterar con mezclas».

δολόω *(doloō),* «engañar mediante estratagemas».

ψεύδω *(pseudō),* «engañar mintiendo».

βασκαίνω *(baskainō),* «engañar con hechicerías».

21. El autor de «The Policy of the Pope» (La política del Papa) en la revista *Contemporary Review,* abril 1894.

22. Véase *The Man of God,* por este mismo autor.

23. Como en otras ocasiones, Hch. 10:19, 20; 13:12, etc.

24. Lc. 24:25; Ro. 1:14; Gá. 3:3; 1ª Ti. 6:9; Tit. 3:3.

25. Ἐπιούσιος no puede derivarse de ἐπί *sobre,* y εἰμί, *ser,* porque el participio sería entonces ἐποῦσα. Tiene que ser de ἐπί y εἶμι, *ir* o *venir,* porque el participio de este verbo es, como aquí, ἐπιοῦσα, *yendo sobre* o *viniendo sobre.*

26. No «el mensajero de Satanás». No hay artículo. Pero el nominativo es puesto en aposición, a fin de explicar el término σκόλοψ (espina). En el *Textus*

Receptus la palabra «Satanás» está también en el caso nominativo, pero en este caso explicaría al ángel, esto es, que el ángel era el mismo Satanás. Lachmann, Tischendorf, Tregelles, Alford y Westcott leen Σαтava, *de Satanás.*

27. Sólo se emplea además en Mt. 26:67; Mr. 14:65; 1ª Co. 4:11; 1ª P. 2:20.

28. No *odio a la humanidad*, sino que entre los romanos *genus hominum* significaba la sociedad civilizada.

29. 'Απολογία, *apologia*, es un término estrictamente legal para denotar una *defensa* en contra de una acusación formal.

30. Véase *The Spirits in Prison*, por este mismo autor.

31. Pero este fortalecimiento sólo duró tres años. Luego, también ellos cayeron en la idolatría, y dejaron de ser un fortalecimiento, para pasar a ser un factor de debilitamiento.

32. El término hebreo es רב, *rhōv*, y significa «multitud». Véanse Gn. 16:10; 32:12; Dt. 1:10; 28:62; Jos. 11:4; Jue. 6:5; 7:12, etc.

33. Esta palabra aparece sólo en Jn. 7:35; Stg. 1:1 y 1ª P. 1:1.

34. Ésta es la palabra de la que se deriva el nombre de la gran moderna sociedad judía (חובבי ציון), *Chovevei Zion.* Significa *los Amantes de Sión.* El verbo חבב significa *ocultar en el seno, amar fervientemente con un amor tierno y protector.* Esta sociedad, formada para la colonización de Palestina, ha adoptado una bandera nacional para la nación restaurada de Israel [recuérdese que esta obra fue escrita en el siglo pasado. La independencia de Israel fue proclamada por David Ben Gurión el 15 de mayo de 1948 *(Nota del traductor)*].

35. De עם, *conmocionar, agitar*, y por ende *estar ardiente.* En sánscrito, *Yamunah* es el río de este mismo nombre; en siríaco significa «aguas». La RV y la V.M. siguen el error del Talmud, corregido en la RVR y RVR77 como «manantiales»; más exactamente, «fuentes termales», como traduce la BAS. La palabra para mulas es פרדים.

36. De donde procede nuestra palabra *agnóstico*, «ignoramus», *que ignora.*

37. Obsérvese que estos se sintieron heridos *en* su corazón, mientras que en Hch. 5:33 y 7:54 es διαπρίομαι *(diapríomai)*, quedaron cortados *hasta* el corazón; –lo cual establece una enorme diferencia.

38. La expresión aparentemente similar de 1ª P. 1:11 tiene el artículo.

39. La palabra πνεῦμα aparece casi 400 veces en el Nuevo Testamento, 150 de las cuales se encuentran en las Epístolas Paulinas. Es una cuestión digna de seria consideración en cuanto a cuál sea el sentido de los varios usos de πνεῦμα. Con el artículo se trata, naturalmente, del Espíritu Santo. Pero sin el artículo y antes de Pentecostés, ¿qué es lo que puede significar πεῦμα ἅγιον en Lc. 11:13, «¿cuánto más dará mi Padre espíritu Santo y divino a aquellos que le piden?» ¿Cuál es el sentido en Jn. 20:22? Desde luego, no la Persona del Espíritu Santo, por

cuanto Él no había sido dado aún, ya que Jesús no había sido todavía glorificado (Jn. 7:39).

40. La palabra *ἔννομος* aparece dos veces (aquí y en Hch. 19:39, *legítimo*), pero esta frase sólo aparece una vez.

41. Véase p. 85.

42. Éstas son las letras *primera* y *última* del alfabeto griego.

43. Hab. 2:4. El justo cree a Dios, y vive en la firme expectativa de que Dios cumplirá lo que ha prometido. Por ello, su fe es la prueba y la evidencia de que Dios le ha justificado, y le es así contada por justicia. Hab. 2:4 es citado tres veces en el Nuevo Testamento: Ro. 1:17; Gá. 3:11 y He. 10:38.

DOS

Pasamos ahora a examinar la significación espiritual del número DOS. Hemos visto que el *Uno* excluye toda diferencia, y denota aquello que es soberano. Pero DOS afirma que hay una diferencia..., hay *otro*; mientras que UNO afirma que ¡no hay otro!

Esta *diferencia* puede ser para bien o para mal. Una cosa puede diferir del mal y ser buena, o puede diferir del bien y ser mala. Por ello, el número DOS asume un diferente color, en base al contexto.

Es el primer número por el que podemos *dividir* otro, y por ello en todos sus usos podemos seguir esta idea fundamental de *división* o *diferencia.*

Los *dos* pueden ser, aunque diferentes en su carácter, uno en cuanto a testimonio y amistad. El Segundo que llega puede ser para ayuda y liberación. Pero es doloroso que allí donde se trata del hombre este número da testimonio a su caída, porque con la mayor frecuencia denota aquella diferencia que implica *oposición, enemistad* y *opresión.*[1]

Cuando la tierra se encontraba en el caos que la había abrumado (Gn. 1:2), su condición era de ruina y tiniebla universal. Lo *segundo* que se registra en relación con la Creación es la introducción de una *segunda* cosa: la Luz; y de inmediato hubo diferencia y división, porque Dios SEPARÓ la luz de las tinieblas.

Así que el *segundo* día tuvo la *división* como su gran característica (Gn. 1:6). «Haya expansión en medio de las aguas, y SEPARE las aguas de las aguas». Aquí tenemos, pues, separación, o *división*, relacionada con el *segundo* día.

Esta gran significación espiritual se mantiene a través de la palabra de Dios. Naturalmente, no podemos reconocer ningún arreglo humano en las divisiones de los libros, capítulos y versículos, etc. Sólo podemos examinar aquella división, ordenación y disposición que sea divina.

El *segundo* de cualquier cantidad de cosas siempre lleva la marca de la *diferencia*, y generalmente de *enemistad.*

Veamos la *segunda* declaración en la Biblia. La primera es: Gn. 1:1: «En el principio creó Dios los cielos y la tierra».

La *segunda* es: «Y la tierra estaba (o más bien *devino*) desordenada y vacía».

Aquí la primera habla de perfección y orden. La *segunda*, de ruina y desolación, que tuvo lugar en algún tiempo, y de alguna manera, y por alguna razón que no nos es revelada.[²]

LAS DIVISIONES DE LA BIBLIA

Luego hemos visto (pp.46, 47) que el Libro de Génesis está divinamente dividido en doce secciones (consistentes en una Introducción, y once *Tol'doth*). La primera de estas doce divisiones registra la perfección de la obra soberana de Dios. La *segunda* (Gn. 2:4 – 4:26) contiene el relato de la Caída; la entrada de un *segundo* ser –el Enemigo– aquella vieja Serpiente, el Diablo, introduciendo la discordia, el pecado y la muerte. La «enemistad» se ve primero en esta *segunda* división. «Pondré enemistad» (Gn. 3:15). Vemos a un *segundo* bajo Dios en la Serpiente; a una *segunda* criatura en la mujer, que fue engañada y cayó «en la transgresión»; a un *segundo* hombre, en la Simiente de la mujer, el sujeto del gran anuncio y profecía primigenia. De aquí que el número *dos* queda asociado con la Encarnación, con la *segunda* Persona de la bendita Trinidad, «el segundo Hombre», el «postrer Adán».

El *segundo* «Tol'doth» (Gn. 5:1–6:8) comienza con las palabras «Éste es el libro de las generaciones de Adam» (RV). Mientras que de «el segundo Hombre» se escribe (Mt. 1:1) «Libro de la generación de Jesucristo».

Si miramos al Pentateuco como un todo, vemos, en el Primer libro, la soberanía divina (véase p. 66), pero el *Segundo* libro (Éxodo) comienza con «la opresión del enemigo». Aquí, una vez más, hay «otro», el Liberador y Redentor, que dice: «he descendido para libnrarlos» (Éx. 3:8). A Él se le alaba en el Cántico de Moisés: «Condujiste en tu misericordia a este pueblo que redimiste» (Éx. 15:13). Y así se introduce la Redención en la Biblia, y se introduce por primera vez en este *segundo* libro, y en relación con el enemigo (así como lo era el primer anuncio del Redentor en Gn. 3:15).

La *segunda* de las tres grandes divisiones del Antiguo Testamento, llamada *Nebiim*, o los profetas (Josué, Jueces, Rut, 1º y 2º

Samuel, 1º y 2º Reyes, Isaías, Jeremías y Ezequiel) contiene el registro de la enemistad de Israel hacia Dios, y de la controversia de Dios con Israel. En el primer libro (Josué) tenemos la soberanía de Dios en abrirles la conquista y posesión de la tierra, mientras que en el *segundo* (Jueces) vemos la rebelión y enemistad en la tierra, conduciendo al alejamiento de Dios y a la opresión de parte del enemigo. Aquí de nuevo tenemos junto con el enemigo a los «salvadores» que Dios suscitó para liberar a Su pueblo.

En la tercera división del Antiguo Testamento, llamada «los Salmos», debido a que comienza con el Libro de los Salmos, tenemos en el canon hebreo,[3] como *segundo* libro, el Libro de Job. Aquí, otra vez, vemos al enemigo en todo su poder y malignidad oponiéndose a/y oprimiendo a un hijo de Dios; y somos llevados dentro del velo para contemplar al Dios viviente como escudo de Su pueblo, una ayuda presente en el tiempo de la angustia.

Además de Génesis, el Libro de los Salmos es el único libro que está marcado por divisiones señaladas divinamente.

Está compuesto por cinco Libros:

El primero	...	Salmos 1-41
El segundo	...	Salmos 42-72
El tercero	...	Salmos 73-89
El cuarto	...	Salmos 90-106
El quinto	...	Salmos 107-150

El *Segundo* Libro de los Salmos comienza (como lo hace el Éxodo) con «la opresión del enemigo» (Sal. 42:9). Ésta es la carga de todo este Salmo, y ciertamente de la totalidad de este *segundo* Libro.

No es ello cierto solamente de este *Segundo* Libro, sino que se observa también en el *segundo* Salmo de cada uno de los otros libros. P.e.:

El *segundo* Salmo del *Primer* Libro (Sal. 2):

> «¿Por qué se amotinan las gentes,
> Y los pueblos piensan cosas vanas?
> [¿*Por qué*] se levantan los reyes de la tierra,
> Y los príncipes conspiran juntamente
> Contra Jehová y contra su ungido?»

Pero una vez más tenemos aquí al Libertador, en el versículo 6:

«Yo mismo he ungido a mi rey».

El *segundo* Salmo del *Segundo* Libro (Sal. 43) comienza con «la opresión del enemigo», expresión que aparece en el v. 2, junto con la profecía de alabanza para el Libertador prometido.

El *segundo* Salmo del *Tercer* Libro (Sal. 74):

«Dirige tus pasos hacia los asolamientos sin fin,
A todo el mal que el ENEMIGO ha hecho en el santuario.
Tus ENEMIGOS vociferan en medio de tus asambleas...
¿Hasta cuándo, oh Dios, nos afrentará el angustiador?
¿Ha de blasfemar el ENEMIGO perpetuamente tu nombre?...
Acuérdate de esto: que el ENEMIGO ha afrentado a Jehová...
No vuelva avergonzado al abatido...
Levántate, oh Jehová, defiende tu causa...
No olvides las voces de tus ENEMIGOS».

El *segundo* Salmo del *Cuarto* Libro (Sal. 91) tendría que ser citado como un todo. Describe cómo el enemigo será finalmente hollado por el venidero Libertador.

El *segundo* Salmo del *Quinto* Libro (Sal. 108):

«Para que sean librados tus amados:
Salva con tu diestra, y respóndeme...
Danos socorro contra el adversario,
Porque vana es la ayuda del hombre.
Con Dios haremos proezas,
Y él aplastará a nuestros ENEMIGOS».

La misma significación del número Dos se ve en el Nuevo Testamento. Allí donde aparecen dos Epístolas, la segunda tiene una referencia especial al enemigo.

En 2ª Corintios se da un señalado énfasis en el poder del enemigo, y en la obra de Satanás (2:11; 11:14; 12:7. Véanse pp. 88, 89).

En 2ª Tesalonicenses tenemos un especial registro de la obra de Satanás en la revelación de «el hombre de pecado» y del «inicuo».

En 2ª Timoteo vemos la iglesia en su *ruina*, como en la primera epístola la vemos en su *gobierno*.

En 2ª Pedro se predice y describe la venidera apostasía. Mientras que en 2ª Juan tenemos al «anticristo» mencionado por este nombre, y se nos prohíbe recibir en nuestra casa a cualquiera que llegue con esta doctrina.[4]

Es imposible nombrar siquiera el gran número de cosas que nos es presentado emparejadas, de manera que la una pueda enseñar acerca de la otra por vía de contraste o *diferencia*.

Los dos cimientos de Mt. 7:24-27: el de la casa que «no se cayó, porque había sido cimentada sobre la roca», y el de la otra, que «se cayó, y fue grande su ruina». Los dos machos cabríos (Lv. 16:7); las dos avecillas (Lv. 14:4-7); las dos opiniones (1º R. 18:21); los dos señores (Mt. 6:24); los dos mandamientos (Mt. 22:40); los dos deudores (Lc. 7:41); los dos pactos (Gá. 4:24); los dos hombres (Lc. 18:10); los dos hijos (Mt. 21:28; Lc. 15:11 y Gá. 4:22), etc., etc.

LOS TIPOS DE VIDA DE GÉNESIS

El *segundo* de los *siete* tipos de vida de Génesis[5] tiene el mismo carácter.

El primer Adán expone a nuestros primeros padres en su inocencia, caída y expulsión, excluidos de la presencia de Dios (Gn. 3:24). ¿Cómo podrían volver a andar con Dios? Éste es el gran problema que debe ser solucionado en las palabras que siguen inmediatamente, escritas en el portal de la revelación para poner ante nosotros la respuesta a la pregunta de vital importancia: «¿Andarán dos juntos, si antes no se han puesto de acuerdo?» (Am. 3:3).

La solución se da en Gn. 4, en el *segundo* tipo de vida, que es doble, en las personas de Caín y Abel. Aquí se presentan y describen *los Dos caminos*: «El camino de Dios» (Hch. 18:26) y «El camino de Caín» (Jud. 11), las únicas *dos Religiones* que el mundo nunca haya conocido. Una, la verdadera; la otra, la falsa.

La verdadera religión es una e inmutable. Su lenguaje es:

«NADA en mi mano te traigo,
A tu Cruz sólo me aferro».

La falsa religión es una e inmutable. Tiene muchas variedades; su lenguaje unánime es:

«ALGO en mi mano traigo».

Los hombres se pelean amargamente acerca de qué debe ser

este «algo». Se persiguen, queman y destruyen unos a otros en el ardor de sus controversias acerca de ello. Pero por mucho que haya variaciones en este «algo», son *unánimes* en el sentido de que no es «el camino de Dios», no es el camino que Dios ha señalado, sino que es «el camino de Caín», el camino del hombre. El primero es «fe», el segundo es «obras». El primero es «gracia», el segundo es el «mérito» humano. El primero es «el camino de la vida», el otro termina en «la segunda muerte».

No sólo vemos este contraste o diferencia eterna en Caín y Abel, sino que otros se nos presentan de esta manera, a fin de poder exponer verdades de la más profunda significación y solemnidad.

ABRAHAM Y LOT

se presentan así. Estos dos estaban emparentados como tío y sobrino; ambos descendían de Sem a través de Taré. Los dos salieron juntos de Ur de los Caldeos a Harán en Mesopotamia (Gn. 11); los dos salieron juntos de Harán para dirigirse a la tierra de Canaán (Gn. 12:4); y después los dos salieron juntos de Egipto (Gn. 13:1). Pero pronto se manifestó la *diferencia* entre los dos, y «hubo contienda» entre ambos. Se manifestó así la *diferencia*.

Lot, el *segundo* de este par, levantó sus ojos y escogió su propia porción (13:11), mientras que la porción de Abraham le fue escogida por Dios (13:14). Así, quedaron «apartados» (13:11, 14).

Primero, Lot miró y «*vio*» la llanura del Jordán con sus ciudades de Sodoma y Gomorra, y le parecieron «como el huerto de Jehová» (Gn. 13:10); luego «*escogió*» aquello como su porción (13:11); luego «fue poniendo sus tiendas hasta Sodoma» (13:12); luego «moraba en Sodoma», y participó en las angustias y guerras de Sodoma, perdiendo todas las riquezas que había logrado acumular allí (14:12). Posteriormente «estaba sentado a la puerta de Sodoma» (19:1) ejerciendo el cargo de juez allí, a pesar de que a diario «se afligía» por las impías palabras y acciones de ellos (2ª P. 2:6-9); y finalmente escapó de su destrucción sólo con su vida.

En cambio, Abraham tenía su parte con Dios. Andaba por fe; levantaba su tienda sólo allí donde pudiera erigir su altar (12:8; 13:3, 4); tenía comunión con Dios, que era su «escudo, y... galardón sobremanera grande» (15:1). Aunque era un extranjero en la tierra, era «el amigo de Dios», y recibió la revelación de los secretos de los propósitos de Dios (Sal. 25:14; Am. 3:7; Jn. 15:15). En verdad que hubo una *diferencia*. Y esta diferencia fue mucho mayor en las respectivas mujeres. Sara vino a ser el tipo de la Jerusalén Celestial (Gá. 4:21-31), mientras que la «mujer de Lot» se convirtió en «estatua de sal», y ha venido a ser un escarmiento que será siempre recordado (Lc. 17:32).

ISAAC E ISMAEL

se presentan juntos. Aquí la relación era más estrecha, porque eran medio hermanos. Eran ambos hijos de Abram, siendo Sara la madre de Isaac, y Agar la madre de Ismael. Aunque la relación conforme a la carne era más cercana que entre Abram y Lot, la diferencia era moral y espiritualmente mayor. Porque está escrito: «Ni por ser descendientes de Abraham, son todos hijos, sino que: En Isaac te será llamada descendencia» (Ro. 9:7). ¡Cuán grande era la diferencia! Isaac, «nacido según el Espíritu»; Ismael, «nacido según la carne» (Gá. 4:29, 30), y por ello un *perseguidor*. No leemos de un «justo» Ismael, de un Ismael «recto», a diferencia de Lot. Los descendientes de Lot fueron los moabitas y los amonitas, y Rut, moabita, fue antecesora de Jesús. Pero la posteridad de Ismael fueron «echados fuera», y así continúan hasta el día de hoy, indómitos y rebeldes.

JACOB Y ESAÚ

son presentados juntos. Aquí, la relación es aún más estrecha. No sólo eran hijos del mismo padre (Isaac), sino también de la misma madre (Rebeca). Pero la diferencia *espiritual* es aún mayor. La enemistad se manifestó cuando los niños «luchaban» antes de haber nacido (Gn. 25:22). Y está escrito en la Escritura de verdad: «Amé a Jacob, pero aborrecí a Esaú» (Mal. 1:2, 3; Ro. 9:13). Esaú era «fornicario y profano», menospreciando su primogenitura (He. 12:16, 17); en cambio, Jacob la quería y apreciaba hasta el punto de pecar grandemente para conseguirla. Así como la *diferencia* se ve en la posteridad de Lot y Abraham, de Isaac e Ismael, se ve aquí aún más señalada. Israel es la gloria de Jehová, la «nación eterna» (Is. 43:12, 13; 44:7), mientras que los edomitas recibieron maldición. Y de los amalecitas Jehová declaró que Él «tendrá guerra con Amalec de generación en generación» (Éx. 17:16).

Vemos la misma significación en las

PALABRAS QUE APARECEN DOS VECES

Se podría dar una larga lista de las mismas. Damos unas pocas del hebreo y del griego. En todas estas palabras vemos una importante instrucción. En *ἀποπλέω* (*apopleö*) vemos la obra del enemigo *seduciendo* a los mismos escogidos, si ello fuera posible (Mt. 13:22), y llevándolos a *extraviarse* de la fe (1ª Ti. 6:10).

En *ἀποπνίγω* (*apopnigö*) vemos al enemigo *ahogando* la semilla (Mt. 13:7), y a él mismo *ahogado* en el mar (Lc. 8:33).

En *ἀπόλαυσις* (*apolausis*) tenemos aquellas cosas que Dios nos ha dado para *disfrutar de ellas* (1ª Ti. 6:17), y el *disfrute* de los placeres del pecado (He. 11:25).

En *ἀποκυέω* (*apokueö*) tenemos al pecado *engendrando* muerte (Stg. 1:15), y a Dios *engendrándonos* por la palabra de verdad (Stg. 1:18).

En *ἀτμίς* (*atmis*) vemos la *diferencia* entre la vida terrenal, que es sólo un *vapor*, en comparación con la vida eterna (Stg. 4:14; Hch. 2:19).

En *πανοπλία* (*panoplia*) (nuestra misma palabra panoplia) vemos, desde luego, una *diferencia*. No se trata de que la palabra aparezca dos veces (meramente como palabra), sino que se emplea en dos sentidos y en dos lugares: de la armadura de Satanás (Lc. 11:22), y de la armadura de Dios (Ef. 6:11, 17).

La armadura del «fuerte» le es arrebatada por el «más fuerte que él», y el alma es liberada, para no estar ya nunca más bajo el dominio de Satanás. Toda la armadura en que confiaba Satanás le es arrebatada (Lc. 11:21, 22), y el impotente pecador que estaba antes bajo su poder es ahora dotado de «toda la armadura de Dios».[6]

Se podrían hacer estudios similares con otras palabras. E incluso cuando una palabra pueda aparecer con frecuencia, puede que aparezca sólo dos veces en relación con otra palabra constituyendo una frase. Y puede ser significativo. Por ejemplo, *ὁ υἱὸς τῆς ἀπωλείας*, *el hijo de perdición*. Estas dos palabras, «hijo» y «perdición», aparecen muchas veces, pero *sólo dos veces juntas* (Jn. 17:12 y 2ª Ts. 2:3, señalando al Sal. 109). Algunos han sugerido si quizá, en base a esto, Judas Iscariote no será vuelto a revelar como el hombre de pecado.

Las siguientes son unas pocas de otras palabras que aparecen sólo dos veces:

אבד (*öhvehd*), perecer, Nm. 24:20, 24.

אבק (*ähvak*), luchar, Gn. 32:24, 25.

אגרוף (*egröph*), con el puño, Éx. 21:18; Is. 58:4.

אול ('*ul*), fortaleza o poder, 2º R. 24:15; Sal. 73:4.

אכזב (*ach-zahv*), mentiroso, Jer. 15:18; Mi. 1:14.

אסמים (*asah-mim*), almacenes, Dt. 28:8; Pr. 3:10.

ארב (*eh-rev*), acechar, Job. 37:8; 38:40.

אצעדה (*etz-äh-dah*), cadenas, Nm. 31:50; 2º S. 1:10.

ארה (*ah-rah*), arrancar, vendimiar, Sal. 80:12; Cnt. 5:1.

בדא (*bäh-dah*), fingir, 1º R. 12:33; Neh. 6:8.

בזר (*bah-zar*), esparcir, Dn. 11:24; Sal. 68:30.

בלק (*bah-lak*), devastar, Is. 24:1; Nah. 2:10.

בעט (*bah-gat*), cocear, Dt. 32:15; 1º S. 2:29.

בתר (*bah-thar*), dividir, Gn. 15:10.

גבהות (*gav-hooth*), sublime, Is. 2:11, 17.

דחי (*d'ghi*), de caída (Sal. 56:13; 116:8).

דחק (*dah-chak*), afligir o apretar, Jue. 2:18; Jl. 2:8.

דמע (*dah-mag*), llorar, Jer. 13:17, 17.

חנק (*chah-naq*), colgado, 2º S. 17:23; Nah. 2:12.

חסם (*chah-sam*), poner bozal, Dt. 25:4; Éx. 39:11.

חסר (*cheh-ser*), necesidad, pobreza, Job 30:3; Pr. 28:2.

חשבנות (*chish-sh'voh-nohth*), máquinas, 2º Cr. 26:15; artimañas, Ec. 7:29.

חשש (*chashash*), rastrojo, Is. 5:24; 33:11.

טיט (*tin*), barro.

יון (*yah-vehn*), cenagoso, Sal. 40:2; cieno, Sal. 69:2.

ירט (*yah-rat*), perverso, Nm. 22:32; Job 16:11.

כבל (*keh-vel*), cadenas, Sal. 105:18; 119:8.

כלוא (*k'lu*), cárcel, Jer. 37:4; 52:31.

כסח (*kah-sagh*), talar, Sal. 80:16; Is. 33:11.

לעג (lah-ehg), escarnecer, Sal. 35:16; Is. 28:11.

מחתרת (*magh-teh-reth*), forzar, Éx. 22:2; hallar (margen, *cavando*), Jer. 1:34.

מלק (*mah-lak*), quitar, arrancar, Lv. 1:15; 5:8.

משטמה (*mas-teh-máh*), hostilidad, Os. 9:7, 8.

משרה (*mis-rah*), gobierno, Is. 9:6, 7.

נגח (*nag-gahgh*), empujar, Éx. 21:29, 36.

נדה (*nah-dah*), echado fuera, Is. 56:5; poner fuera, Am. 6:3.

נחש (*nah-chash*), encantamiento, Nm. 23:23; 24:1.

ניר (*nir*), roturar, Jer. 4:3; Os. 10:12.

נכת (*n'choth*), cosas de gran precio, 2º R. 20:13; Is. 39:2.

נקע *(nah-kagh)*, alienados, Ez. 22:28; 23:18.
נשף *(nah-shaph)*, soplar, Éx. 15:10; Is. 40:24.
סחף *(sah-chaph)*, barrer, empujar, Pr. 28:3; Jer. 46:15.
פרשה *(pah-rah-shah)*, noticia, Est. 4:7; relato, 10:2.
צנינים *(tz'ni-nim)*, espinas, Nm. 33:55; Jos. 23:13.
קמש *(kim-mosh)*, ortiga, Is. 34:13; Os. 9:6.
קמל *(kah-mal)*, marchitarse, Is. 19:6; 33:9.
ראש *(rehsh)*, pobreza, Pr. 6:11; 30:8.
רפס *(r'phas)*, pisotear, Dn. 7:7, 19.
שובב *(shoh-vehv)*, contumacia, Jer. 31:22; 49:4.

ἀγγεῖον *(angeion)*, cestas, Mat. 13:48; 25:4.
ἄγε *(age)*, hoy, Stg. 4:13; 5:1.
ἄγναφος *(agnaphos)*, nuevo, Mat. 9:16; Mr. 2:21.
ἀγνωσία *(agnōsia)*, desconocen, 1ª Cor. 15:34; ignorancia, 1ª Pd. 2:15.
ἀγοραῖος *(agoraios)*, la plaza, Hc. 17:5; audiencias, Hc. 19:38.
ἄδηλος *(adēlos)*, no se ven, Lc. 11:44; incierto, 1ª Cor. 14:8.
ἄθεσμος *(athesmos)*, malvados, 2ª Pd. 2:7; 3:17.
ἀθλέω *(athleō)*, lucha, 2ª Ti. 2:5.
αἰφνίδιος *(aiphnidios)*, de repente, Lc. 21:34; 1ª Tes. 5:3.
ἀκάνθινος *(akanthinos)*, espinas, Mr. 15:17; Jn. 19:5.
ἀκρασία *(akrasia)*, rapiña, Mt. 23:25; 1ª Cor. 7:5, incontinencia.
ἀλαζών *(alazōn)*, jactanciosos, Rom. 1:30; 2ª Ti. 3:2.
ἀλαλάζω *(alalazō)*, "daban grandes alaridos", Mr. 5:38; "retiñe", 1ª Cor. 13:1.
ἀνακαινόω *(anakainoō)*, renovar, 2º Cor. 4:16; Col. 3:10.
ἀνακαίνωσις *(anakainōsis)*, renovación, Rom. 12:2; Tit. 3:5.
ἀνάπηρος *(anapēros)*, mancos, Lc. 14:13, 21.
ἀναπολόγητος *(anapologētos)*, inexcusables, Rom. 1:20; 2:1.
ἀνατρέπω *(anatrepō)*, trastornan, 2ª Ti. 2:18; Tit. 1:11.
ἀνεξιχνίαστος *(anexichniastos)*, inescrutables, Rom. 11:33; Ef. 3:8. (Esta palabra significa aquello que no puede ser seguido o rastreado.[7]).
ἀνθρακιά *(anthrakia)*, el fuego del enemigo, Jn. 18:18; y el fuego del amigo, Jn. 21:9.
ἄνοια *(anoia)*, furor, Lc. 6:11; insensatez, 2ª Ti. 3:9.
ἀνόμως *(anomōs)*, sin ley, Rom. 2:12 (dos veces).
ἀνόσιος *(anosios)*, irreverentes, 1ª Ti. 1:9; impíos, 2ª Ti. 3:2.
ἀντάλλαγμα *(antallagma)*, dará a cambio, Mat. 16:26; Mr. 8:37.

ἀνταπόδομα (*antapodoma*), recompensa, Lc. 14:12; Rom. 11:9.
ἀντιμισθία (*antimisthia*), retribución, Rom. 1:27; 2ª Cor. 6:13.
ἀνωφελής (*anöphelës*), sin provecho, Tit. 3:9; He 7:18.
ἀξίνη (*axinë*), hacha, Mat. 3:10; Lc. 3:9.
ἀπειλέω (*apeileö*), amenazar, Hech. 4:17; 1ª Ped. 2:23.
ἀπεκδύομαι (*apekduomai*), despojar, Col. 3:19; Col. 2:15.
ἀποβολή (*apobolë*), pérdida, Hech. 27:22; exclusión, Rom. 11:15.
ἀποκαραδοκία (*apokaradokia*), anhelo ardiente, Rom. 8:19; Fil. 1:20.
ἀποκυέω (*apokueö*), da a luz, Stgo. 1:15; hizo nacer, Stgo. 1:18.
ἀπόλαυσις (*apolausis*), disfrutemos, 1ª Tim. 6:17; Hec. 11:15.
ἀποχωρίζομαι (*apochörizomai*), separaron, Hech. 15:39; Ap. 6:14.
ἀρσενοκοίτης (*arsenokoitës*), homosexuales, 1ª Cor. 6:9; 1ª Ti. 1:10.
ἀσεβέω (*asebeö*), vivir impíamente, 2ª Ped. 2:6; Jud. 15.
ἄσπονδος (*aspondos*), implacables, Rom. 1:31; 2ª Ti. 3:3.
ἀστεῖος (*asteios*), hermoso, Hech. 7:20; Heb. 11:23.
ἀστήρικτος (*asteriktos*), inconstantes, 2ª Ped. 2:14; 3:16.
ἄστοργος (*astorgos*), sin afecto natural, Rom. 1:21; 2ª Ti.3:3.
ἀσχημονέω (*aschëmoneö*), se comporta decentemente, 1ª Cor. 7:36; 13:5.
ἀσχημοσύνη (*aschemosunë*), vergonzosos, Rom. 1:27; Ap. 16:15.
ἀτάκτως (*ataktös*), desordenadamente, 2ª Tes. 3:6, 11.
ἀτμίς (*atmis*), vapor, Hech. 2:19; Stgo. 4:14.
ἀχρεῖος (*achreios*), inútil, Mat. 25:30; Lc. 17:10.
ἄχυρον (*achuron*), paja, Mat. 3:12; Lc. 3:17.

No sólo encontramos esta significación allí donde tenemos el número «dos», sino también allí donde se mencionan dos cosas, aunque no sean numeradas.
Por ejemplo:

LAS DOS VASIJAS DEL ALFARERO EN JER. 18:1-4

La *primera* vasija que hizo se le echó a perder; la *segunda* era «otra» vasija, tal como le placía al alfarero hacerla.

Esto se interpreta en el contexto como refiriéndose al arruinado Israel, pero que sería restaurado; quebrantado, pero que volvería a ser injertado; autodestruido, pero encontrando ayuda divina. Esta misma gran *diferencia* puede observarse en los DOS PACTOS. El primero dañado, no sin defecto, envejecido, y quitado (He. 8:7, 8, 13; 10:9); el segundo «un mejor pacto», «nuevo» y «establecido» (Hch. 8:6, 8; 10:9, 16, 17). Las ORDENANZAS de la Ley, «débiles» y «sin provecho» (He. 7:18; 10:6, 9). Las ordenanzas de la gracia, las «cosas buenas venideras».

«EL PRIMER HOMBRE», corrompido (Gn. 2:7; 3:19), y de la tierra, terreno. «El segundo hombre», el Señor del Cielo (1ª Co. 15:47). El primer Adán condenado a muerte, el postrer Adán viviendo otra vez para siempre.

El CUERPO, corrompido en la Caída, y sujetado a la muerte y a la corrupción, pero que en la Resurrección será hecho como el propio cuerpo de gloria de Cristo (1ª Jn. 3:1-3; Fil. 3:21; Ro. 8:23; 1ª Co. 15:42-49).[8]

La vieja creación bajo la maldición, corrompida y arruinada (Gn. 3); «Los nuevos cielos y la nueva tierra» establecidos en justicia (Ap. 21; 22); desde luego, una inmensa *diferencia*. «No habrá noche», «no tiene necesidad de sol», «ni habrá más dolor», «y no habrá más maldición», no más pecado, ni padecimiento ni muerte. ¡Oh, qué maravillosa *diferencia!* Y para siempre jamás. «Quita lo primero, para ESTABLECER lo segundo». «¡Alabad a Jehová!» Es quitado el rebelde corazón de ISRAEL, para serle dado un nuevo corazón. Las ORDENANZAS que «perecen con el uso» ceden su puesto al Cristo de Dios. El HOMBRE, arruinado y perdido, pero salvado con salvación eterna. El CUERPO de humillación sembrado en corrupción, pero resucitado en incorrupción. Los CIELOS Y LA TIERRA desaparecidos, y los nuevos cielos y la nueva tierra establecidos para siempre en gloria.

Pero hemos visto que cuando hay dos, aunque siga habiendo *diferencia*, esta diferencia puede tener un buen sentido. Puede ser para opresión u obstáculo, o puede ser para asociación y ayuda mutua. Véase Rt. 4:11, donde está escrito de Lea y Raquel: «Las cuales edificaron la casa de Israel». O puede tratarse del proverbial «de dos en dos» del apostolado y del servicio. O puede tratarse de nuestra asociación con Cristo en muerte y resurrección, de lo que el Bautismo y la Cena del Señor son la gran señal y prenda. De manera especial señala a aquel «otro», el Salvador y poderoso libertador, de quien se habla en el Sal. 89:19: «He puesto el poder de socorrer sobre uno que es poderoso». La *segunda* persona de la Trinidad vino a participar de *dos* naturalezas: perfecto Dios y perfecto hombre. Hombre perfecto, ciertamente, pero ¡cuán *diferente!* «Mejor es dos juntos que uno solo; porque tienen mejor paga de su trabajo. Si cae uno, el otro levantará a su compañero; pero ¡ay del solo! que si se cae, no habrá otro que lo levante».

Sigue aquí siendo «otro», pero aquí es «ayuda» en lugar de *enemistad*. Ya no se trata de dos que difieren, sino de dos que están de acuerdo; porque «¿Andarán dos juntos, si antes no se han puesto de acuerdo?» (Am. 3:3).

Dos *testimonios* pueden ser *diferentes*, pero uno puede apoyar, fortalecer y corroborar al otro. Jesús dijo: «El testimonio de dos hombres es verdadero. Yo soy el que doy testimonio de mí mismo, y el Padre que me envió da también testimonio de mí» (Jn. 8:17, 18). Y está escrito en la Ley que «Por dicho de dos o tres testigos» se decidiría toda cuestión (Nm. 35:30; Dt. 17:6; 19:15; Mt. 18:16; 2ª Co. 13:1; 1ª Ti. 5:19; He. 10:28). Toda la ley pendía de «dos mandamientos» (Mt. 22:40).

La propia revelación de Dios es doble. El Antiguo y el Nuevo Pacto son el suficiente testimonio de Dios al hombre. Y, sin embargo, ¡cuán diferentes son! ¡La Ley y la Gracia! ¡La Fe y las Obras!

Podremos observar también que es la Segunda Persona de la Trinidad la que es especialmente denominada «el Testigo Fiel» (Ap. 1:5). Y tenemos otros ejemplos del número Dos en relación con un testimonio fiel. Caleb y Josué fueron dos fieles testigos de la verdad de la Palabra de Dios. La infidelidad decía: «No podemos subir contra aquel pueblo, porque es más fuerte que nosotros». Pero la fe podía decir: «Subamos luego, y tomemos posesión de ella; porque más podremos nosotros que ellos» (Nm. 13:30, 31). Y éstos fueron los dos únicos de entre 600.000 hombres que poseyeron su heredad en la tierra. Hoy día también no importan las cantidades. El testimonio de un gran número puede ser tan falso hoy en día como lo fue el de los Espías. Lo único cierto fue el testimonio de los dos basado en la Palabra de Dios. Que esto nos aliente para mantenernos firmes en estos días de apostasía, a hacer oídos sordos a las palabras de los hombres, pero atentos a las palabras de Jehová. Firmes, aunque toda la congregación esté en contra de nosotros, y nosotros seamos sólo los pocos que están esperando para ser arrebatados para encontrarnos con el Señor en el aire. Tengamos como nuestro sello la fidelidad de Jehová, y digamos siempre y en todo lugar: «Sea Dios veraz, mas todo hombre mentiroso».

Es cosa notable que palabras que tienen una especial referencia al Testimonio aparezcan dos veces; por ejemplo:

ἀληθεύω (alētheuō), decir la verdad, Gá. 4:6; hablar la verdad, Ef. 4:15.

ἀμετάθετος (ametathetos), inmutable, He. 6:18; inmutabilidad, He. 6:17.

ἀνακεφαλαιόομαι (anakephalaioomai), resumir, Ro. 13:9; Ef. 1:10.

βεβαίωσις (bebaiōsis), confirmación, Fil. 1:7; He. 6:16.

κεραία (keraia), tilde, Mt. 5:18; Lc. 16:17.

νομοθετέω (nomotheteō), recibir la ley, He. 7:11; establecido, He. 8:6.

ἀμεταμέλητος (ametameletos), sin arrepentimiento, Ro. 11:29; no haber de tener pesar, 2ª Co. 7:10.

ἐγγράφω (engraphō), escrito en, 2ª Co. 3:2, 3.

δικαίωσις⁹ (dikaiōsis), justificación, Ro. 4:25; 5:18.

NOTAS

1. Lo mismo que sucede con otras palabras. Por ejemplo, el verbo «*prevenir*» significaba originalmente que uno llegara antes que otro. Pero debido a que cuando un hombre llegaba antes que el otro era siempre para causar dificultades y daño al otro, la palabra fue adquiriendo gradualmente el sentido de *guardar* o *guardarse* ante o frente a algo, y así da testimonio de la caída del hombre. Lo mismo sucede con el término *simple:* originalmente significaba sincero, abierto, honrado. Pero, a juicio del hombre, los que así actúan son unos *insensatos*. Por ello, ¡los hombres pronto comenzaron a emplear la palabra *simple* como denotando a una persona insensata! Lo mismo en francés con la palabra *chef*, que significa «jefe». Pero como el hombre hace «un dios de su vientre», el que mejor pueda gratificar sus deseos tiene un derecho singular a esta palabra.

2. Véase *The New Creation and the Old (La Nueva y la Vieja Creación)*, por este mismo autor.

3. Véase *The Names and Order of the Books of the Old Testament (Los nombres y orden de los libros del Antiguo Testamento)*, por este mismo autor.

4. Brand *(Pop. Ant.* iii. 145) cita *Numerus Infaustus*, en el prefacio al cual dice el autor: «Los reyes de Inglaterra que tuvieron el segundo de cualquier nombre resultaron ser personas muy desafortunadas: Guillermo II, Enrique II, Eduardo II, Ricardo II, Carlos II, Jacobo II».

5. Véase *The New Creation and the Old*, por el mismo autor.

6. No es lo mismo cuando Satanás «*sale*» de un hombre por decisión propia. Porque esta parábola se da en inmediata conexión con la otra. Satanás no queda en tal caso despojado de su armadura. No es en tal caso «echado fuera». Por ello el hombre barre su casa y la adorna. Hace promesas y lleva insignias, pero la casa está «vacía». Satanás vuelve con todo su poder, y el postrer estado de aquel hombre es peor que el primero (Lc. 11:24-26; Mt. 12:43-45).

7. Difiriendo de δυεξερείνητος *(anexereunētos), lo que no puede ser comprendido,* que aparece sólo una vez (Ro. 11:33).

8. Véase *The Resurrection of the Body (La resurrección del cuerpo)*, por el mismo autor.

9. Véase número *Nueve*.

TRES

En este número tenemos un nuevo conjunto de fenómenos. Llegamos con él a la primera figura geométrica. Dos líneas rectas no pueden encerrar ningún espacio, ni formar una figura plana, como tampoco dos superficies planas pueden formar un sólido. Se precisa de *tres* líneas para conseguir una figura plana; y se precisa de tres dimensiones de longitud, anchura y altura para constituir un sólido. Por ello, *tres* es el símbolo del *cubo*, la forma más simple de figura sólida. Así como dos es el símbolo del cuadrado, o contenido del plano (x^2), así tres es el símbolo del cubo, o contenido del sólido (x^3).

Así, el tres denota aquello que es sólido, real, sustancial, completo y entero.

Todas las cosas que están especialmente completas están marcadas por el número tres.

Los atributos de Dios son tres: omnisciencia, omnipresencia y omnipotencia.

Hay tres grandes divisiones que redondean el tiempo: el pasado, el presente y el futuro.

Tres personas, en gramática, expresan e incluyen a todas las relaciones de la humanidad.

El pensamiento, la palabra y la acción llenan la medida de la capacidad humana.

Tres grados de comparación llenan nuestro conocimiento de las cualidades.

La más simple proposición requiere de tres cosas para completarla; esto es, el sujeto, el predicado, y la cópula.

Son necesarias tres proposiciones para completar la forma más simple de argumento: la premisa mayor, la menor y la conclusión.

Tres reinos abarcan nuestras ideas de la materia: mineral, vegetal y animal.

Cuando nos volvemos a las Escrituras, este completamiento viene a ser divino, y marca la plenitud o perfección divinas.

Tres es el primero de los cuatro números perfectos. (Véase p. 36).

Tres denota perfección divina;
Siete denota perfección espiritual;
Diez denota perfección ordinal; y
Doce denota perfección gubernamental.

Por ello el número tres nos señala a lo que es real, esencial, perfecto, sustancial, completo y divino. Todo lo que está «debajo del sol» y aparte de Dios es «vanidad». «Todo hombre, en el mejor de sus estados, es totalmente vanidad» (Sal. 139:5, 11; 62:9; 144:4; Ec. 1:2, 4; 2:11, 17, 26; 3:19; 4:4; 11:8; 12:8; Ro. 8:20). Tres es el número asociado con la Deidad, porque son «tres personas en un solo Dios». Tres veces claman los serafines «Santo, Santo, Santo» –una por cada una de las tres personas de la Trinidad (Is. 6:3)–. Lo mismo los seres vivientes en Ap. 4:8. Tres veces se da la bendición en Nm. 6:23, 24:

«Jehová te bendiga, y te guarde (el Padre);
Jehová haga resplandecer su rostro sobre ti, y tenga de ti miseri-cordia (el Hijo);
Jehová alce sobre ti su rostro, y ponga en ti paz» (el Espíritu Santo).

Cada una de estas tres bendiciones es doble, de modo que hay dos miembros en cada una, mientras que el nombre Jehová aparece tres veces. Esto señala la bendición como divina en su fuente. Ningún mérito la atrajo; su origen fue la gracia, y la paz su resultado.

En Gn. 18:2, las mismas tres personas se aparecen a Abraham: Abraham «miró, y he aquí TRES varones que estaban junto a él». Pero el versículo 1 declara que «le apareció Jehová». Es notable que Abraham se dirija a ellos tanto como uno como tres. Leemos primero que «dijeron», luego «dijo», y finalmente, en los versículos 13, 17, 20, etc., «Jehová dijo». Toda la narración, que comienza con la aparición de Jehová, termina (versículo 33) con «Y se fue Jehová».

Así como tenemos en el número uno la soberanía del un Dios, y en dos a la segunda persona, el Hijo, el gran Libertador; así en «tres» tenemos a la tercera persona, el Espíritu Santo, marcando y contemplando «la plenitud de la Deidad». Esta palabra «plenitud» es notable, apareciendo sólo tres veces, y en relación con las Tres Personas de la Trinidad:

Ef. 3:19, «la plenitud de Dios».
Ef. 4:13, «la plenitud de Cristo».
Col. 2:9, «la plenitud de la Deidad».

La «plenitud» fue manifestada visiblemente en Cristo, y es comunicada por el Espíritu Santo, porque es una plenitud que recibimos por Su gran poder (Jn. 1:16).

Es por esto que Abraham pidió «tres medidas de flor de harina» para sus celestiales invitados; porque ella exponía la perfección de la naturaleza perfecta y divina de Cristo. En Levítico no se prescribe ninguna cantidad determinada de harina, pero en Nm. 15:9 leemos: «ofrecerás con el novillo una ofrenda de TRES décimas de flor de harina». Ésta era la medida para todo el holocausto, y también para las grandes ocasiones especiales como la Luna Nueva y el Año Nuevo, etc. Era también la medida especial para la purificación del leproso (Lv. 14:10). El pobre leproso tenía varias bendiciones de gracia por encima de las otras. ¡Sólo él era favorecido con la unción que se daba sólo al Profeta, al Sacerdote y al Rey! Sólo él recibía la consagración sacerdotal. Son los pecadores los que son ahora señalados de entre la masa de los perdidos, y muertos en delitos y pecados, para ser ungidos con el Espíritu, y ser hechos, en Cristo, reyes y sacerdotes para Dios.

Pero hay más en estas «tres medidas de flor de harina». Las tenemos en la parábola (Mt. 13:33), señalando a Cristo en toda la perfección de Su persona y de Su obra, cuando Él dijo: «He aquí que vengo, oh Dios, para hacer tu voluntad». Hay diferentes opiniones con respecto a la «levadura», pero ¿qué es la harina? Éste es el punto central sobre el que gira la interpretación. Según la interpretación popular, esta «harina» pura es la masa corrompida de la humanidad, ¡y la «levadura» contaminadora es el puro evangelio de Cristo! ¿Se ha podido dar una mayor exhibición de la perversidad humana en llamar a lo dulce, amargo, y a lo amargo, dulce? ¿Se puede dar una prueba más clara de que los pensamientos de Dios son contrarios a los de Dios? ¡No! Las «tres medidas de harina» nos señalan las perfecciones de Cristo y la pureza de Su Evangelio. Y la «levadura» escondida nos señala la corrupción de la verdad por parte del hombre. Una corrupción que debemos buscar, no después del tercer siglo, ¡sino en el primero!

Ninguna levadura podía ser puesta en ningún sacrificio u ofrenda hecha mediante fuego a Jehová, por cuanto en Cristo no había pecado; por ello, no debía haber levadura. Él fue, en Sí mismo, «olor grato a Jehová».

Es cierto que en una ofrenda sí había levadura. Pero observemos la diferencia y la lección de ello. En Lv. 23 tenemos una lista de las Fiestas:

1ª. La Pascua (v. 5), en el día 14.

2ª. El mecimiento de las primicias en la mañana después del Sábado (v. 11), que podía ser quemada sobre el altar como olor grato (Lv. 2:4-16), debido a que no llevaba levadura.

3ª. Luego, 50 días después, la ofrenda de las primicias en Pentecostés (vv. 15-17). Ésta no podía ser quemada en el altar (Lv. 2:12), ¡porque estaba mezclada con levadura!

En el antitipo de esto vemos a Cristo:

1º. Cristo nuestra Pascua, sacrificado por nosotros.

2º. Como la ofrenda mecida de las primicias, resucitó de entre los muertos y vino a ser primicia de los que durmieron (1ª Co. 15:20), porque en Él no había pecado (y por ello, sin levadura).

3º. Luego, después de cincuenta días, en la fiesta de Pentecostés vino la ofrenda de las primicias en el descenso del Espíritu Santo; porque somos «como primicias de sus criaturas» (Stg. 1:18). Pero Su pueblo no está sin pecado, y por ello esta ofrenda tenía mezcla de levadura. No podía ser ofrendada a Jehová como «olor grato» (Lv. 2:12). Era aceptada sólo porque con ella se ofrecía una ofrenda por el pecado (Lv. 23:17-19), y el sacerdote lo presentaba todo como ofrenda mecida delante de Jehová.

Esto demuestra que la «levadura» es un tipo de error, de mal y de pecado. Mientras que las «tres medidas de harina» con las que iba mezclada y en las que se escondía tipificaban la verdad y pureza de Cristo y de Su Verdad, y no la masa corrompida de humanidad dentro de la cual fue introducida. La interpretación popular invierte los tipos de la harina y de la levadura, y hace de la levadura lo que es bueno, y de la harina lo que es malo. Pero el gran Maestro no cometió tal error. La «doctrina de la iglesia» no es «la verdad bíblica», sino que es harina leudada.

Así, el número tres debe ser tomado como el número de la plenitud divina. Significa y representa el Espíritu Santo tomando de las cosas de Cristo, y haciéndolas reales y sólidas en nuestra experiencia. Es sólo por el Espíritu que alcanzamos la experiencia de las cosas espirituales. Sin Él y Su actuación en gracia, todo sería trabajo superficial: todo lo que una figura plana es a un sólido (Jn. 3:6). Es Él quien ha obrado todas nuestras obras en nosotros, y por quien únicamente podemos servir o adorar (Jn. 4:24).

Es por esto que el Lugar Santísimo, que era el lugar central y más sublime de adoración, tenía la forma de cubo.

Por ello es que el tercer Libro de la Biblia es Levítico, el libro en el que aprendemos cuál es la verdadera adoración. Aquí vemos a Jehová llamando a Su pueblo a Sí, prescribiendo cada detalle de su culto, no dejando nada a la imaginación ni al gusto de ellos, coronándolo todo con el gran «ES NECESARIO» de la gran rúbrica de Jn. 4:24. En la verdadera adoración vemos al PADRE buscando a estos verdaderos adoradores (Jn. 4:23); al HIJO como el objeto de toda adoración; y al Espíritu calificando y dotando a los adoradores con el único poder mediante el que pueden adorar. Así, en *Génesis* tenemos la soberanía en dar vida –el Padre, el comienzo de todas estas cosas–; en *Éxodo* tenemos al opresor y al Libertador –al Hijo redimiendo a Su pueblo–; mientras que en *Levítico* tenemos al Espíritu prescribiendo, ordenando y energizándolos para la adoración divina.

LA PRIMERA MENCIÓN

del número se encuentra en Gn. 1:13. «El día *tercero*» fue el día en el que la tierra fue sacada del agua, símbolo de aquella vida de resurrección que tenemos en Cristo, y la única en la que podemos adorar o servir, o hacer cualquier «buena obra».

Por ello, *tres* es un número de RESURRECCIÓN, porque fue en el *tercer* día que Jesús resucitó de los muertos. Ello fue una operación divina, y divina en su premonición en la persona de Jonás (Mt. 12:39, 40; Lc. 11:29; Jon. 1:17). Fue en el día *tercero* que Jesús terminó Su obra (Lc. 13:32). Fue en la hora *tercera* que fue crucificado; y fue durante *tres* horas (desde la sexta hasta la novena que las tinieblas envolvieron al Divino Padecedor y

Redentor. El «gran clamor» al final de estas dos veces tres horas, cuando, «cerca de la hora novena», Jesús gritó: «Dios mío, Dios mío, ¿por qué me has desamparado?» (Mt. 27:46), muestra de una manera total que nada en la naturaleza, nada en la luz o inteligencia de este mundo, podría dar ayuda en aquella hora de tinieblas. ¿Acaso esto no muestra *nuestra* impotencia en este asunto? ¿No demuestra nuestra incapacidad para ayudar a nuestra liberación de nuestra condición natural?

Con la luz en la hora novena llegó la declaración divina: «Consumado es». Tan divinamente consumado, completado y perfeccionado, que ahora no existe esta tiniebla para los que han muerto con Cristo. La luz, una luz ininterrumpida, resplandece para todos los que han resucitado juntamente con Él; una luz radiante sin interrupción, sí, «la gloria de Dios en la faz de Jesucristo». Por tanto, aquellas tres horas de tinieblas testifican acerca de nuestra completa ruina y de nuestra completa salvación, y muestra que Su pueblo está «completo en Él».

Mientras nos referimos a las perfecciones divinas de Cristo, observemos las muchas marcas y sellos de esta plenitud.

«El Espíritu, el agua, y la sangre» son los testigos divinamente perfectos sobre la tierra de la gracia de Dios (1ª Jn. 5:7).

Los tres años que Él estuvo buscando fruto dan testimonio de la plenitud del fracaso de Israel (Lc. 13:7).

Su triple «escrito está» muestra que la Palabra de Dios es la perfección de todo ministerio (Mt. 4).

El divino testimonio acerca de Él estuvo completo en la triple voz desde el cielo (Mt. 3:17; 17:5; Jn. 12:28).

Él resucitó a *tres* personas de entre los muertos.

Las inscripciones de la Cruz en tres idiomas muestran lo completo de su rechazamiento por parte del hombre.

La perfección de Sus oficios se muestra en el hecho de ser Profeta, Sacerdote y Rey, suscitado de entre Sus hermanos (Dt. 17:15; 18:3-5, y 18:15).

La divina plenitud del cuidado del Pastor (Jn. 6:39) se ve en Su revelación como:

El «Buen Pastor» en *muerte,* Jn. 10:14.
El «Gran Pastor» en *resurrección*, He. 13:20.
El «Príncipe de los Pastores» en *gloria*, 1ª P. 4:5.

Sus tres apariciones en He. 9 muestran que Su obra no será divinamente perfecta y completa hasta que vuelva a aparecer.

1. Él «ha sido manifestado» en el fin del siglo «para quitar de en medio el pecado» (He. 9:26, 28).

2. «Para presentarse ahora por nosotros en la presencia de Dios» es que Él ha ascendido al Cielo (versículo 24).

3. Y «aparecerá por segunda vez», aparte de toda cuestión de pecado, a los que le esperan (v. 28).

EL PACTO DE ABRAHAM

Volviendo de nuevo a la historia del Antiguo Testamento, tenemos el Pacto de Dios con Abraham exhibiendo este número de perfección divina (Gn. 15). Fue (como el establecido con David, 2º S. 7) divinamente «ordenado en todas sus partes, y firme». Dios fue UNO, esto es, la única parte concertante; porque Abraham, que hubiera estado bien dispuesto a ser la otra parte, fue puesto a dormir, para que el Pacto fuera *incondicional* y «firme para toda su simiente». El sello divino se ve en la elección de *tres* animales, cada uno de ellos de *tres* años de edad (la becerra, la cabra y el carnero). Éstos, junto con las dos aves (la tórtola y el palomino), sumaban *cinco* en total, marcándolo todo como un perfecto acto de libre gracia de parte de un Dios soberano.

LA COMPLETA SEPARACIÓN DE ISRAEL

se ve en el *«camino de tres días* por el desierto» (Éx. 5:3), señalando la completa separación con la que Dios separaría a Su pueblo de Egipto entonces, y a Su pueblo del mundo ahora. Podemos comprender la objeción de Faraón al primero: desear que celebraran su fiesta «en la tierra» (Éx. 8:25), y, cuando ello no pudo ser así, que consintiera finalmente a su partida, pero añadiendo, «con tal que no vayáis más lejos». De la misma manera Satanás ahora se contentará con que adoremos «en la tierra»; y si debemos ir al desierto que nos quedemos dentro del alcance del mundo y de sus influencias. No así con Jehová. Él no acepta este «servicio fronterizo»; Él demanda una «frontera científica», un «camino de tres días por el desierto» divinamente perfecto, separándolos totalmente de sus antiguas asociaciones. La dificultad de «establecer la línea», que experimentan tantos cristianos, surge del hecho de que se trata de una línea torcida, y de que se trata de un intento de incluir aquello que no puede ser incluido. Dibujada a suficiente distancia puede hacerse bien recta, y ser divinamente perfecta y eficaz.

LOS ESPÍAS

trajeron *tres* cosas que daban testimonio de la bondad divinamente perfecta de la tierra; y las realidades sustanciales demostraron la veracidad de la palabra de Jehová: «Uvas, higos y granadas» (Nm. 13:23).

EN LA PROMULGACIÓN DE LA LEY

Israel dijo tres veces: «Todo lo que Jehová ha dicho, haremos» (Éx. 19:8; 24:3, 7), marcando la plenitud de la participación en el Pacto por parte de Israel, pero por esta misma razón prefigurando su perfecto quebrantamiento, porque el hombre nunca ha guardado aún ningún Pacto que haya hecho con Dios.

AHIMÁN, SESAY Y TALMAY

eran los tres hijos de Anac, marcando lo completo del poder gigantesco del enemigo (Nm. 13:22).

EL JORDÁN

fue dividido tres veces: la perfección del milagro divino (Jos. 4; 2º R. 2:8, 14).

LA BÚSQUEDA DURANTE TRES DÍAS

tratando de encontrar a Elías constituyó concluyente testimonio de que no podía ser hallado (2º R. 2:17).

EL TEMPLO

está marcado por el *tres*, así como el Tabernáculo por el *cinco*. En ambos el Lugar Santísimo era un cubo; en el Tabernáculo un cubo de diez codos; en el Templo un cubo de veinte codos. Ambos consistían de *tres* partes: El Atrio, el Lugar Santo y el Santísimo. El Templo tenía *tres* cámaras alrededor. El Mar o

Fuente de Bronce contenía *tres* mil batos; y estaba rodeado por una línea de treinta codos sobre la que había 300 bolas (1º R. 7:24). Estaba sustentado por doce bueyes (3 x 4); tres que miraban al norte, tres al oeste, tres al sur, y tres al este. Este orden para designar los cuatro puntos cardinales no vuelve a aparecer en ninguna parte. Es el mismo en ambos relatos de Reyes y Crónicas (véanse 1º R. 7:25; 2º Cr. 4:4, 5). ¿Por qué es así? ¿Es porque éste es el orden en el que el Evangelio sería después predicado por todo el mundo? Sea ésta la razón o no, queda el hecho de que el Evangelio fue predicado primero en el norte (Samaria, Damasco, Antioquía); luego en el oeste (Cesarea, Jope, Chipre, Corinto, Roma); luego en el sur (Alejandría y Egipto); luego en el este (Mesopotamia, Babilonia, Persia, India).

LAS GRANDES FIESTAS

eran tres: los Panes sin Levadura, las Semanas y los Tabernáculos (Dt. 16:16).

EL LIENZO

bajado a Pedro *tres* veces era la plenitud del testimonio en cuanto a la admisión de los gentiles en la Iglesia (Hch. 10:16).

EL ANTIGUO TESTAMENTO

presentaba un testimonio completo y perfecto en su división *tri*-partita: la Ley, los Profetas, los Salmos (Lc, 24:44).[1] Las mismas tres divisiones marcan su carácter hasta el día de hoy.

«DOS O TRES»

Así como el *tres* marca la plenitud y perfección del testimonio, así marca también el número de adoradores espirituales; y sugiere que los verdaderos adoradores espirituales serían siempre pocos.

PLENITUD DE GENTES

Sem, Cam y Jafet.
Abraham, Isaac y Jacob.
Gersón, Coat y Merari.

Saúl, Savid y Salomón.
Noé, Daniel y Job.
Sadrac, Mesac y Abd-nego.
Pedro, Jacobo y Juan, etc.

LA PLENITUD DE LA APOSTASÍA *(Judas 11)*

«El camino de Caín».
«El error de Balaam».
«La rebelión de Coré».

LA PLENITUD DEL JUICIO DIVINO *(Daniel 5:25-28)*

MENÉ. CONTÓ Dios tu reino, y le ha puesto fin.
TEKEL. Has sido PESADO en balanza, y fuiste hallado falto
   de peso.
PERES. Tu reino ha sido roto, y dado a los medos y a los
   persas.

LOS TRES GRANDES DONES DE LA GRACIA:

La Fe, la Esperanza y el Amor, repetidos cinco veces.

LA TRIPLE NATURALEZA DEL HOMBRE:

Espíritu, alma y cuerpo, siendo que el hombre no consiste de
ellos por separado, sino de los tres juntos.

LA TRIPLE NATURALEZA DE LA TENTACIÓN

(1ª Juan 2:16)

«Los deseos de la carne».
«La codicia de los ojos».
«La soberbia de la vida».

Estas tres cosas se ven en nuestros primeros padres, cuando
Eva vio (Gn. 3:6) que el árbol del Conocimiento del Bien y del
Mal era:

«Bueno para comer»,
«Agradable a los ojos»,
«Codiciable para alcanzar la sabiduría».

LA TRIPLE CORRUPCIÓN DE LA PALABRA DE DIOS

Quitando,
añadiendo, y
alterando.

Esto llevó al *primer pecado:*

(1) Dios había dicho: «De todo árbol del jardín podrás LIBREMENTE comer» (Gn. 2:16, V.M.). Al repetirlo, Eva omitió la palabra «libremente» (3:2), presentandio a Dios menos generoso de lo que era.

(2) Dios había dicho: «Mas del árbol de la ciencia del bien y del mal no comerás» (Gn. 2:17). Al repetir esto, Eva *añadió* las palabras «NI LE TOCARÉIS» (3:3), presentando a Dios como más severo de lo que era.

(3) Dios había dicho: «CIERTAMENTE morirás» (Gn. 3:17, מות תמות). Al repetir esto, Eva lo *alteró* a פן תמותון, «para que no muráis» (3:1), debilitando por ello la certidumbre de la amenaza divina a una contingencia.

No es de asombrarse que al tratar así con la Palabra de Dios diera oído a las palabras del Diablo y viniera a ser fácil presa de su astucia con la que la engañó.

¡No es de asombrarse tampoco que «el segundo hombre», «el postrer Adán», cuando se vio tentado por el mismo tentador, repitiera *tres* veces las palabras «escrito está»)!, como para llamar la atención a la ocasión de la Caída en la triple perversión de las palabras de Dios. «Escrito está», y yo no *omitiré* nada de ella; «Escrito está», y no *añadiré* nada a ella; «Escrito está», y nada *alteraré* de ella. Es digno de notar que ambas tentaciones comenzaron precisamente de la misma manera, con el Tentador poniendo en duda la Palabra de Jehová. En la primera diciendo: «¿Ha dicho Dios?» En la última diciendo, «Si eres el Hijo de Dios» (Mt. 4:3), cuando la voz desde el Cielo acababa de declarar: «Éste ES mi Hijo, el amado» (Mt. 3:17).

LOS TRES GRANDES ENEMIGOS DEL HOMBRE

son «el Mundo, la Carne y el Diablo»:

El Mundo se enfrenta al Padre (1ª Jn. 2:15, 16).
La Carne se enfrenta al Espíritu (Gá. 5:17).

El Diablo se enfrenta al Hijo (la Palabra Viviente, Mt. 4:1, etc., y 1ª Jn. 3:8; y la Palabra escrita, Jn. 8:44).

«PÍDEME»

Dios dio este mandato a tres personas:
A Salomón (1º R. 3:5).
A Acaz (Is. 7:11).
Y al Mesías (Sal. 2:9).

LAS TRES ORACIONES DE MARCOS 5

constituyen una lección divinamente perfecta en cuanto a la oración y su respuesta.

(1) La Legión de *demonios* hizo oración: «le ROGARON... diciendo: Envíanos a los cerdos para que entremos en ellos. Él les dio permiso» (vv. 12, 13).

(2) Los *gadarenos* hicieron oración: «Comenzaron a ROGARLE que se alejara de los confines de ellos» (v. 17). Jesús les concedió su petición, y se marchó en el acto (v. 18).

(3) Le hizo oración el hombre que acababa de recibir la maravillosa gracia y sanidad, que «le ROGABA que le dejara quedarse con él. Pero no se lo permitió» (vv. 18, 19).

De ello aprendemos la perfecta lección con respecto a la oración, que un *«No»* es una *respuesta* así como un *«Sí»;* y el «No» se da siempre como respuesta con la misma gracia omnipotente, infinita sabiduría y perfecto amor como el «Sí». Oímos mucho acerca de la «concreción en la oración». De manera bien cierta que el conocimiento de nuestra profunda ignorancia en cuanto a lo que es mejor y más sabio para nosotros, nos hará decir más concretamente que nunca, en las palabras de Aquel solo por medio de cuyos méritos la oración es escuchada en absoluto: «Hágase tu voluntad».

TRES COSAS PREDICADAS DE DIOS

(En el Evangelio de Juan y en las Epístolas)

«Dios es amor» (1ª Jn. 4:8, 16). Por ello, debemos «andar en amor» (Ef. 5:2).

«Dios es espíritu» (Jn. 4:24). Somos exhortados: «andad en el Espíritu» (Gá. 5:16).

«Dios es luz»[2] (1ª Jn. 1:5). Se nos da la exhortación: «andad como hijos de luz» (Éf. 5:8).

Hay multitudes de grupos de *tres* o tríadas, y en cada caso se muestra la misma perfección y plenitud divina allí donde se encuentren.

APOCALIPSIS 1

La primera sección, o sección introductoria, del Apocalipsis de Jesucristo, queda especialmente marcada por este gran sello divino puesto sobre él en el capítulo 1.

v. 1. Esta Revelación es:
>   Divinamente *dada,*
>   Divinamente *enviada,*
>   Divinamente *significada.*

v. 2. Juan dio testimonio de:
>   La divina «Palabra de Dios».
>   El divino testimonio («el testimonio de Jesucristo»).
>   La visión divina («todas las cosas que vio»).

v. 3. La bendición divina sobre:
>   El lector,
>   El oyente, y
>   El que guarda lo aquí escrito.

vv. 4 y 8. El Ser Divino:
>   Que es,
>   Y que era,
>   Y que ha de venir.

v. 5. El venidero Señor es presentado como:
>   El Divino Profeta («el testigo fiel»).
>   El Divino Sacerdote («el primogénito de los muertos»).
>   El Divino Rey («el soberano de los reyes de la tierra»).

vv. 5 y 6. Su pueblo es divinamente:
Amado,
Liberado, y
Coronado.

vv. 17, 18. Cristo es presentado como:
«El primero y el último» (Divinamente eterno).
El que vive y estuvo muerto (Divinamente viviente).
El omnipotente (Divinamente poderoso).

v. 19. La Revelación Divina:
Las cosas que has visto,
Las que son, y
Las que han de ser después de ésta.

PALABRAS QUE APARECEN TRES VECES

Éstas se refieren también en varias maneras a alguna cuestión divinamente perfecta. Adjuntamos unos pocos ejemplos, que pueden ser estudiados a fin de ver qué lecciones encierran.

אדר *(ah-dar)*, glorioso, Éx. 15:6, 11; Is. 42:21.

אפסי *(aph-see)*, al lado de mí, Is. 47:8, 10; Sof. 2:15.

גמלה *(g'mu-läh)*, recompensa, 2º S. 19:36; Is. 59:19; Jer. 51:56.

נכה *(nah-cheh)*, cojo, 2º S. 4:4; 9:3; contrito, Is. 56:2.

עתיק *(at-tik)*, antiguo, Dn. 7:9, 13, 22.

רפאות *(r'phu-oth)*, medicinas, Jer. 30:13; 46:11; Ez. 30:21.

ἀββᾶ (abba), Padre, Mr. 14:36; Ro. 8:15; Gá. 4:6.

αἱρέομαι (haireomai), escoger, Fil. 1:22; 2ª Ts. 2:13; He. 11:25.

ἀπόκρυφος (apokruphos), oculto, Lc. 8:17; Col. 2:3; en secreto, Mr. 4:22.

ἀποφθέγγομαι (apophthengomai), pronunciar, Hch. 26:25; dar expresión, Hch. 2:4; decir, 2:14.

ἀχειροποίητος (acheiropoiëtos), hecho sin manos, Mr. 14:58; 2ª Co. 5:1; Col. 2:11.

εὐωδία (euödia), grato olor, 2ª Co. 2:15; Ef. 5:2; Fil. 4:18.

κατευθύνω (kateuthunö), guiar o dirigir, Lc. 1:70; 1ª Ts. 3:11; 2ª Ts. 3:5.

μορφή (morphë), forma, Mr. 16:12; Fil. 2:6, 7.

FRASES QUE APARECEN TRES VECES

Éstas son similarmente significativas.

«Desde antes de la fundación del mundo» (πρὸ καταβολῆς κόσμου)

Juan 17:24. «Me has amado desde antes», etc.

Ef. 1:4. «Según nos escogió en él antes», etc.

1ª P. 1:20. «Ya provisto [Cristo, como Cordero] desde antes de», etc. (cuando hace referencia a Su sangre como «derramada», la preposición no es πρό, sino ἀπό, *desde* la fundación, etc.).

Esta frase aparece tres veces, porque es el acto de la Deidad, y brota de una gracia carente de influencias externas.

Sin embargo, cuando tales actos se relacionan con Su obra *en* nosotros en lugar de *por* nosotros, las palabras, incluso en una relación similar, aparecen *siete* veces, porque *siete* es el número de la perfección *espiritual.* De ahí que la frase «desde (ἀπό) la fundación del mundo» aparezca *siete* veces. (Véase acerca de *Siete.*)

«Andad como es digno» (περιπατεῖν ἀξίως, *peripatein axiös*),
andad dignamente

Esta frase aparece tres veces, como la demanda divina y perfecta acerca de nuestro andar.

«Andad dignamente»:
De vuestra vocación (Ef. 4:1).
Del Señor (Col. 1:10),
De Dios (1ª Ts. 2:12).

LAS TRIPLES COMBINACIONES DE UN NÚMERO

denotan la esencia de dicho número, expresándose así la concentración de la significación del número.

444 es la gematría o número de la palabra «DAMASCO», la más antigua ciudad del mundo, siendo *cuatro* el número del mundo. (Véase acerca de *Cuatro.*)

666 es el número del *hombre,* y simboliza adecuadamente, por tanto, la esencia de la sabiduría humana, y también de su imperfección. (Véase más acerca de *Seis* y «666».)

888 es el número o gematría del número «JESÚS». (Véase acerca de *Ocho.*)

999 es el número relacionado con el *juicio,* y de ahí que el valor numérico de la frase τῇ ὀργῇ μου *(të orgë mou), mi ira,* sea 999. El mismo número se destaca mucho en el juicio sobre Sodoma. (Véase más acerca de *Nueve.*)

EL TALMUD

tiene muchas referencias, entre otros, al número *tres.* Los rabinos decían que había

Tres cosas que Moisés pidió a Dios

(1) Que la Shekiná reposara sobre Israel.
(2) Que no reposara sobre nadie más que Israel.
(3) Que los caminos de Dios le fueran dados a conocer.

(Beracheth, fol. 7, col. 1).

Tres preciosos dones fueron concedidos a Israel

(1) La Ley.
(2) La Tierra.
(3) El Mundo venidero (esto es, el Llamamiento Celestial).

Tres hombres

transmitieron la antigua sabiduría y los secretos divinos, esto es, Adán, Set y Enoc.

Aparte de lo que pueda opinarse de lo anterior, no puede dudarse que en el empleo invariable del número *tres* en la Palabra de Dios tenemos aquello que significa la perfección divina.

NOTAS

1. Véase *The Names and Order of the Books of the Old Testament (Los nombres y orden de los libros del Antiguo Testamento)*, por este mismo autor.

2. La luz, como Dios, es triple. Tiene tres grandes rayos:

El rayo *calorífico* (rojo), que se siente, pero no se ve, y que da testimonio del Padre, a quien «nadie le ha visto jamás» (Jn. 21:18; 1ª Jn. 4:12).

El rayo de *luz* (amarillo), que es visto, no sentido, dando testimonio de Jesús, que «dio a conocer al Padre» (Jn. 1:18; 12:45; 14:9; Col. 1:15; He. 1:3).

El rayo *actínico* o químico (azul), que ni se ve ni se siente, pero cuya presencia es revelada por sus efectos en una *acción* química, que produce cambios, como en la fotografía. Éste da testimonio del Esopíritu Santo, que es conocido por Sus maravillosas operaciones (Jn. 3:8).

CUATRO

Hemos visto que *tres* significa la perfección divina, con especial referencia a la Trinidad: El Padre, *uno* en soberanía; el Hijo, la *segunda* persona, en encarnación y salvación, librando de todo enemigo; el Espíritu Santo, la *tercera* persona, realizando en y para nosotros cosas divinas.

Ahora bien, el número *cuatro* está compuesto por tres y uno (3 + 1), denotando y señalando, por tanto, aquello que sigue a la creación de Dios en la Trinidad, esto es, *Sus obras creativas*. Es conocido por las cosas que son vistas. Por ello la revelación escrita comienza con las palabras «En-el-principio Dios CREÓ». La creación es por ello la cosa siguiente –la *cuarta* cosa, y el número *cuatro* tiene siempre referencia a todo lo que es *creado*–. Es enfáticamente el *número de la Creación*; del hombre en su relación con el mundo como creado; mientras que *seis* es el número del hombre en su oposición a / e independencia de Dios. Es el número de las cosas que tienen un comienzo, de las cosas que son hechas, de las cosas materiales, y de la materia misma. Es el número de *plenitud material*. Por ello es el *número del mundo*, especialmente el número de la «ciudad».

El *cuarto* día vio el acabamiento de la *creación material* (porque en los días *quinto* y *sexto* hubo sólo el equipamiento y poblamiento de la tierra con los seres vivientes). El sol, la luna y las estrellas remataron la obra, y fueron puestos para dar luz sobre la tierra que había sido creada, y para regir sobre el día y sobre la noche (Gn. 1:14-19).

Cuatro es el número de los grandes elementos: la tierra, el aire, el fuego y el agua.

Cuatro son las regiones de la tierra: el norte, el sur, el este y el oeste.

Cuatro son las divisiones del día: mañana, mediodía, tarde y medianoche. O, en palabras de nuestro Señor, cuando Él se refiere a Su venida en el atardecer, la medianoche, el canto del gallo, o en la madrugada (Mr. 13:35). Nunca debemos alejar Su venida en nuestras mentes más allá de la madrugada de mañana.

Cuatro son las estaciones del año: primavera, verano, otoño e invierno.

Cuatro son las grandes variaciones de las fases lunares. En Gn. 2:10, 11, el río del Edén se dividía, y venía a tener *cuatro* brazos, y «el cuarto río es el Eufrates». Aquí, como sucede en tantas ocasiones, el cuarto está constituido por 3 + 1. Porque tres de estos ríos no poseen sus nombres, mientras que *uno* sigue siendo conocido por su nombre original de «Eufrates».

Cuatro es asimismo indicativo de *división*. Porque el río se *«repartía»*. Es el primer número que no es «primo», el primero *que puede ser* «dividido». Es también el primer número *cuadrado*, y por ello señala una clase de *plenitud* también, que hemos llamado *«plenitud material»*.

En el siguiente capítulo (Gn. 3:22-24) los querubines son mencionados por vez primera. Éstos son *cuatro*, y tienen que ver siempre con la *creación*. Son vistos aquí por primera vez, guardando, esto es, custodiando (Gn. 2:15), el árbol de Vida, y preservando así la bendita esperanza de inmortalidad para la creación. Son vistos a continuación en conexión con la expiación, exponiendo la única base sobre la que la creación puede esperar el fin de su gemir. Son vistos sobre el velo y sobre el propiciatorio, ligando la esperanza de la creación con Aquel que es llamado «la Esperanza de Israel». Así que no hay esperanza para la creación que gime aparte de la expiación, aparte de Cristo, ni aparte de Israel. En Apocalipsis los mismos cuatro querubines reciben el nombre *Σωα*, «los seres vivientes» (Ap. 4). Éstos anuncian a Aquel que ha de venir; cantan de la *creación* y de Aquel que creó todas las cosas, y por cuya voluntad fueron creadas (Ap. 4:11). Siempre que hablan es en relación con la tierra. Llaman y anuncian los juicios o plagas (Ap. 6) que resultan en la expulsión del Usurpador de la tierra, y en la destrucción de aquellos que destruyen la tierra, y en la exaltación y entronización del Señor cuando todos los reinos del mundo pasan a ser el reino de nuestro Señor y de Su Ungido, y cuando el Señor Dios omnipotente reina.

Es por esto que estas cuatro formas querúbicas fueron puestas en los signos del Zodíaco, y puestas de tal forma que lo dividen en *cuatro* partes iguales, uniendo así en uno los doce signos que exponen la esperanza bienaventurada de una creación gimiente, que espera la venida de la Prometida Simiente de la mujer que aplaste la cabeza de la serpiente e introduzca la bendición universal.[1]

Son las *cuatro* cabezas de la creación animal: el león, de las fieras; el buey, de las domésticas; el águila, de las aves, y el hombre, la cabeza de toda. Una vez más vemos el *cuatro* dividido entre 3 + 1: tres animales y un humano.

Marcan el propósito de Dios desde el momento en que fue pronunciada la maldición, y son prenda de que un día será quitada.

Hay otra característica que marca a los querubines de todo lo demás. No son divinos, porque nunca son adorados, y toda semejanza de Dios estaba prohibida; además, la Deidad es presentada al mismo tiempo que ellos, porque están relacionados con Su trono. Se distinguen de los ángeles, y nunca son enviados con misiones. Se distinguen de la Iglesia en Ap. 5:9, 10, pasaje que se supone que demuestra su identidad con ella, porque en el v. 9 la palabra «nos» debería ser omitida, siguiendo a Lachmann, Tischendorf, Alford, Westcott y Hort, y la Versión Revisada inglesa [tal como sucede en las versiones castellanas V.M. y BAS], mientras que las palabras «nos» y «reinaremos» en el versículo 10 deberían ser «los» y «reinarán» (siguiendo *todas* las autoridades textuales y antiguas), leyéndose como en la BAS, p.e.: «Fuiste inmolado, y con tu sangre compraste para Dios a *gente* de toda tribu, lengua, pueblo y nación.[2] Y los has hecho un reino y sacerdotes para nuestro Dios; y reinarán sobre la tierra».

Por ello, el hecho de que las criaturas vivientes sean *cuatro* (y no otro número) las marca como conectadas con la *Creación*, y como representación simbólica de que su esperanza de liberación de la maldición está ligada con el derramamiento de sangre del Redentor que ha de venir.

LA DIVISIÓN CUATRIPARTITA DE LA HUMANIDAD

En Génesis 10, «las generaciones de los hijos de Noé» (RV) quedan comprendidas en una cuádruple descripción. Aunque se varíe el orden, se preserva el número:

Versículo 5.	costas,	lengua,	familias, naciones.
Versículo 20.	familias,	lenguas,	tierras, naciones.
Versículo 31.	familias,	lenguas,	tierras, naciones.

En Apocalipsis se dan siete descripciones similares, y aunque no hay dos iguales, sin embargo se preserva el número cuatro. Véase Ap. 5:9; 7:9; 10:11; 13:7;[3] 14:6; 17:15.

Las *tres* en Génesis y *siete* en Apocalipsis dan un total de *diez* descripciones así, que es el número de la perfección ordinal.

LOS GRANDES PODERES MUNDIALES PROFÉTICOS

son cuatro, y están repartidos entre 3 y 1, distribución en la que el uno se destaca en marcado contraste de los otros tres. Las tres primeras bestias fieras son *nombradas* (león, oso, leopardo), mientras que la *cuarta* es sólo descrita, pero no nombrada (7:7, 23).

Así, en la imagen del sueño de Nabucodonosor *tres* de los componentes son metales; y *uno* es ¡una mezcla de metal y barro!

En Dn. 7:2, 3 leemos: «Los CUATRO vientos del cielo COMBATÍAN en la gran mar, y CUATRO bestias grandes, diferentes la una de la otra, subían de la mar». ¡Así es la historia del poder humano en el mundo: *lucha* y *división!*

Tan pronto como la humanidad se *dividió* en Gn. 10, Abraham fue llamado fuera de ello para andar con Dios (Gn. 11, 12). Pero pronto descubre que se trata de un mundo de luchas y enemistad, porque Gn. 14 comienza con los nombres de *cuatro* reyes, y éstos «hicieron guerra» con otros *cinco* que son nombrados después.

EL CUARTO LIBRO

de la Biblia es Números. En hebreo es llamado *B'Midbar,* esto es, *el Desierto.* La gematría de *B'Midbar* es 248 (4 x 62).

Se relaciona con la tierra, que es un desierto comparado con el cielo, y con nuestra peregrinación a través de él. Habla de Meriba y de las *contiendas* (20:13), y registra la historia de las murmuraciones, rebeliones y peregrinaciones.

EL CUARTO LIBRO DE LOS SALMOS

es el Libro del Desierto.[4] El primer Salmo es la «Oración de Moisés, varón de Dios» –el hombre del desierto–. Todas sus ilustraciones y metáforas, etc., son tomadas de la *tierra,* y este cuarto libro expone los consejos y propósitos de Jehová en relación con la *tierra* (véanse Salmos 90-106).

En el *Primer Libro de los Salmos* (1-41), el *cuarto* Salmo tiene que ver con la tierra.[5] Habla de cómo no hay nada en ella que dé satisfacción; que aparte de Dios no puede haber verdadera prosperidad en la tierra.

«Muchos son los que dicen: Quién nos mostrará el bien?
Alza sobre nosotros, oh Jehová, la luz de tu rostro.
Tú diste alegría a mi corazón
Mayor que la de ellos cuando abundan en grano y en mosto».
(Sal. 4:6, 7)

Podemos notar también los *cuartos* Salmos de los otros libros de los Salmos: el Sal. 45 (el *cuarto* del segundo libro), el Sal. 76 (el *cuarto* del tercer libro), el Sal. 93 (el *cuarto* del cuarto libro), y el Sal. 110 (el *cuarto* del quinto libro). Todos éstos hablan de Dominio en la tierra, y hablan del venidero reino del Rey y Señor con verdadero derecho a reinar sobre la tierra.

El *cuarto* mandamiento es el primero que hace referencia a la tierra.

La *cuarta* cláusula en la Oración del Señor es la primera que hace mención de la tierra.

CUATRO EN CONTRASTE A SIETE

Siete marca todo con perfección *espiritual*, porque es el número del cielo, y por ello presenta contraste con la tierra. Por ello, cuando en Ap. 5:12 la multitud celestial pronuncia su alabanza, da la alabanza con una bendición *séptuple*, diciendo:

«El Cordero que ha sido inmolado es digno de tomar [1] el poder, [2] las riquezas, [3] la sabiduría, [4] la fortaleza, [5] el honor, [6] la gloria y [7] la alabanza».

Mientras que en el v. 13, cuando los seres terrenos creados alaban –las criaturas que están «sobre la tierra, y debajo de la tierra, y en el mar, y a todas las cosas que en ellos están»–, cuando éstos se unen en *su* adscripción, ésta es sólo cuádruple: «Al que está sentado en el trono sea [1] la alabanza, [2] el honor, [3] la gloria y [4] el dominio, por los siglos de los siglos».

LA MUERTE Y LA VIDA DE CRISTO

son exhibidas mediante un tipo y registro *cuádruples*.
Su muerte. Las cuatro grandes ofrendas (Sal. 40:6).[6]

>   a | «Sacrificios (ofrendas de paz) y ofrendas (oblaciones)
> | no te agradaron;
>   b | has horadado mis orejas.
>   a | «No deseabas holocaustos ni expiación.
>   b | Entonces dije: Aquí estoy», etc.

En los cuatro evangelios tenemos el registro de Su vida y obediencia hasta la muerte. Y están distribuidos como 3 + 1, siendo *tres* similares, y por ello llamados «Sinópticos», mientras que el *cuarto* se levanta solitario, escrito después que las Iglesias hubieran todas fracasado, y presentando a Cristo no meramente como ofrecido y rechazado por Israel, sino como el uno y único centro de unión y unidad después de Su rechazamiento, y en medio de todo el fracaso, confusión y corrupción.

LAS SIETE PARÁBOLAS DE MATEO 13[7]

se distribuyen entre *cuatro* y *tres;* y en tanto que las *tres* son pronunciadas dentro de la casa (v. 36) a los discípulos, y revelan verdad *esotérica* (o interna explicativa), las *cuatro* se relacionan con verdad *exotérica,* y tratan del aspecto externo de las cosas en relación con el *mundo,* y por ello fueron dichas fuera de la casa (v. 1).

Pero es como compuesto por

Tres MÁS *uno*

que vemos las más claras ilustraciones del significado ideal del número *cuatro,* donde el «uno» marca una *elección fuera de la tierra.*

De las cuatro grandes ofrendas, tres estaban conectadas con sangre y vida, mientras que *una* era de harina.

La oblación (de flor de harina, Lv. 2) era o bien cocida de *tres* maneras (al horno, en sartén o en cazuela), o no era cocida.

La ofrenda por el pecado (Lv. 4) era ofrecida por *tres* clases de individuos:

Por el sacerdote ungido (v. 3),
Por el jefe (v. 22),
Por un hombre del pueblo (v. 27),

o por toda la congregación a *una* (v. 13).

Los materiales del Tabernáculo eran *cuatro,* tres de ellos metales (oro, plata, bronce), y *uno* no metálico (madera).

Las cubiertas del Tabernáculo eran *cuatro: tres* de animales (pelos de cabra, pieles de carneros y pieles de tejones[8]), y *una* vegetal (lino fino).

Los ornamentos de las cortinas eran *cuatro,* y *tres* de ellos eran *colores* (azul, púrpura y escarlata), mientras que *uno* era un diseño (los querubnes).

Los sacerdotes y levitas pertenecían a *cuatro* órdenes o personas: *uno* era el de Aarón y sus hijos (los aaronitas); los otros *tres* eran los hijos de Gersón, Coat y Merari (levitas).

El maná (Éx. 16:14, 31) tiene una *cuádruple* descripción, *tres* de ellas refiriéndose a la apariencia (pequeño, blanco, redondo) y *una* al sabor (dulce).

De los cuatro animales prohibidos o inmundos, tres rumiaban, pero no tenían la pezuña hendida (el camello, la liebre y el conejo); mientras que *uno* tenía la pezuña hendida, pero no rumiaba (el cerdo); y así el cerdo está en marcado contraste con los otros tres.

De las cuatro Casas de Dios (esto es, levantadas por voluntad de Dios) en la tierra, *tres* fueron o serán materiales, esto es, el Tabernáculo, el Templo (el de Salomón), y el de Ezequiel; mientras que *una* es una casa espiritual (1ª P. 2:5).

Cuatro casas fueron edificadas por Salomón: tres para sí mismo, su propia casa (1º R. 7:1), la casa del bosque del Líbano (v. 2), y la casa de la hija de Faraón (v. 8), mientras que *una* fue la Casa de Jehová (1º R. 6:37).

Los cuatro terribles juicios de Dios sobre la tierra (Ez. 14:21)*:* tres son inanimados (la espada, el hambre y la pestilencia), mientras que *uno* es animado (las fieras).

En Jer. 15:3 siguen siendo *cuatro*, pero *tres* son animados (perros, aves y bestias), y *uno* es inanimado (la espada).

De las cuatro clases de carne en 1ª Co. 15:39, *tres* son animales (bestias, aves y peces), mientras que *una* es humana (el hombre).

Las cuatro glorias de 1ª Co. 15:40, 41: *tres* son celestiales y se detallan (el sol, la luna y las estrellas), mientras que *una* no es detallada y es terrenal.

El cuerpo es sembrado y resucitado (1ª Co. 15:42-44) de *tres* maneras que se relacionan con la corruptibilidad:

> sembrado «en corrupción, resucitará en incorrupción»;
> sembrado «en deshonor, resucitará en gloria»;
> sembrado «en debilidad, resucitará en poder»;

mientras que en la *una*, «se siembra cuerpo natural, resucitará cuerpo espiritual».

En la parábola del sembrador (Mt. 13) los tipos de tierra son cuatro; pero *tres* están caracterizados como siendo semejantes en contraste al *uno* (esto es, al lado del camino, la tierra pedregosa, y los espinos). ¡Éstos carecen de *preparación!* La esencia de la parábola reside en esto. Reduce los cuatro terrenos a dos, y confirma lo que se dice de las *dos religiones* en las pp. 110-112.

En la bienvenida del Hijo Pródigo (Lc. 15), *tres cosas* eran materiales (el vestido, el anillo y el calzado), mientras que *una* era moral (el beso).

«Los Setenta» salieron con una cuádruple prohibición (Lc. 10:4), de las que *tres* estaban relacionadas con asuntos (no llevar bolsa, alforja ni calzado) mientras que *una* se relacionaba con la acción («no saludéis a nadie por el camino»).

El cuádruple testimonio de Dios en la tierra (He. 2:4): *tres* son impersonales (señales, prodigios y milagros), y *uno* es personal (los dones del Espíritu Santo).

GRUPOS DE CUATRO PERSONAS

Los *cuatro* del Libro de Job:
Elifaz, Bildad, Zofar (amigos) y Eliú (mediador).

Los hijos de Lamec:
Jubal, Jabal, Tubal-Caín (hijos) y Naama (hija).

Los *cuatro* encadenados con bronce:
Sansón (Jue. 16:21) ... ...⎫
Joaquín (2º Cr. 36:6) ... ...⎬ no liberado
Sedequías (2º R. 25:7; Jer. 52:11 y 39:7) ⎭
Manasés (2º Cr. 33:11) ... ... liberado

Los *cuatro* cuyos nombres fueron cambiados:
Abram (Gn. 27:5) ... ...⎫
Sarai (Gn. 27:15) ... ...⎬ en bendición
Jacob (35:10; 32:28 ... ...⎭
Pasur (Jer. 20:3) ... ... en juicio

Cuatro profetisas del Antiguo Testamento:
Miriam (Éx. 15:20) ... ...⎫
Débora (Jue. 4:4) ... ...⎬ buenas
Hulda (2º R. 22:14)... ... ...⎭
Noadías (Neh. 6:14) ... ... mala

Los *cuatro* jóvenes del Libro de Daniel:
Daniel   ...   .   solo
Sadrac   ...   .⎤
Mesac   ...   . ⎬ juntos
Abed-nego ...   .⎦

Los *cuatro* en el horno de fuego ardiendo:
Sadrac   ...   .⎤
Mesac   ...   . ⎬ humanos
Abed-nego ...   .⎦
El Hijo de Dios   ...   ...   espiritual.[9]

Los *cuatro* reyes nombrados en Daniel:
Nabucodonosor (1-4)
Belsasar (5)
Darío (6), «el medo» (v. 31)
Ciro (6:28; 10:1), «el persa».

Las *cuatro* mujeres de la genealogía del Señor (Mt. 1):
Tamar (Gn. 38:27, etc.; Mt. 1:3).
Rahab (Rt. 4:20; Mt. 1:5).
Rut (Rt. 4:13, 14; Mt. 1:5).
La mujer de Urías (2º S. 12:24; Mt. 1:6).

Cuatro nombres de Satanás en Ap. 20:2:
El Dragón (rebelde y apóstata).
La Serpiente Antigua (seductor).
El Diablo (acusador).
Satanás (personal).

El testimonio *cuádruple* evidenciando la incapacidad de la Naturaleza para encontrar sabiduría (Job 28:7, 8):
El ave de presa.
El ojo del buitre.
Los cachorros de león.
El león fiero.

Cuatro cosas son «pequeñas y sabias»[10] (Pr. 30:24-28):
La hormiga.
El damán.
La langosta.
La araña.

El altar de bronce que exponía el juicio divino tenía *cuatro* lados, y tenía cuatro cuernos. Lo mismo sucedía con el altar de oro.

El campamento era también cuadrado *(cuatro* lados).

El arco iris, que tiene una especial referencia a la tierra y a su juicio, es mencionado *cuatro* veces: dos en el Antiguo Testamento (Gn. 9 y Ez. 1:28) y dos veces en el Nuevo Testamento (Ap. 4:3; 10:1).

La plenitud de bendición material en la tierra se describe en Is. 60:17:
En vez de bronce traeré oro,
Y por hierro, plata,
Y por madera bronce,
Y en lugar de piedras hierro.

La esfera del sufrimiento es *cuádruple* en 2^a Co. 4:8, 9:
Atribulados, mas no estrechados.
En apuros, mas no desesperados.
Perseguidos, mas no desamparados.
Derribados, pero no destruidos.

La profecía de Zacarías que tiene una especial referencia a la tierra:
En el cap. 1 tenemos los *cuatro* cuernos de los poderes gentiles, y los *cuatro* obreros para derribarlos.
En el cap. 6 tenemos los *cuatro* carros con caballos de *cuatro* colores, significando los espíritus de los cielos actuando por Dios en medio de los *cuatro* poderes gentiles.

GEMATRÍA

Éste es un tema demasiado vasto para poderlo tratar aquí, pero es sumamente significativo que conseguimos el número *cuatro* en su forma concentrada en conexión con דמשק, DAMASCO, la más antigua ciudad del mundo. El número de su nombre es 444, así:

$$
\left.\begin{array}{r}
ר = 4 \\
מ = 40 \\
ש = 300 \\
ק = 100
\end{array}\right\} 444
$$

Este nombre aparece 39 veces, esto es, 3 x 13, para cuya significación ver acerca del número *Trece.*

PALABRAS QUE APARECEN CUATRO VECES

Éstas participan también de la misma significación. Damos unas pocas desde el comienzo del alfabeto, y un cuidadoso estudio de las mismas y de otras proveerá una información sumamente interesante e instructiva:

אבדה *(avëh-däh)*, «cosa perdida», Éx. 22:9; Lv. 6:3, 4; Dt. 22:3.

גבה *(gah-vah)*, «mirada alta u orgullosa», Sal. 101:5; Pr. 16:5; Ec. 7:8; Ez. 31:3.

גנה *(gin-nah)*, «jardín», Est. 1:5; 7:7, 8; Cnt. 6:11.

דגל *(dah-gal)*, «banderas», Sal. 20:6; Cnt. 5:10; 6:4, 10.

דך *(dack)*, «oprimido o afligido», Sal. 9:9; 10:18; 74:21; Pr. 26:28.

חרבה *(chah-rah-vah)*, «tierra seca», 8 veces (2 x 4).

חרש *(cheh-resh)*, «artesanos», Jos. 2:1 («secretamente», esto es, como artesanos), 1º Cr. 4:14, «artífices»; Neh. 11:35; Is. 3:3 («artífice» RV).

משכרת *(mas-koh-reth)*, «salario», Gn. 29:15; 31:7, 41; «remuneración», Rt. 2:12.[11]

נסח *(nah-sach)*, «arrancados», Dt. 28:63; «arrancar», Sal. 52:5; «desarraigados», Pr. 2:22; «asolar», 15:25.

נצר *(neh-tzer)*, «rama», Is. 11:1; 14:19; 60:21; Dn. 11:7.

נשא *(nah-shah)*, «estar en deuda», 1º S. 22:2; Neh. 5:7; Sal. 89:22; Is. 24:2.

ἄγνοια *(agnoia)*, «ignorancia», Hch. 3:17; 17:30; Ef. 4:18; 1ª P. 1:14.

ἀγρυπνέω *(agrupneö)*, «velar», Mr. 13:33; Lc. 21:36; Ef. 6:18; He. 13:17.

αἴτιον *(aition)*, «falta», Lc. 23:4, 14, 22; Hch. 19:40.

ἀμνός *(amnos)*, «Cordero», Jn. 1:29, 36; Hch. 8:32; 1ª P. 1:19.

ἄνθος *(anthos)*, «flor», Stg. 1:10, 11; 1ª P. 1:24 (dos veces).

ἀστήρ *(astër)*, «estrella», 24 veces (4 x 6).[12]

ἄστρον *(astron)*, «estrella», Lc. 21:25; Hch. 7:43; 27:20; He. 11:12.

ἀποστολή *(apostolë)*, «apostolado», Hch., 1:25; Ro. 1:5; 1ª Co. 9:2; Gá. 2:8.

NOTAS

1. Véase la obra *El Testimonio de las Estrellas* (CLIE, Terrassa 1981), por el mismo autor.

2. Nótese la *cuádruple* descripción.

3. En alguna versión, como la Autorizada inglesa, aparecen sólo *tres*, pero las versiones apoyadas en textos críticos, junto con Griesbach, Lachmann, Tischendorf, Tregelles, Alford, Westcott y Hort, dan καὶ λαὸν *(kai laon), pueblo*, con lo que hay *cuatro*.

4. Véase *A Key to the Psalms*, Appendix *(Clave a los Salmos*, Apéndice), del mismo autor.

5. El *primer* Salmo habla del Génesis y de los consejos de Dios para el hombre. El *segundo* habla del Éxodo y de la liberación de la mano del enemigo. El *tercero* habla de Levítico –de que la Salvación es del Señor, y de cómo Su bendición puede ser dada a Su pueblo.

6. Aquí la estructura alternada muestra que «b» y «*b*» se relacionan con la obediencia de Cristo como la quinta gran ofrenda a la que señalaban las *cuatro*.

7. Véase *The Kingdom and the Church*, por el mismo autor.

8. Nunca se conocieron los tejones tan al sur como Palestina. La palabra שחת *(Tachash)* es una palabra de sentido incierto, pero se refiere a un animal cuyas pieles fueron empleadas (Éx. 25:5; 26:14; Nm. 4:6, 8, etc.). Las antiguas versiones lo entienden como un *color* (LXX, Cald. Siríaca, como *roja*; árabe como *negro*). Es probable que se tratara de las pieles rojas u oscuras de los animales sacrificiales más grandes; los dos animales sacrificiales más pequeños mencionados son las cabras y los carneros.

9. No hay artículo. Es, literalmente, «un hijo de Dios», esto es, un ángel.

10. Véase *Sunday School Lessons*, First series *(Lecciones de Escuela Dominical*, Primera serie), pp. 37-40, por el mismo autor.

11. Pero «don» aparece cinco veces.

12. Las dos palabras juntas aparecen 28 veces (4 x 7).

CINCO

Cinco es cuatro *más* uno (4 + 1). Hasta ahora hemos visto las tres personas de la Deidad, y su manifestación en la creación. Ahora tenemos una adicional revelación de un pueblo llamado aparte de la humanidad, redimido y salvado, para caminar con Dios desde la tierra al cielo. Así, la Redención sigue a la creación. Por cuanto como a consecuencia de la caída del hombre la creación cayó bajo la maldición y fue «sujetada a vanidad», por ello el hombre y la creación han de ser redimidos. Así, tenemos:

1. Padre.
2. Hijo.
3. Espíritu.
4. Creación.
5. Redención.

Éstos son los cinco grandes misterios, y el *cinco* es por ello el número de la GRACIA.

Si el *cuatro* es el número del mundo, representa, por ello, la debilidad e impotencia del hombre, y su vanidad, como ya hemos visto.

Pero cuatro *más* uno (4 + 1 = 5) es significativo del poder divino añadido a/y perfeccionado en aquella debilidad; de la omnipotencia combinada con la impotencia de la tierra; del *favor* divino influenciado e invencible.

La palabra «la tierra» es ץראה (Ha-Eretz).

La gematría de esta palabra es 296, un múltiplo de *cuatro*; mientras que la palabra para «los cielos» es םימשה (Ha-shemayeem), cuya gematría es 395, un múltiplo de *cinco*.

La gematría de ἡ χάρις (gracia) es 725, un múltiplo del cuadrado de cinco (5^2 x 29).

El valor numérico de las palabras «Bástate mi gracia» ('Αρκεῖ σοι ἡ χάρις μου) es 1845, cuyos factores son 5 x 3^2 x 41. (Véanse las pp. 88, 89).

La gracia significa *favor*. Pero, ¿qué clase de favor? Porque hay varias clases de favores. Al favor mostrado a los *miserables* lo llamamos misericordia; el favor a los *pobres* lo llamamos piedad; el favor mostrado a los *sufrientes* lo llamamos compasión; el favor mostrado a los *obstinados* lo llamamos paciencia; pero ¡el favor mostrado a los *indignos* es el que conocemos como GRACIA! Esto es ciertamente favor; un favor verdaderamente divino en su origen y carácter. En Ro. 3:24 se da luz acerca de ello: «Siendo justificados gratuitamente por su gracia». La palabra aquí traducida «gratuitamente» vuelve a aparecer en Jn. 15:25, y se traduce «sin motivo» («me aborrecieron sin motivo»). ¿Había alguna causa verdadera cuando aborrecieron al Señor Jesús? ¡No, ninguna! Como tampoco hay motivo alguno por el que Dios tuviera que justificarnos. Así que podríamos leer Ro. 3:24 de esta manera: «Justificados sin motivo por Su gracia». Sí, esto es verdaderamente gracia: el favor mostrado a los indignos.

Así fue con Abram. ¡No había en él causa alguna por la que Dios hubiera de llamarlo y escogerlo! Ninguna causa había por la que Dios hubiera de hacer un pacto incondicional con él y con su simiente para siempre. Por ello, el número cinco queda como marca de este pacto, al hacer que sea hecho con *cinco* sacrificios: una becerra, una cabra, un carnero, una tórtola y un palomino (Gn. 15:9). Véanse las pp. 67, 127.

Es digno de mención también que después, cuando Dios cambió el nombre de Abram a Abraham (Gn. 17:5), el cambio fue hecho de manera muy sencilla pero muy significativa (porque en Dios no hay azar) insertando en medio del nombre la *quinta* letra del alfabeto, la ה (*hei*), el símbolo del número *cinco*, y אברם (Abram) pasó a ser אברהם, AbraHam (Gn. 17:5). Todo esto fue por *gracia*, y queda marcado con esta significación. Es digno de mención que este cambio tuvo lugar en un momento muy concreto. Fue cuando Abraham fue llamado a «andar delante de» Dios de una manera muy especial. Debía esperar la «simiente» prometida no de ninguna fuente terrena, y por ello debía «andar por fe, y no por vista». Fue en este momento que Dios se le reveló *por primera vez* por su nombre de EL SHADDAI, esto es, ¡el *todo abundante!* Poderoso para suplir a todas las necesidades de Abraham; capaz de suplir a todas sus necesidades; poderoso para hacer por él todo lo que precisara. ¡Cuánta gracia! ¡Cuán apropiado! ¡Cuánta perfección! Lo mismo tenemos en 2ª Co. 6:17, 18, cuando somos llamados, como lo fue Abraham, a «salir fuera»: «apartaos», y caminar por la fe con Dios. ¡Él se revela a sí mismo (por vez primera en el Nuevo Testamento) con el mismo maravilloso nombre: «Y vosotros me seréis por hijos e hijas, dice el Señor TODOPODEROSO»! –bien poderoso para sostenerte y sustentarte; capaz de suplir a todas tus necesidades. Esto es gracia.

EL QUINTO LIBRO DE LA BIBLIA (DEUTERONOMIO)

destaca la gracia de Dios, y en él se hace un especial esfuerzo, por así decirlo, para enfatizar el gran hecho de que no era por causa del pueblo, sino por causa del propio Nombre de Dios, que Él los había llamado, y escogido, y bendecido. Léase Dt. 4:7, 20, 32, 37; 8:11, 17, etc.

EL QUINTO LIBRO DE LOS SALMOS

establece el mismo gran hecho. Su primer Salmo (Sal. 107) magnifica este hecho, y expone cómo «Envió su palabra, y los sanó» (v. 20), y cómo una y otra vez los libró de todas sus angustias.

EL QUINTO SALMO DEL PRIMER LIBRO

tiene también una especial referencia al «FAVOR» o gracia de Dios con la que Él rodea a Su pueblo. Sal. 5:12: «Porque tú, oh Jehová, bendecirás al justo; como con un escudo lo rodearás (heb., *coronarás)* de tu favor».

EL REINO DE «PIEDRA»

será el *quinto* reino, sucediendo y abarcando los cuatro grandes poderes mundiales, absorbiendo todo dominio terreno, cuando los reinos de este mundo se conviertan en el reino de nuestro Señor y de Su Ungido, y Él reinará en gloria y gracia.

ISRAEL SALIÓ DE EGIPTO

de cinco en fondo. En Éx. 13:18 se traduce en la BAS: «en orden de batalla subieron los hijos de Israel de la tierra de Egipto», siendo el sentido exacto *de cinco en fondo,* חמשים, de חמש, *cinco.* Puede ser *en orden,* esto es, *por cincuentas,* como en 2ª R. 1:9 e Is. 3:5.[1] Lo que se trata es que salieron en perfecta debilidad; inermes e indefensos; *pero* eran invencibles gracias a la presencia de Jehová en medio de ellos.

«CINCO PIEDRAS LISAS DEL ARROYO»

fueron las que escogió David cuando fue a enfrentarse con el gigante enemigo de Israel (1º S. 17:40). Eran significativas de su propia perfecta debilidad suplementada con el poder de Dios. Y fue más fuerte en esta debilidad que en toda la armadura de Saúl. Es digno de mención que después de todo sólo empleó la *una*, no las *cuatro*. Aquella una piedra fue suficiente para vencer al más poderoso enemigo.

FUE EL QUINTO LIBRO

el que empleó el Hijo y Señor de David en Su conflicto con el gran enemigo, del que Goliat era una pobre sombra. Fue únicamente el Libro de Deuteronomio lo que constituyó la *una piedra* mediante la que Él derrotó al mismo Diablo (compárese Mt. 4:1-11 y Dt. 8:3; 6:13, 16). No es de maravillarse que este Libro de Deuteronomio sea objeto del odio de Satanás. «No es de extrañar» que en la actualidad sus ministros, «disfrazados de ministros de justicia» (2ª Co. 11:14, 15), estén dedicados al intento de demolición de este Libro de Deuteronomio con sus destructivas críticas. Pero sus trabajos son todos en vano, porque está marcado por el número que indica la omnipotencia del poder y de la gracia de Jehová.

LA PROMESA

«Cinco de vosotros perseguirán a ciento, y ciento de vosotros perseguirán a diez mil» (Lv. 26:8) comunica la verdad que se revela en otro pasaje: «Si Dios está por nosotros, perseguirán a ciento», sino «cinco ¿quién contra nosotros?» (Ro. 8:31). Pero notemos que no dice «cinco de VOSOTROS», –cinco de aquellos que han sido redimidos y libertados por Dios, y a los que Él fortalecerá con Su poder.

LA PREFERENCIA

«Prefiero hablar cinco palabras con mi entendimiento... que diez mil palabras en lenguas» (1ª Co. 14:19). Es decir, unas pocas palabras pronunciadas en el temor de Dios, en debilidad humana, en dependencia del poder y de la bendición de Dios, podrán ejecutar aquello que Dios se ha propuesto, mientras que un sinfín de palabras serán dichas en vano. El hombre puede aplaudir esto último y admirarse de la elocuencia de ellas. Pero Dios sólo reconocerá lo primero, y a ellas las seguirá con esta bendición, haciéndolas obrar eficazmente en los que creen (1ª Ts. 1:6; 2:13).

LA DEMANDA DE JEHOVÁ A FARAÓN

fue quíntuple en su naturaleza, porque constituía la expresión
de Su gracia en la liberación de Su pueblo. Por ello, suscitó cinco
objeciones diferentes de Faraón. La demanda de Jehová provino
puramente de Su propia y espontánea gracia. Nada le impulsaba
a ello; no la causaba ni la miseria ni los méritos de Israel. «Y oyó
Dios el gemido de ellos, y se acordó de su pacto con Abraham,
Isaac y Jacob. Y miró Dios a los hijos de Israel, y los reconoció
Dios» (Éx. 2:24, 25). No fue por el pacto de ellos con Dios, como
con Israel posteriormente en el Sinaí, sino que fue por el pacto
de Dios que ÉL había concertado con sus padres. Todo era de
gracia. Por ello, la demanda de Jehová a Faraón (en Éx. 5:1) iba
marcada por los *cinco* grandes hechos que abarcaba:

(1) **Jehová y Su Palabra.** —«Jehová el Dios de Israel dice así».
A esto se opuso la objeción de Faraón (v. 2): «¿Quién
es Jehová, para que yo oiga su voz?»

(2) **El pueblo de Jehová.** —«Deja ir a mi pueblo». A esto
Faraón objetó: «¿Quiénes son los que han de
ir?» (10:8-11). Moisés dijo: «Hemos de ir con nuestros niños y con nuestros viejos, con nuestros hijos
y con nuestras hijas; etc.» «No será así; id ahora
vosotros los varones» (10:11). Ésta fue la contesta-
ción del Faraón. En otras palabras, el pueblo de Dios
está compuesto por Sus *redimidos*; y el enemigo se
contentará si los padres van y sirven a Dios en el
desierto, ¡siempre y cuando dejen a sus pequeños
atrás en Egipto!

(3) **La demanda de Jehová.** —«Deja ir a mi pueblo». No, dijo
Faraón. «Andad, ofreced sacrificio a vuestro Dios en
la tierra» (8:25). Y muchos piensan hoy día que
pueden adorar en Egipto, pero Moisés dijo: «No
conviene que hagamos así» (8:26).

(4) **La Fiesta de Jehová.** —«A celebrarme fiesta». La objeción de Faraón fue (10:24): «Id, servid a Jehová; solamente queden vuestras ovejas y vuestras vacas».
¡Qué oposición más sutil! Pero fue perfecta la répli-

ca de Moisés (10:26): «No sabemos con qué hemos de servir a Jehová hasta que lleguemos allí». No podemos conocer la voluntad de Dios para nosotros hasta que estemos sobre el terreno de Dios. No recibiremos luz para el segundo paso hasta que hayamos empleado la luz que nos ha sido dada para el primero.

(5) **La separación de Jehová** —«En el desierto». Cuando Faraón se opuso a que se fueran en absoluto, y quiso que sirvieran a Dios «en la tierra», Moisés insistió en una separación «camino de tres días... por el desierto» (8:27). Tiene que darse una separación divinamente perfecta de los redimidos de Egipto y de todo lo que pertenece a ello. Véase p. 127.

Pero ahora la objeción de Faraón es más sutil. Les dice (8:28): «Yo os dejaré ir para que ofrezcáis sacrificios a Jehová vuestro Dios en el desierto, con tal que no vayáis más lejos». ¡Ah, cuántos ceden a esta tentación y se encuentran siempre en una cómoda cercanía del mundo! Viviendo en la zona fronteriza, siempre están expuestos a las seducciones del enemigo, y siempre en peligro de sus redes.

Contemplemos, pues, aquí, la perfección de la gracia, manifestada en la demanda de Jehová para aquellos a «los que ha redimido del poder del enemigo» (Sal. 107:2). Cada una de sus cinco partes fue tercamente resistida por el enemigo, pero la gracia de Jehová es invencible.

EL TABERNÁCULO

tenía el *cinco* como el número que lo impregnaba. Casi cada medición era un múltiplo de *cinco*. ¡Antes de mencionar estas mediciones deberíamos señalar que la adoración misma es toda de gracia! Nadie puede adorar excepto aquellos que son buscados y llamados por el Padre (Jn. 4:23). «Bienaventurado el que tú escoges y atraes a ti, para que habite en tus atrios; seremos saciados del bien de tu casa, de la santidad de tu templo» (Sal. 65:4).

El título divino del libro que llamamos Levítico es, en el

canon hebreo: «ÉL LLAMÓ». Es el libro del culto, exponiendo cómo aquellos que deben dar culto tienen que ser llamados por Dios, y exponiendo cómo quiere que se alleguen a Él. El libro comienza con la instrucción de que si alguien trae ofrenda a Jehová la traerá de tal y cual manera. Los oferentes y los sacerdotes reciben detalladas instrucciones acerca de todo lo que se debe hacer. No se deja nada a la imaginación de ellos.

Hemos visto que Levítico es el *tercer* libro de la Biblia. Nos viene marcado con el número de la perfección divina. Las palabras con que comienza son: «Habló Jehová», una expresión que en este libro aparece 36 veces ($3^2 \times 2^2$).[2]

Desde luego, este tercer libro es singular, consistiendo como consiste casi enteramente de las palabras de Jehová. Ningún otro libro de la Biblia está tan lleno de pronunciamientos divinos. Por ello, es adecuado que sea el número tres el que lo impregna.

«Yo Jehová» aparece 21 veces (3×7).[3]

«YO SOY JEHOVÁ VUESTRO DIOS» aparece 21 veces (3×7).[4]

«SOY YO JEHOVÁ» aparece tres veces (19:2; 20:6; 21:8) en relación con *ser santo*, mientras que «SOY YO JEHOVÁ» aparece dos veces en relación con la acción de santificarlos (21:15; 22:9), o *cinco* veces en total.

Aquí, pues, tenemos la divina comunicación, y el número de la Deidad impreso sobre ella. Esto hubiera podido ser expuesto en el número *Tres*, pero es bueno considerarlo aquí en relación con la adoración como brotando de la voluntad de Dios, y estando basada en la gracia.

El Tabernáculo tiene este número de la gracia *(cinco)* impreso en todo él.

El patio exterior tenía 100 codos de longitud y 50 de anchura. A cada lado se levantaban 20 columnas, y en cada extremo había otras 10, haciendo un total de 60; esto es, 5 x 12, o la gracia exhibida en gobierno ante el mundo, siendo 12 el número de las tribus.

Las columnas que sostenían las cortinas estaban a 5 codos de distancia entre sí y se levantaban a una altura de 5 codos, y toda la cortina exterior estaba dividida en cuadrados de 25 codos cuadrados (5 x 5). Cada par de columnas sostenía así un área de 5^2 codos de lino blanco fino, dando así testimonio de la perfecta gracia, lo único por lo que el pueblo de Dios puede testificar de Él ante el mundo. La propia justicia de ellos (el lino fino) es «trapos de inmundicia» (Is. 64:6), y sólo podemos decir, «por la gracia de Dios soy lo que soy» (1ª Co. 15), un pecador salvo por gracia. Esta justicia está basada en la *expiación*, porque también era 5 x 5 la medida del altar de bronce del holocausto. Ésta fue la perfecta respuesta de Cristo a las justas demandas de Dios, y a lo que se demandaba al hombre.

Cierto, este altar de bronce sólo tenía 3 codos de altura, pero esto nos dice que la provisión era de origen divino, que la expiación emana sólo de Dios.

El *edificio* mismo tenía una altura de 10 codos, una anchura de 10 y una longitud de 30. Su longitud se dividía en dos partes desiguales, teniendo el Lugar Santo 20 codos de largo, y el Lugar Santísimo 10. Estaba formado por cuarenta y ocho tablas, veinte a cada lado, y ocho al fondo, quedando la parte frontal formada por una cortina que colgaba de cinco columnas. Estas cuarenta y ocho tablas (3×4^2) eran significativas de la nación como ante Dios en la plenitud de su privilegio en la tierra (4×12). Las veinte tablas a cada lado eran mantenidas unidas por *cinco* barras, cuatro que pasaban a través de anillos unidos a ellas, y una que las atravesaba por en medio.

Las *cortinas* que cubrían la estructura del Tabernáculo eran cuatro. La primera estaba hecha de diez cortinas de byssus de varios colores adornadas con bordadura de querubines. Cada cortina tenía 28 (4×7) codos de longitud y cuatro de anchura. Colgaban cinco de cada lado, probablemente cosidas juntas para formar un gran lienzo (20×28), quedando un lienzo de cinco unido al otro mediante lazadas y cincuenta (5×10) corchetes de oro. La segunda cubierta estaba formada por once cortinas de cabello de cabra, cada una de ellas de 30 codos de longitud, unidas en dos lienzos trabados mediante lazadas y corchetes de bronce. La *tercera* era de pieles de carnero teñidas de rojo, y la cuarta era de pieles de *tachash* (o coloreadas),[5] cuyas dimensiones no nos son dadas.

Los *velos de entrada* eran tres. El *primero* era «la entrada del atrio», de 20 codos de anchura y cinco de altura, que colgaba de 5 columnas. El *segundo* era «la entrada del Tabernáculo», de 10 codos de anchura y 10 de altura, colgando, como el de la entrada del atrio, de cinco columnas. El *tercero* era «el velo hermoso», también de 10 codos de lado, que separaba el Lugar Santo del

Santísimo. Es de destacar una característica de estos tres velos. Las dimensiones del velo del atrio y de los del Tabernáculo son diferentes, pero el *área* es la misma. En el primero era de 20 x 5 = 100 codos cuadrados; los segundos eran de 10 x 10 codos, dando también un área de 100 codos cuadrados. Así, en tanto que sólo había una entrada, una puerta, un velo, todos ellos tipificaban a Cristo como la única puerta de entrada para todas las bendiciones relacionadas con la salvación. Pero nótese que la «entrada» que admitía a los beneficios de la *expiación* era más ancha y baja (20 codos de anchura y 5 de altura), mientras que la entrada que admitía a la *adoración* era más alta y estrecha, con una anchura de sólo 10 codos, la mitad de la anchura, y el doble de la altura (10 codos), diciéndonos con ello que no todos los que experimentan las bendiciones de la expiación comprenden o aprecian la verdadera naturaleza de la adoración espiritual. La más elevada adoración –la admisión ante el trono de la gracia, el Propiciatorio– era imposible para los israelitas excepto en la persona del representante de ellos –el sumo sacerdote–, porque el velo hermoso les cerraba el paso. Pero este velo fue rasgado en dos en el momento en que la verdadera gracia que vino por Jesucristo quedó perfectamente manifestada. Y fue rasgado por el acto de Dios en gracia, porque se rasgó «de arriba abajo».

Es digno de mención –y cuestión que valdría la pena que fuera investigada más a fondo por parte de los que disponen de tiempo– que la *gematría* de He. 9, que da un relato del Tabernáculo, da el número *cinco* como factor. Tomando cada letra como su valor numérico, el valor de He. 9:2-10, describiendo el Tabernáculo y sus muebles, es de 103.480. Los factores de este número están todos llenos de significado: 5 x 8 x 13 x 199, donde tenemos *cinco* como el número de la gracia, *cuatro* como el número del mundo, la esfera en la que se manifiesta, mientras que en *trece* tenemos el número del pecado y de la expiación. (Véase acerca de *Trece*).

De manera similar, la segunda sección del capítulo (He. 9:11-28), que se relaciona con la aplicación del tipo a Cristo y a Su obra de expiación, es un sencillo múltiplo de trece: 204.451 (13 x 15.727), mientras que la importante digresión en los versículos 16, 17 y 18 rinde el número 11.830, que es 13^2 x 14 x 5, donde tenemos los mismos importantes y magnos factores.

LAS PREPOSICIONES RELACIONADAS CON LA SUSTITUCIÓN

que se emplean en relación con la expiación, expresando la muerte de Cristo *en favor de* Su pueblo aparecen también en múltiplos de cinco:

ὑπέρ *(huper)*, que significa *en favor de, en interés de,* aparece 585 veces, siendo 5 x 13 x 9 los factores de este número, esto es, *gracia, expiación* y *juicio.*

περί *(peri)*, una palabra de un sentido y uso similar, que significa *acerca de,* o *concerniente a,* aparece 195 veces, siendo sus factores 5 x 13 x 3, o *gracia, expiación y divinidad.*

EL SANTO ACEITE DE LA UNCIÓN (Éx. 30:23-25)

estaba formado por *cinco* componentes, porque era una revelación de pura gracia. Este *cinco* está constituido por los números *cuatro* y *uno.* Porque cuatro componentes eran especias, y uno era aceite.

Las cuatro principales *especias:*

1. Mirra, 500 siclos (5 x 100),
2. Canela aromática, 250 siclos (5 x 50),
3. Cálamo aromático, 250 siclos (5 x 50),
4. Casia, 500 siclos (5 x 100),

Y aceite de oliva, *un* hin.

Este aceite de unción era santo, porque separaba para Dios; ninguna otra cosa podía separar. Era de Dios, y por ello de gracia; y por ello el número de sus ingredientes era *cinco,* y sus cantidades eran todas múltiplos de cinco.

Siete clases de personas o de cosas fueron consagradas con este aceite santo:

1. Aarón y sus hijos.
2. El Tabernáculo mismo.
3. La mesa y sus utensilios.
4. El candelero y sus utensilios.
5. El altar del holocausto y sus utensilios.
6. El altar del incienso.
7. La pila, o fuente de lavamiento, y su base.

La palabra para «consagración» y el hecho mismo son tan mal entendidos que puede ser de interés dar una nota de pasada acerca de ello. El término hebreo es מָלֵא *(Mah-leh)*. Significa *llenar, llenar hasta arriba, completar*. Su primera aparición es Gn. 1:22, «multiplicaos, y *llenad* las aguas en los mares». Lo mismo 21:19, «Fue, y *llenó* el odre de agua»; 29:21: «mi tiempo se ha cumplido»; Éx. 15:9: «Mi alma se saciará de ellos»; 28:41: «llenarás su mano» (BAS, *margen*). Esto en Reina-Valera aparece como «consagrarás» (BAS *texto* «santificarás»), lo que es un comentario más bien que una traducción.

Cuando se emplea esta palabra con el término יַד *(yad), mano*, significa llenar la mano, especialmente con aquello que es el signo y símbolo del cargo, esto es, *llenar la mano con un cetro* era poner aparte o consagrar al oficio de rey. Llenar la mano con ciertas partes de sacrificios era separar para el oficio de sacerdote y confirmar el título de ellos a ofrendar dones y sacrificios a Dios. Éx. 29:22-25; 28:41; 29:9; 32:29. (Véase también He. 5:1; 8:3, 4.) Un «carnero de consagración» (o de llenado) era un carnero con partes del cual se llenaban las manos de los sacerdotes cuando eran apartados para su oficio.

Siempre que la palabra hace referencia a una designación oficial o a una separación a una obra o dignidad, es el tacto soberano de Dios, y el acto simbólico que acompañaba era el llenado de la mano de la persona así designada con la señal que marcaba su oficio. Por ello, el verbo significa, en este uso del mismo, *investir con un cargo, comunicar una dignidad*. Es innecesario decir que nadie puede hacerlo por sí mismo. Tiene que ser el acto de Dios.

Cuando se emplea la palabra de lo *que el hombre puede hacer*, va seguida por la preposición לְ, que significa *«a»* o *«por»*, como en 2º Cr. 29:31, *llenar la mano para uno*, esto es, *traer ofrendas* (a Jehová), lo que es algo totalmente diferente. No aparece aquí lo que hoy en día se denomina *«consagración»*. Se trata de una simple ofrenda de dones que el oferente trae en sus manos.

Sólo el mismo Jehová puede investir a alguien con el privilegio de cualquier oficio en Su servicio. «Nadie toma para sí mismo este honor, sino el que es llamado por Dios» (He. 5:4). Por ello el Señor Jesús es especialmente llamado *«el Ungido»*, que en hebreo es *Mesías*, y en griego Χριστός, *Christos*, y en castellano *Cristo*. Los que hablan vanamente acerca de «consagrarse a sí mismos» deberían leer 2º Cr. 13:9.

En la consagración de un sacerdote bajo el Antiguo Pacto en Éx. 29:20, los números *tres* y *cinco* acompañan al acto de la gracia divina. *Tres* actos, cada uno de ellos asociado con el *cinco*. La sangre, y después el aceite santo encima, se ponían:

(1) Sobre el lóbulo del oído, significando que el Espíritu Santo le haría oír la Palabra de Dios, separando sus *cinco* sentidos para Dios.

(2) Sobre el pulgar de la mano derecha (uno de los *cinco* dedos), significando que debía obrar y actuar para Dios.

(3) En el dedo gordo del pie (otra vez uno de *cinco*), significando que su andar personal debía amoldarse a la Palabra de Dios.

Así es que ahora el Espíritu Santo consagra a todos los que son sacerdotes para Dios. Se trata de un acto divino, de un acto de la gracia soberana. Una gran realidad cuando es llevada a cabo para el pecador por Dios el Espíritu Santo, pero una vanidad indigna cuando es llevada a cabo presuntuosamente por el hombre mortal.

EL INCIENSO (Éx. 30:34)

se componía también de *cinco* partes. Cuatro de ellas eran «especias aromáticas», סמים (*Sa-meem*), y una era sal. מלח, salar, en el v. 35 se traduce «mezclado» en Reina-Valera (cf. V.M. y BAS, «sazonado»).

Las *cuatro* «especias aromáticas» eran:

1. «Estacte», נטף (*nataph*), «gotear», y de ahí una gota de goma aromática. La LXX da στακτή (*staktē*), de στα ζείν (*spazein*), «gotear». Los rabinos la llaman *opobalsamum*, como en el margen de la Versión Revisada inglesa.

2. «On'ycha», שחלת (*sh'cheyleth*), «una concha»; griego ὄνυξ (*onyx*), la concha de una especie de mejillón que ardía con olor de amizcle. RVR77 y BAS traducen «uña aromática» (RV, «uña olorosa»), y V.M. «ónice».

3. «Gálbano», חלבנה (*chel-b'nah*), «una goma olorosa».

4. «Incienso puro», לבנה (*l'bonah*), «una goma que arde con resplandor».

5. El *un* ingrediente distinto, la sal. El verbo מלח (*mah-lach*), «salar, sazonar», aparece sólo aquí y en Lv. 2:13 y Ez. 16:4, pasajes en los que se puede ver su significado.

Este incienso recibía varios nombres: «puro», «perpetuo», «aromático», «santo». No se permitía ninguna imitación del mismo. Indica aquellos preciosos méritos de Cristo por medio de los cuales solamente nuestras oraciones pueden ascender aceptas delante de Dios. El incienso debía simbolizar «las oraciones de los santos» ofrecidas por el mismo Cristo (Ap. 5:3). Nuestras oraciones son verdaderas oraciones sólo cuando ascienden por medio de Sus méritos. ¡El humo del incienso estaba siempre asociado con el humo del holocausto! ¡Era con el fuego del altar de bronce que se encendía el incienso en el altar de oro! Era un fuego *cuyo origen no era terrenal.* Vino originalmente del cielo (Lv. 9:24; Jue. 6:21; 1º R. 18:38; 1º Cr. 21:26; 2º Cr. 7:1). El incienso quemado con «fuego extraño» fue visitado con la muerte instantánea (Lv. 10:1; Nm. 3:4; 26:61). Y estaba prohibido ofrecer incienso no hecho con los *cinco* ingredientes prescritos (Éx. 30:9). Son éstas solemnes provisiones, cuando las aplicamos a nuestras oraciones. Nos muestran que nuestras palabras no son nada, y que los méritos de Cristo lo son todo. David dijo: «Suba mi oración delante de ti como el incienso, el alzar de mis manos como la ofrenda de la tarde» (Sal. 141:2), esto es, como el incienso asciende (heb. *dirigido*) a ti, y el humo del holocausto, sean también mis oraciones aceptadas por medio de los méritos de aquel sacrificio.

«Se le dio mucho incienso para AÑADIRLO a las oraciones de todos los santos... Y... subió a la presencia de Dios el humo del incienso CON las oraciones de los santos» (Ap. 8:3, 4). Roma, naturalmente, ha pervertido esto en su versión Vulgata y en sus varias traducciones de la misma. Hace decir (Ap. 8), *ut daret de orationibus sanctorum omnium,* esto es, «para que ofreciera las oraciones de todos los santos». Y en el versículo 4, *et ascendit fumus incensorum de orationibus sanctorum,* esto es, «y el humo del incienso de las oraciones de los santos ascendió». En el texto el incienso y las oraciones se distinguen totalmente entre sí; lo primero representa los méritos de Cristo; lo segundo, nuestras imperfectas oraciones. Pero Roma confunde ambas cosas, y sus razones para ello se ven en las notas que da en sus varias versiones. La enseñanza de la Escritura es clara de que aparte de los méritos de Cristo todas nuestras oraciones carecen totalmente de valor. De ahí la exhortación en He. 13:15: «Así que, ofrezcamos siempre a Dios, por medio de ÉL, sacrificio de alabanza, es decir, fruto de labios que confiesen su nombre» (véanse Lv. 7:12; Sal. 51:12; Os. 14:3, LXX).

PALABRAS QUE APARECEN CINCO VECES

Entre las muchas palabras marcadas con esta significación se encuentran:

מתן *(mat-tahn)*, «don» (Gn. 34:12; Nm. 18:11; Pr. 18:16; 19:6; 21:14). Es apropiado que esta palabra aparezca *cinco* veces, porque los dones son de *gracia*. Es digno de mención que משכרת *(mas-koh-reth)*, «salario», aparece *cuatro* veces, por cuanto el salario es de la tierra, terrenal.

נקיון *(nik-kah-yohn)*, «inocencia» (Gn. 20:5; Sal. 26:6; 73:13; Os. 8:5; Am. 4:6).

παράκλητος *(paraklētos)*, traducido *Consolador* cuatro veces en el Evangelio de Juan (14:16, 26; 15:26; 16:7); y *Abogado* una vez en su primera Epístola (1ª Jn. 2:1).

¡Qué provisión tan llena de gracia! Un Abogado en nosotros (el Espíritu Santo) para que no pequemos (mencionado cuatro verces); y otro ante el Padre por nosotros si pecamos, «Jesucristo el justo». La palabra significa *uno llamado al lado de uno* para ayudar y suplir cualquier necesidad. *Dos* abogados hablando del enemigo que causa nuestra necesidad y del Ayudador que provee a ella.

Otras palabras son:

ἀγαλλίασις *(agalliasis)*, «júbilo» (Lc. 1:14), «alegría» (Hch. 2:46; 1:9; Jud. 24); «gozo» (Lc. 1:44).

ᾄδο *(adō)*, «cantar» (Ef. 5:19; Col. 3:16; Ap. 5:9; 14:3; 15:3).

ἀνάπαυσις *(anapausis)*, «descanso», «reposo» (Mt. 11:29; 12:43; Lc. 11:24; Ap. 14:11); «(no) cesan» [lit.: «(no) tienen descanso)»] (Ap. 4:8).

ἀσφαλής *(asphalēs)*, «cierto», «seguro», «con certidumbre» (Hch. 21:34; 22:30; 25:26; Fil. 3:1; He. 6:19).

FRASES QUE APARECEN CINCO VECES

«Bendice, alma mía, a Jehová».– Todas en los Salmos 103 y 104, en los siguientes pasajes: 103:1, 2, 23 y 104:1, 35. El Talmud llama la atención a este hecho y dice: «Así como Dios llena la tierra y la nutre, así Él nutre y bendice el alma».

«A cualquiera que tiene, se le dará» (Mt. 13:12; 25:9; Mr. 4:25; Lc. 8:18; 19:26). – *Cinco* veces, hablando de la *gracia* que da.

«El reino de Dios». – *Cinco* veces en el único Evangelio (Mateo) que habla de «el reino de los cielos». Esta última designación hace referencia a la tierra, y al reino que ha de ser establecido aquí. En cambio, la primera se refiere al reino más inclusivo de la *gracia*, que incluye a la segunda, a la Iglesia, y a todo lo demás[6] (Mt. 6:33; 12:8; 19:24; 21:31 y 43).

El Talmud[7] pregunta (en Hag. 1:8): «¿A qué se debe que la palabra ואכבד, "Y yo seré glorificado", está escrita sin la ה final [que tiene el valor de *cinco*], y sin embargo se lee como si la tuviere (ואכבה)? Porque indica que el segundo Templo carecía de *cinco* cosas que se encontraban en el *primer* Templo, y que son:

> El Arca, que es el trono de gracia de los querubines,
> El Fuego del cielo en el altar,
> La Shekiná,
> El Espíritu de profecía, y
> El Urim y el Tumim».

Esta respuesta es correcta hasta allí donde llega, pero sin embargo está escrito en Hag. 2:9: «La gloria postrera de esta casa será mayor que la primera». Cierto, carecía de la Ley que estaba contenida en el Arca, pero en ella estuvo presente Aquel que estaba lleno de gracia y de verdad, y que tenía la Ley dentro de Su corazón.

NOTAS

1. En Jos. 1:14: «Vosotros, todos los valientes y fuertes, pasaréis armados delante de vuestros hermanos». Heb.: «*de cinco en fondo*». Esto puede que tenga alguna referencia al hecho de que el número *cinco* era especialmente odioso para los egipcios, si es que no fue esto mismo la causa de este aborrecimiento. Sir Gardner Wilkinson nos dice que hasta nuestros mismos días el número *cinco* es considerado en Egipto como número del mal agüero. En sus relojes, la hora *cinco*, «V», está marcada con un pequeño círculo, «o».

2. Lv. 4:1; 5:14; 6:1, 8, 19, 24; 7:22, 28; 8:1; 10:8; 11:1; 12:1; 13:1; 14:1, 33; 15:1; 16:1, 2; 17:1; 18:1; 19:1; 20:1; 21:1, 16; 22:1, 17, 26; 23:1, 9, 23, 26, 33; 14:1, 13; 15:1; 27:1.

3. Lv. 11:45; 18:5, 6, 22; 19:12, 14, 16, 18, 28, 30, 32, 37; 20:8; 21:12; 22:2, 8, 31, 32, 33; 26:2, 45.

4. Lv. 11:44; 18:4, 30; 19:3, 4, 10, 25, 31, 34, 36; 20:7, 24; 23:22, 43; 24:22; 25:17, 38, 55; 26:1, 13, 44.

5. Probablemente un animal sacrificial. Véanse p. 141, 142.

6. Véase *Christ's Prophetic Teaching (La enseñanza profética de Cristo)*, por el mismo autor.

7. *Yoma*, fol. 21, col. 2.

SEIS

Seis es bien 4 *más* 2, esto es, el mundo del hombre (4) con la enemistad del hombre contra Dios (2) introducida en él; o bien es 5 *más* uno, la gracia de Dios inutilizada por la adición del hombre a ella o perversión de ella; o bien 7 *menos* 1, esto es, el no alcanzamiento de la perfección espiritual por parte del hombre. En todo caso, por tanto, tiene que ver con el *hombre*; es el número de la imperfección; el número humano; el número del HOMBRE en tanto que destituido de Dios, sin Dios, sin Cristo.

La raíz hebrea שש (*shaish*) se supone que se deriva de la raíz שדש (*shah-dash*), pero no se sabe nada acerca de su origen o significación.

En todo caso, lo cierto es que el *hombre* fue creado en el *sexto* día, y que por ello tiene el número *seis* estampado sobre él. Además, se le designaron *seis* días para su trabajo; mientras que *un* día está asociado en soberanía con el Señor Dios, como Su reposo.

Seis, por ello, es también el número del *trabajo*, de la obra de Dios como aparte de y distinta del reposo de Dios. Cierto, señala la finalización de la Creación como obra de Dios, y por ello el número tiene la significación de *plenitud secular*.

La serpiente fue también creada en el *sexto* día.

El *sexto* mandamiento se relaciona con el peor pecado: el asesinato.

La *sexta* cláusula de la oración del Señor trata del pecado.

Seis es el número que marca todo aquello que se relaciona con el *trabajo humano*. Lo vemos estampado sobre las *mediciones* que emplea en su trabajo, y sobre el *tiempo* durante el que trabaja. Y lo vemos desde el mismo comienzo.

El número *seis* marca las mediciones de la Gran Pirámide, cuya unidad era la pulgada y sus múltiplos sexagesimales. El primer múltiplo es el pie, 12 pulgadas (2 x 6); y los múltiplos después de éste son 18 (3 x 6), 24 (4 x 6); y los múltiplos después de éste son 18 (3 x 6), 24 (4 x 6), 30 (5 x 6) y 36 (6 x 6, o 6^2 = la yarda).[1]

Correspondiéndose con estas mediciones tenemos la primera división de las duraciones de tiempo que miden el *trabajo* y el reposo del hombre: el día, consistente en 24 horas (4 x 6), dividido en día y noche de 12 horas cada uno. Los múltiplos y subdivisiones están también marcados por el número *seis*. Los meses son doce, mientras que la hora consiste de 60 minutos (6 x 10), y los minutos de 60 segundos (6 x 10).

La base de la Gran Pirámide muestra que la pulgada unidad^2 se obtuvo mediante una división del *perímetro* original, de 36.000 pulgadas, o 1.000 yardas.

Debido a la maldición (Gn. 3), el número *seis* nos habla no sólo de trabajo, sino de «trabajo y dolor», y denota de manera especial todo lo que se encuentra «debajo del sol», todo lo que «no es de Dios». La verdadera «observancia del sábado» está ahora en reserva; porque no hay reposo aparte de «la paz con Dios»: el reposo que Dios da y que nosotros encontramos (Mt. 11:28).

Pero pasando a los ejemplos e ilustraciones en las Escrituras, vemos primero que

LOS DESCENDIENTES DE CAÍN

son dados sólo hasta la *sexta* generación.

IMPERFECCIÓN

Cuando se divide *doce* (el número de la perfección gubernativa), indica imperfección en gobierno y administración. El trono de Salomón tenía *seis* gradas (1º R. 10:19), y su reino pronto quedó dividido. Los 12 panes de la Proposición se dividían en dos partes de *seis* (Lv. 24:6), y las Doce Tribus eran tribus divididas.

Las *seis* intercesiones de Abraham por Sodoma (Gn. 18) marcan la imperfección del hombre en la oración, que no llega a la perfección del Divino Intercesor.

EL HOLOCAUSTO EN GÉNESIS 22

se menciona *seis* veces (vv. 2, 3, 6, 7, 8, 13) debido a que la séptima sería la del Divino Sustituto que Dios mismo se proveería (v. 8).

«EL HOMBRE DE LA TIERRA»

En los Salmos 9 y 10, donde hay un acróstico alfabético que une los dos salmos, están ausentes seis letras del alfabeto (ם a צ).

Es la Escritura que describe al «Hombre de la Tierra» (Sal. 10:18, RV), al venidero Anticristo, y la Apostasía que señala su presencia, y que recibe el nombre de «tiempo de angustia» (Sal. 9:9;10:1).

SEIS TERREMOTOS

se mencionan en la Escritura: Éx. 19:18; 1º R. 19:11; Am. 1:1 (Zac. 14:5); Mt. 27:54; 28:2; Hch. 16:26.

LOS SEIS AÑOS DEL REINADO DE ATALÍA

fueron *seis* años de usurpación del trono de David (2º R. 11; 2º Cr. 23). Atalía creía haber dado muerte a toda la simiente real, pero Dios, en Su providencia, dirigió los acontecimientos de forma que un hijo, Joás, fue tomado por Josabat, «escondiéndolo de entre los demás hijos del rey, a los cuales mataban». Así fue ocultado en la casa de Dios durante los *seis* años aquellos junto con Josabat, centrándose los afectos de ella en él, mientras que Joyadá, su marido, se ocupaba del rey, buscando y asegurando lealtades con su simple repetición de la promesa: «He aquí el hijo del rey, el cual reinará, como Jehová ha dicho respecto a los hijos de David» (2º Cr. 23:3). Esta promesa fue el sustento de los corazones de los fieles durante aquellos *seis* años de usurpación, hasta que llegó el año *séptimo*, y Joás se manifestó en el trono, siendo destruidos todos sus enemigos. Estas cosas son un tipo del hijo del Rey, Jesús, que fue rescatado, por la resurrección, de entre los muertos, y que está ahora ocultado en la casa de Dios en las alturas. Mientras que está sentado y esperando (He. 10:12, 13), todos los que están «en Cristo» están escondidos con Él (Col. 3:3); y mientras que en este aspecto sus corazones (como el de Josabat) están ocupados con la persona del Rey, sus actividades (como las de Joyadá) se proyectan por Él, testificando y proclamando la bendita verdad de que el Rey vuelve y que ciertamente reinará, y que el *séptimo* año de bendición llegará al fin. Hasta que llegue aquel momento será su sustento la promesa de Jehová de que la Simiente de la mujer aplastará a su debido tiempo la cabeza de la serpiente (Gn. 3:15).

SEIS VECES FUE JESÚS ACUSADO DE TENER DEMONIO

1. Mr. 3:22 y Mt. 12:24: «Está poseído por Beelzebú».

2. Jn. 17:20: «Demonio tienes».

3. Jn. 8:48: «¿No decimos bien nosotros... que tienes demonio?»

4. Jn. 8:52: «Ahora nos damos perfecta cuenta de que tienes demonio».

5. «Demonio tiene, y está fuera de sí».

6. Lc. 11:15: «Por Beelzebú, príncipe de los demonios, echa fuera los demonios».

Esto es sumamente significativo. La enemistad del hombre contra la Persona del Señor Jesús está así marcada con el número del *hombre*. Será útil estudiar cuidadosamente el orden cronológico de estas ocasiones y acusadores. El mismo orden y estructura de ello es importante.

A | 1. Beelzebú, y echar demonios.

B | 2. Una simple acusación: «Tienes»

C | 3. Introducido por: «¿No decimos bien nosotros?» } Ambos

C | 4. Introducido por: «Ahora nos damos perfecta cuenta». } en Juan 8

B | 5. Una simple acusación: «Tiene».

A | 6. Beelzebú, y echar demonios.

LA SÉXTUPLE OPOSICIÓN A LA PALABRA DE DIOS

por parte del *hombre* se ve en la oposición sufrida por Nehemías. Nos da una lección para todos los tiempos, encontrándose cada día donde cualquiera, como Nehemías, comience una obra para Dios.

Hubo:

1. *Disgusto*, 2:10.

2. *Escarnio*, 2:19.

3. *Enojo, furor y escarnio*, 4:1-4.

4. *Cólera y ataques abiertos*, 4:7-8.

5. *Reunión*, 6:1-2.–«Ven y reunámonos». «Consultemos juntos» (v. 7). Este intento era para debilitarlos «en la obra» (v. 9). Pero Nehemías rehusó parlamentar con enemigos o reunirse con ellos en conferencia.

6. *Falsos amigos*, 6:10-14.–Aquí estaba el mayor de los peligros. Satanás, como «ángel de luz», tratando de arruinar, dificultar y detener la obra.

El cuidadoso estudio de estos *seis* pasos en la oposición del *hombre* a la obra de Dios dará mucho provecho espiritual, y nos armará en contra de las añagazas del Diablo.

PALABRAS

Pasemos ahora al número, en su relación con las palabras, y notemos primero que hay

SEIS PALABRAS EMPLEADAS PARA EL HOMBRE

en la Biblia. Cuatro en el Antiguo Testamento, y dos en el Nuevo.

1. אדם *(ah-dahm)*. El hombre como ser humano (lat. *homo*), teniendo que ver con el hecho de haber sido creado, y con su origen terrenal. Ésta es la palabra usada del Mesías como el «Hijo del Hombre». Véanse unos pocos ejemplos:

  Gn. 1:26: «Hagamos al *hombre*».
  Gn. 2:7: «Dios modeló al *hombre* de arcilla del suelo».
  Gn. 3:24: «Echó, pues, fuera al *hombre*».
  Is. 2:11: «La altivez de los ojos del *hombre* será abatida».
  Is. 2:9: «El varón *(Ish,* véase la siguiente palabra) se humilla».
  Is. 5:15: «El *hombre* será humillado».
  Is. 5:15: «El varón *(Ish)* será abatido».
  2º S. 7:19: «¿Es así como procede el *hombre*, Señor Jehová?»
  Sal. 8:4: «¿Qué es el hombre *(Enōsh*, véase la tercera palabra) para que de él te acuerdes, y el hijo del *hombre*, para que cuides de él?»

2. איש *(Ish)*. El hombre, como fuerte y vigoroso en mente y cuerpo. El hombre con algún grado de preeminencia de poder y dotes.

  Zac. 6:12: «He aquí el *varón* cuyo nombre es el Retoño».
  Sal. 22:6: «Mas yo soy gusano, y no *hombre*, oprobio de los hombres *(Adam*, véase No. 1), y despreciado del pueblo».
  Sal. 25:12: «¿Quién es el *hombre* que teme a Jehová?»
  Sal. 39:11: «Castigando sus pecados, corriges al *hombre*,... ciertamente como un soplo es todo *hombre*».

Sal. 90, título: *«Varón de Dios».*

3. אֱנוֹשׁ *(Enösh).* El hombre débil, considerado como mortal y sujeto al sufrimiento y a la muerte; el heredero de la corrupción.

Sal. 8:4: «¿Qué es el hombre, para que de él te acuerdes, y el hijo del hombre» *(Adam,* véase No. 1).

Sal. 73:5: «No pasan trabajos como los otros *mortales».*

Sal. 103:15: «El *hombre,* como la hierba son sus días».

4. גֶּבֶר *(Gehver),* un hombre fuerte, un hombre poderoso y valeroso. El hombre en distinción a Dios (Job 22:2), y de una mujer o esposa (Pr. 6:34).

Zac. 13:7: «Despierta, oh espada, contra mi pastor, y contra el *hombre* compañero mío, dice Jehová de los ejércitos».

Éx. 10:11: «Id ahora vosotros los *varones».*

Éx. 12:37: «Como seiscientos mil *hombres* a pie».

Sal. 52:7: «He aquí al *hombre* que no puso a Dios por su fortaleza».

Jer. 17:5: «Maldito el *varón* que confía en el hombre» *(Adam,* véase No. 1).

Jer. 17:7: «Bendito el *varón* que confía en Jehová».

Luego, en el Nuevo Testamento tenemos dos palabras:

5. ἄνθρωπος *(anthröpos),* equivalente a *Adam* (No. 1), y

6. ἀνήρ *(anër),* que equivale a *Ish* (No. 2).

Vale la pena señalar que estas cuatro palabras hebreas se emplean todas del Mesías, y que el Espíritu Santo ha revelado una bendición para cada una de ellas en y por medio del hombre Cristo Jesús.

1. אָדָם *(Adam),* Sal. 32:2: «Bienaventurado el hombre a quien Jehová no imputa iniquidad».

2. אִישׁ *(Ish),* Sal. 1:1: «Bienaventurado el varón que no anduvo en consejo de malos, ni estuvo en silla de pecadores, ni en silla de escarnecedores se ha sentado».

3. אֱנוֹשׁ *(Enösh),* Job 5:17: «Bienaventurado[3] es el hombre a quien Dios corrige; por tanto no menosprecies la corrección del Todopoderoso».

4. נבר *(Gehver)*, Sal. 94:12: «Bienaventurado el hombre a quien tú, JAH, corriges, y en tu ley lo instruyes».

LA SERPIENTE TIENE SEIS NOMBRES

El Talmud llama la atención a este hecho, y da lo siguiente:

1. נחש *(nachash)*, *un resplandeciente* (Gn. 3:1; Job. 26:13. Véase también No. 6 debajo).

2. עכשוב *(ak-shoov)*, de עכש, «doblar hacia atrás», «yacer emboscado». Traducido *áspid*, Sal. 140:3.

3. אפעה *(ephah)*, cualquier serpiente *venenosa*. Traducido *áspid*; también *víbora* (Job 20:16; Is. 30:6; 59:5).

4. צפעני *(tsiph-ohni)*, una pequeña serpiente *silbante* (Is. 11:8; 59:5; Pr. 23:32), de צפע, *silbar*. Traducido *víbora*.

5. תנין *(Tanin)*, *una gran serpiente* o dragón (de la raíz «estirar» o «extender»), debido a su longitud (Éx. 7:9, 10, 12).

6. שרף *(Saraph)*, de la raíz «quemar»; una serpiente venenosa, mortífera, del calor y de la inflamación causados por su mordedura. Traducido *serpiente refulgente*, Nm. 21:8; *dragón*, Is. 14:29; *serpiente que vuela*, Is. 30:6.

EL LEÓN TIENE SEIS NOMBRES EN EL ANTIGUO TESTAMENTO

y se encuentran todos en el Libro de Job (Job 4:10, 11; y 28:8).

1. ארי *(Aree)*, el *león rugiente* (Gn. 49:9; Nm. 23:24; 24:9, etc.).

2. שחל *(Shachal)*, el *león* fiero, con referencia especial a su voz (Job 4:10; 10:16; 28:8; Sal. 91:13; Os. 13:7).

3. כפיר *(K'phir)*, el *leon joven* –no un cachorro como en Ez. 19:2– (Jue. 14:5; Job 4:10; 38:39; Sal. 17:12; 34:10).

4. ליש *(Lah-yish)*, el *viejo leon* –no por la edad, sino bravo y fuerte– (Job 4:11; Pr. 30:30; Is. 30:6).

5. לביא *(Lahvi)*, la *leona* vieja (de la raíz *rugir*) (Gn. 49:9; Nm. 23:24; Dt. 33:20, etc.).

6. שחץ *(Shachatz)*, los cachorros de la leona (Job 28:8; 41:34) (traducido *«del orgullo»* en margen de RVR77).

ALGUNAS PALABRAS QUE APARECEN SEIS VECES

אבדון *(avad-dŏhn)*, destrucción.

מוט *(moht)*, barra, cayado o yugo.

מכתם (mich-tahm), Mictam (Sal. 16; 56; 57; 58; 59 y 60). Esta palabra está conectada con la *muerte*, y simultáneamente también con la resurrección (3 x 2). Procede de כתם, *cortar dentro, grabar* (LXX, στηλογραφία, *un escrito esculpido*; στήλη era la palabra para *lápida sepulcral*). De ahí que «Mictam», como nuestro «*Resurgam*», indica que *seis* Salmos, aunque conectados con la muerte, señalan a la esperanza de la resurrección. Esto es notablemente cierto del Sal. 16, y puede ser asimismo seguido en los otros.

αἰσχύνη (aischunë), vergüenza.

ἀλλάττω (allattö), cambiar.

ἀσέβεια (asebeia), impiedad.

ἀτιμάζω (atimazö), tratar vergonzosamente.

βδέλυγμα (bdelugma), abominación. Tres veces en los Evangelios: Mt. 24:15; Mr. 13:14; Lc. 16:15. Tres en Apocalipsis: Ap. 17:4, 5; 21:27.

Para las combinaciones de 6, 66 y 666, véase más en el número *Seiscientos sesenta y seis*.

NOTAS

1. Por otra parte, el codo *sagrado*, aunque no era un número redondo, era un múltiple, y –además el cuadrado,– de 5, siendo 25,3 pulgadas.

2. Difiriendo de la pulgada de la Pirámide sólo en 1 en 40.000.

3. La misma palabra que en los otros pasajes, o sea, אשרי (Ashrai), bienaventurado. Lit., *Oh la bienaventuranza de*.

SIETE

Llegamos ahora al gran número de la *perfección espiritual*. Un número que por ello mismo ocupa un puesto tan mayoritario en las obras de Dios, y especialmente en Su Palabra, como inspirada por el Espíritu Santo.

En la *primera* parte de este libro nos hemos extendido algo acerca de la importancia de este número en la Naturaleza y en la Gracia, por lo que no es necesario insistir aquí en muchos de los interesantes datos ya expuestos.

Como número, la palabra y número «SIETE» se emplea como *ningún otro número. Siete* y sus compuestos aparecen en el Antiguo Testamento en múltiplos de *siete.*

Siete aparece 287 veces, o 7 x 41.

«Séptimo», denotando la fracción, aparece 98 veces, o sea, 7 x 14.

«Siete veces» aparece 7 veces.

Los anteriores siete números juntos son, naturalmente, un múltiplo de *siete*, pero se trata de un número muy notable, 287 + 98 + 7 = 392, y 392 es $7^2 + 7^3$, u 8 veces el cuadrado de *siete* (7^2 x 8).

También es notable el *siete* en combinación con otros números, como cincuenta y *siete*, ciento *siete*, etc. Hay 112 de estas combinaciones, o 7 x 16.

«Setenta» aparece 56 veces, o 7 x 8.

«Setenta», en combinación con otros números, aparece 35 veces, o 7 x 5.

Sin embargo, es cuando pasamos a considerar su *significación* que se revelan las verdaderas glorias de su *perfección espiritual.*

Acabamos de ver que *seis* es el número que marca a todas las cosas *humanas*, como siendo enfáticamente el número del *hombre.* Observemos primero el empleo de los dos números.

SEIS Y SIETE JUNTOS

como combinando y contrastando lo que es *humano* y lo que es *espiritual.*

Una ilustración notable de ello se ve en

LAS DOS GENEALOGÍAS DE JESUCRISTO

Nótese, primero, en cuáles de los cuatro Evangelios se encuentran, porque ello es asimismo significativo.

En Mateo, Dios nos dice: «He aquí que tu Rey viene» (Zac. 9:9).

En Marcos, Él dice: «He aquí mi Siervo» (Is. 42:1).

En Lucas, Él dice: «He aquí el Hombre» (Zac. 6:12).

En Juan, Él dice: «Ved aquí a vuestro Dios» (Is. 40:9).

Ahora bien, un *siervo* no tiene necesidad de presentar su genealogía; ni tampoco puede *Dios* tenerla. Es el *Rey* quien *debe* tenerla, y el *Hombre* quien debiera tenerla. Es por ello que tenemos dos genealogías, y nada más que dos. Y ésta es la razón de que tenemos una en Mateo en la que se nos da la genealogía *Regia* de Jesús como Rey; y la de Lucas que nos da la genealogía *Humana* de Jesús como Hombre. Por ello es también que en Mateo tenemos una genealogía de *descendencia*, mientras que en Lucas es de *ascendencia*. Porque los *reyes* deben seguir su *descendencia*, siendo que todo poder en el mundo se deriva de Dios, que dice: «Por mi reinan los reyes»; y el *hombre* debe seguir sus *ascendientes* hasta un antepasado particular. Por ello es que Mateo comienza con Abraham y va hasta José, hijo de Elí, mientras que Lucas comienza con José y llega hasta Adán y Dios.

Hasta llegar a David ambas listas coinciden. Pero aquí aparece una divergencia importante. En Mateo, después de David tenemos a su hijo *Salomón*; mientras que en Lucas tenemos a otro hijo, el hermano mayor de Salomón, *Natán.* A partir de este punto, por tanto, tenemos dos líneas. Una (la de Mateo) que nos da la línea regia y legal a través de *Salomón*; la otra (la de Lucas), que nos da la línea natural y lineal a través de *Natán.* La primera es la línea siguiendo la *sucesión legal*; la última es la línea siguiendo la *descendencia natural.* La primera fue el resultado de la voluntad de Dios al escoger a Salomón, un hijo menor; mientras que la última fue el resultado de la voluntad del hombre, y en el orden del nacimiento humano. Ambas líneas se encuentran en José, el hijo de Jacob por nacimiento, e hijo de Elí por su matrimonio con María, la hija única de Elí.[1] Así, las dos líneas quedan unidas y agotadas en Jesucristo; porque por Su muerte ambas quedaron extintas, y así Él era el Rey de Israel de derecho;

y vino a ser proclamado el Hijo de Dios mediante Su resurrección de entre los muertos (Ro. 1:4; Sal. 2:7; Hch. 13:33 y Heb. 1:5; 5:5).

Ahora bien, el hecho maravilloso es que en la genealogía de Lucas 3 tenemos exactamente 77 nombres, con DIOS en un extremo y JESÚS en el otro. Esto verdaderamente lo estampa con el número de la perfección *espiritual.*

Por otra parte, aunque la genealogía de Mateo está artificialmente construida (en seguimiento de una costumbre reconocida entre los judíos, y de lo que hallamos ejemplos en el Antiguo Testamento), está dispuesta de tal manera que contiene 42 generaciones, o SEIS *sietes* (6 x 7).

Estas 42 generaciones contienen:

Cuarenta y un² nombres mencionados en Mt. 1	41
Cuatro omitidos	4
Si añadimos los veintiún nombres antes de Abraham (de Lc. 3)	21
Tenemos en la línea real a través de Salomón	66 nombres

Aquí tenemos una maravillosa e imbricada combinación de los números *seis* y *siete,* que sirven para estampar ambas genealogías con el sello del Espíritu, y para exponer las naturalezas humana y divina de Jesús nuestro Señor, como perfecto Hombre y perfecto Dios.

Damos la siguiente lista completa:

Mateo	Mateo y Lucas *Nombres en común*	Lucas
		DIOS
		Adán
		Set
		Enós
		Cainán
		Maleleel
		Jared
		Enoc
		Matusalén
		Lamec
		Noé
		Sem
		Arfaxad
		Cainán

Mateo	Mateo y Lucas *Nombres en común*	Lucas
		Sala
		Éber
		Péleg
		Ragáu
		Serug
		Nacor
		Taré
	Abraham	
	Isaac	
	Jacob	
	Judá	
	Fares	
	Esrom	
	Aram (o Ram)	
	Aminadab	
	Naasón	
	Salmón	
	Booz	
	Obed	
	Isay	
	DAVID	
SALOMÓN		NATÁN
Roboam		Matatá
Abías		Mainán
Asa		Meleá
Josafat		Eliaquim
Joram		Jonam (Menani)
[Ococías o Joacaz]		José
[Joás]		Judá
[Amasías]		Simeón
Ozías (o Uzías)		Leví
Jotam		Matat
Acaz		Jorim
Ezequías		Eliezer
Manasés		José
Amón		Er
Josías		Elmodam
[Joacim]		Cosam
Jeconías		Addí
		Melchí
		Nerí
	Salatiel (el *verdadero* hijo de Jeconías, e hijo *legal* de Nerí).	

Mateo	Mateo y Lucas Nombres en común	Lucas
	Zorobabel (el *verdadero* hijo de Pedaías, 1ª Cr. 3:19, el hijo *legal* de Salatiel, Dt. 25:5).	
Abiud		Resá
Eliaquim		Joaná
Azor		Judá
Sadoc		José
Aquim		Semeí
Eliud		Matatías
Eleazar		Maat
Matán		Nengay
Jacob		Heslí
JOSÉ (el *verdadero* hijo de Jacob)		Nahúm
		Amós
		Matatías
		José
		Janná
		Melquí
		Leví
		Matat
		Elí
		JOSÉ (el hijo *legal* de Elí).[5]

JESUCRISTO

José era el marido de María, «de la cual nació Jesús, llamado el Cristo» (Mt. 1:16). Es decir, José, que era el *verdadero* hijo de Jacob (por cuanto dice «Jacob ENGENDRÓ a José», Mt. 1:16), pudo llegar a ser el hijo *legal* de Elí sólo mediante su matrimonio con la hija de Elí, María. Por ello no se dice, en Lc. 3:23, que Elí engendrara a José, sino que era «de Elí», por cuanto el término «hijo» no está en griego, siendo «de Elí» una expresión más amplia, denotando que era *legalmente* el hijo, esto es, el *yerno* de Elí, por su matrimonio con María, hija real de Elí.

Así, en tanto que Jesús era verdaderamente hijo de María, podía ser considerado como hijo legal de José, y descendía de Natán a través de Elí, así como de Salomón a través de Jacob.

El número *seis* está además asociado con Cristo como el Hijo del Hombre en que Su nacimiento fue anunciado en el mes *sexto* (Lc. 1:26); y la *sexta* hora está especialmente señalada como la de Su crucifixión (Mt. 27:45; Mr. 15:33; Lc. 23:44).

LOS HIJOS DE DIOS

Beni-ha-Elohim, «hijos de Dios», aparece *seis* veces:

1. Gn. 6:2.
2. Job 2:6.
3. Job 38:7.
4. Sal. 29:1.
5. Sal. 89:6.
6. Dn. 3:25.

Beni-El-hai, «Hijos del Dios viviente», *una* vez:

7. Os. 1:10.

Siete veces en total, pero no siete exactamente iguales. Hay *seis* en una forma (empleado de ángeles[6]), y *uno* en otra (usado de hombres), para señalar el hecho de que los hijos de Dios, sean ángeles u hombres, cayeron de la perfección espiritual de su posición original.

Esta interesante ilustración no es el único ejemplo de los contrastes que se presentan entre estos dos números, *seis* y *siete*. R. Samuell[7] da ejemplos de otros:

SEM, CAM Y JAFET

Los dos nombres Sem y Jafet, que recibieron la bendición de su padre, aparecen juntos *siete* veces; pero¡*seis* de estas siete están también con Cam, cuya posteridad fue maldecida!

LOS ALIMENTOS DE EGIPTO

se presentan como *seis* artículos (Nm. 11:5): pescado, pepinos, melones, puerros, cebollas y ajos; mientras que la enumeración de la provisión divina de la tierra de Emanuel está marcada por el número *siete* (Dt. 8:8): trigo, cebada, vides, higueras, granados, aceituna y miel.

LOS AMANTES DE ISRAEL

son presentados como dándose *seis* cosas (Os. 2:5): pan, agua, lana, lino, aceite y bebida; mientras que Jehová habla de Sus propios preciosos dones de amor a Su pueblo, en contraste a lo anterior, como siendo *siete* (vv. 8, 9): trigo, vino, aceite, plata, oro, lana y lino.

LOS DÍAS DE CREACIÓN Y REPOSO

En la Creación tenemos *seis* días y el *séptimo*. *Seis* de trabajo y el *séptimo* de reposo.

LAS DOS TIERRAS

2º Reyes 18:32: El Rabsacés, al describir la tierra a la que llevaría cautivo al pueblo, enumera *seis* cosas; pero al mencionarlas como siendo como la propia tierra de ellos, hay *siete* también:

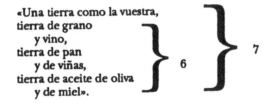

«Una tierra como la vuestra,
tierra de grano
  y vino,
tierra de pan
  y de viñas,
tierra de aceite de oliva
  y de miel».

EL DOMINIO DEL HOMBRE

Salmo 8:6-8: *Seis* señala la perfección de la autoridad humana, y *siete* marca el hecho de que los *seis* particulares definidos eran un don de Dios:

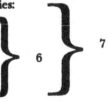

«Todo lo pusiste debajo de sus pies:
Ovejas
y bueyes, todo ello,
y aun las bestias salvajes,
las aves de los cielos,
y los peces del mar;
todo cuanto surca las sendas
  de las aguas».

LOS SIETE ESPÍRITUS

Is. 11:2: *Seis* aquí marcando que Cristo sería un perfecto hombre, y *siete* que era el perfecto Dios, quedando la primera declaración distinguida del resto por su forma:

«Y reposará sobre él el Espíritu de Jehová,
Espíritu de sabiduría
y de inteligencia,
Espíritu de consejo
y de poder,
Espíritu de conocimiento
y de temor de Jehová».

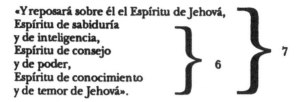

EL ESPÍRITU DERRAMADO

Joel 2:28, 29: El «toda carne» es la inclusión divina; pero *seis* puntos particulares marcan la definición. Apenas si será necesario añadir que esta bendición hace referencia (por interpretación) sólo a la casa de Israel.

«Derramaré mi Espíritu sobre
toda carne,
y profetizarán vuestros hijos
y vuestras hijas;
vuestros ancianos soñarán sueños,
y vuestros jóvenes verán visiones.
Y también sobre los siervos,
y sobre las siervas
     derramaré mi Espíritu».

LA DOTACIÓN DE ISRAEL

Ro. 9:4: La *una* definiendo quiénes son ellos por el divino llamamiento y posición, las *seis* exponiendo lo que les pertenecía como hombres, así llamados y bendecidos:

«Que son israelitas,
de los cuales son la adopción
la gloria,
el pacto,
la promulgación de la ley,
el culto [*divino*]
y las promesas».

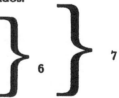

EL CANDELERO DE ORO

tenía *seis* brazos que salían de un tronco central, lo que daba en total *siete* soportes, marcando, y en armonía con el hecho de que la luz era la luz del pueblo de Dios en el mundo, pero que su fuente era divina.

LA ARMADURA DE DIOS

En Ef. 6:14-18, la armadura del cristiano consiste en *seis* artículos, pero hay un *séptimo* sin el que los anteriores no sirven, y es la «lanza», que es la *Oración:*

El Ceñidor de la Verdad, Jn. 14:6; 17:17.

La Coraza de la Justicia, Jer. 23:6; Fil. 3:9.

Las Sandalias del Evangelio, Ef. 2:10.

El Escudo de la Fe (esto es, el escudo que emplea la fe, que es Cristo), Gn. 17:11; Ro. 13:14; Sal. 27:1.

El Yelmo de la Salvación, Sal. 27:1.

La Espada del Espíritu (esto es, la espada a emplear por el Espíritu, que es la Palabra de Dios), Ap. 19:13.

La Oración –que mantiene la armadura rutilante y nos capacita para emplearla con eficacia.

EL TEMPLO DE EZEQUIEL

En Ez. 40 se dan las medidas del Templo de Dios que ha de ser aún levantado en Su tierra. La vara de medir empleada por «el varón» era de «*seis* codos largos» de longitud (41:8, BAS). Pero el codo largo tenía un codo y un palmo menor de longitud (40:5, RVR77, BAS); por ello, como había *seis* palmos menores en un codo, había realmente *siete* codos ordinarios en la «caña entera de *seis* codos largos» (BAS).

Así, siempre que *seis* y *siete* se emplean juntos, se marca mucho la diferencia entre sus significaciones respectivas.

SIETE SOLO

Pero, volviendo ahora al número *siete*, debemos considerar ante todo el significado de la palabra.

En hebreo, *siete* es שבע *(shevah)*. Procede de la raíz שבע *(savah)*, *estar lleno* o *satisfecho, tener suficiente de*. De ahí que el significado de la palabra «siete» esté dominado por esta raíz, porque en el *séptimo* día Dios reposó de la obra de la Creación. Estaba completa, y era buena y perfecta. Nada se podía añadir ni quitar a la misma sin perjudicarla. De ahí la palabra שבת *(Shavath)*, *cesar, desistir, reposar,* y שבת, *Shabbath, Sabbath,* o día de *reposo*. Esta raíz se encuentra en varios idiomas; p.e., el sánscrito, *saptan*; zend, *hapta*, griego, ἑπτά *(hepta)*; latín, *septem.* En todos éstos, como en castellano, *siete,* y en catalán, *set,* se preserva la «t», que en las lenguas semíticas y teutonas se pierde; p.e., en godo, *sibum;* alemán, *sieben;* inglés, *seven.*

Es el *siete,* por ello, que da la impronta de perfección y plenitud a aquello en relación con lo que se emplea. De *tiempo,* habla del sábado, y marca la semana de siete días, que, por artificial que pueda parecer, es de observancia universal e inmemorial entre todas las naciones y en todo tiempo. Nos habla de aquella observancia sabática eterna que queda para el pueblo de Dios en toda su eterna perfección.

En las obras creativas de Dios, *siete* completa los colores del espectro y del arco iris, y satisface en la música las notas de la escala. En cada una de éstas la *octava* es sólo una repetición de la *primera.*

Otro significado de la raíz שבע (*shavagh*) es *jurar,* o *hacer un juramento.* Queda claro por su primer uso en Gn. 21:31, «allí juraron ambos», que este juramento estaba basado en las «siete corderas del rebaño» (vv. 28, 29, 30), que señalan a la idea de *satisfacción* o *plenitud* en un *juramento.* Fue la *seguridad, satisfacción* y *plenitud* de la obligación, o plenitud del vínculo, que hizo que se empleara la misma palabra tanto para el número *siete* y un *juramento;* y por ello está escrito: «el juramento interpuesto para confirmación pone punto final a toda disputa». Beer-*seba, el pozo del juramento,* es el testigo permanente de la perfección espiritual del número *siete.* Este número se nos presenta en

LA PORTADA DE LA REVELACIÓN

La primera declaración en cuanto a la Creación original en Gn. 1:1 consiste en 7 palabras, formadas por 28 letras (esto es, 4 x 7).[8]

LAS PALABRAS DE JEHOVÁ

son puras. No son palabras angélicas (2ª Co. 12:4; 1ª Co. 13:1), ni palabras pertenecientes al cielo; sino palabras empleadas por los hombres en esta tierra, palabras humanas, y por ello tienen que ser perfectamente purificadas, como la plata lo es en un horno. En el Sal. 12:6 aparece una elipsis que exige que la palabra «palabras» sea suplida proveniente de la cláusula anterior. Entonces podemos tomar la preposición ל (*lamed*), que significa «a», en su sentido natural. La RVR77 la traduce *de* («horno de tierra»), mientras que la BAŚ traduce *en* («crisol en la tierra»). Ambas versiones yerran al no contemplar y suplir la *elipsis,* lo que hubiera posibilitado traducir כ, *a,* o *perteneciente a,* literalmente. Así:

    a | Las palabras de Jehová son palabras puras,
    b | como plata refinada en un horno;
    a | *[Palabras]* pertenecientes a la tierra,
    b | Purificadas siete veces.

Aquí tenemos las cuatro líneas completas, en las que «a» se corresponde con «*a*», siendo el tema tratado las *palabras de Jehová,* mientras que en «b» y «*b*» tenemos *la purificación:* en «b» de la plata, y en «*b*» de las palabras terrenas que usa Jehová.

Jehová toma y usa palabras «pertenecientes a este mundo», pero precisan de purificación. Algunas palabras no las emplea en absoluto; otras las emplea con un sentido más elevado; otras, con un nuevo sentido: y así quedan purificadas. Ahora bien, la plata es purificada «siete veces». De esta manera estas palabras tienen que ser perfectamente purificadas antes que puedan ser empleadas como «las palabras de Jehová».

LA SÉPTUPLE BENDICIÓN DE ABRAHAM

en Gn. 12:2, 3:

    «Haré de ti una nación grande,
    y te bendeciré,
    y engrandeceré tu nombre,
    y serás bendición.
    Bendeciré a los que te bendigan,
    Y a los que te maldigan maldeciré;
    Y serán benditas en ti todas las familias de la tierra».

Con ésta podemos comparar

EL SÉPTUPLE PACTO DE JEHOVÁ CON ISRAEL

en Éx. 6:6-8. Aquí aparecen siete promesas en tiempo futuro, *lo que da al todo la impronta de la perfección espiritual.* Van precedidas por tres declaraciones (vv. 4, 5) que dan el fundamento *divino* sobre el que se basaba la bendición:

    Establecí mi pacto con ellos, etc.
    He oído el gemido de los hijos de Israel, etc.
    Me he acordado de mi pacto.

Luego sigue la séptuple bendición:

> Yo os sacaré... de Egipto.
> Os libraré de su servidumbre,
> Os redimiré.
> Os tomaré por mi pueblo.
> Seré vuestro Dios.
> Os meteré en la tierra.
> Os la daré por heredad.

«HEBRÓN FUE EDIFICADA SIETE AÑOS ANTES DE ZOÁN EN EGIPTO»

(Nm. 13:22). Egipto era «la casa de servidumbre». Zoán era aquella ciudad en la que sus sabios fueron expuestos como insensatos (Is. 19:11-13). Era también el lugar en el que se obraron los milagros de Dios que expusieron la insensatez de aquella sabiduría humana (Sal. 78:12, 43).

Pero Hebrón, que significa *comunión*, era un lugar de Canaán, la ciudad de Abraham, «el amigo de Dios», y sigue siendo llamada hoy en día la ciudad de *El Khulil*, «*del Amigo*». En su valle, el de Escol, crecían los mejores frutos de la tierra de Emanuel.

«Hebrón fue edificada siete años antes de Zoán en Egipto». Esta frase, que se da incidentalmente en forma parentética, en el momento en que Su pueblo descubrió por primera vez la existencia de Hebrón, contiene la sugerencia de una profunda verdad espiritual, como se ve en la significación del número *siete*.

Muestra que la esfera de la amistad y comunión divina y de los deleites celestiales fue establecida en la eternidad, siendo que *siete* años marca la perfección espiritual del tiempo, antes que la sabiduría de este mundo tuviera existencia o lugar. (Véanse Sal. 90:2; 103:17; Pr. 8:22-31; Mi. 5:2; Jn. 17:5-24; 1ª Co. 2:7; Ef. 1:4–3:11; 2ª Ti. 1:9; Tit. 1:2; 1ª P. 1:19, 20.)

EL SÉPTUPLE ROCIAMIENTO

implica que era perfecta y *espiritualmente* eficaz.

En el gran Día de la Expiación la sangre era rociada «SOBRE la superficie del Propiciatorio, a la parte del oriente» (Lv. 16:14, V.M.). Esto era con respecto a Dios, y por ello se hacía *una* vez y sobre el Propiciatorio. Pero «DELANTE del Propiciatorio» tenía que ser rociada *siete* veces, por cuanto ello constituía el perfecto testimonio para el *pueblo* de que se había efectuado la expiación de sus pecados.

Las instrucciones para el Día de la Expiación se dan en Lv. 16, pero de otros pasajes vemos que había *siete* rociamientos en aquel gran día, para señalar la perfección de la expiación efectuada:

1. Sobre el propiciatorio (Lv. 16:14).
2. Delante del propiciatorio (Lv. 16:14).
3. Delante del velo (Lv. 4:17).
4. Sobre los cuernos del altar de oro (Éx. 30:10).
5. Sobre los cuernos del altar de bronce (Lv. 16:18).
6. Alrededor del altar (Lv. 16:19).
7. La sangre restante era derramada al pie del altar de bronce (Lv. 4:18).

LOS SALMOS

están marcados de muchas maneras con este número de perfección espiritual.

Hay 126 Salmos que tienen títulos. Esto es 7 x 18.

Hay *siete* nombres mencionados en los títulos como autores de estos Salmos:

1. David, 56 (7 x 8).
2. Los hijos de Coré, 11 (Sal. 42; 44-49, 84, 85, 87, 88).
3. Asaf, 12 (Sal. 50, 73-83).
4. Hemán ezraíta, 1 (Sal. 88).
5. Etán ezraíta, 1 (Sal. 89).
6. Moisés, 1 (Sal. 90).
7. Salomón, 1 (Sal. 72).

Hay 14 Salmos (2 x 7), todos de David, que fueron escritos en ocasiones históricas: Sal. 3, 7, 18, 30, 34, 51, 52, 54, 56, 57, 59, 60, 63 y 117.

En el Nuevo Testamento se atribuyen siete Salmos a David de manera específica, por su nombre:

(1) El Salmo 2 en Hch. 4:25: «Que por boca de DAVID tu siervo dijiste: ¿A qué fin se amotinan las gentes, y los pueblos piensan cosas vanas?»

(2) El Salmo 16 en Hch. 2:25: «Porque DAVID dice de él: Veía siempre al Señor delante de mí; porque está a mi diestra, para que yo no sea conmovido».

(3) El Salmo 32 en Ro. 4:6: «Como también DAVID habla de la bienaventuranza del hombre a quien Dios atribuye justicia sin obras».

(4) El Salmo 41 en Hch. 1:16: «Era menester que se cumpliese la Escritura en que el Espíritu Santo habló antes por boca de DAVID acerca de Judas».

(5) El Salmo 69 en Ro. 11:9: «Y DAVID dice: Conviértase su mesa en trampa y en red, en tropezadero y en retribución».

(6) El Salmo 95 en He. 4:7: «Otra vez fija un día: Hoy, diciendo después de tanto tiempo, por medio de DAVID, como está predicho: Si oís hoy su voz...».

(7) El Salmo 109 en Mt. 22:43: «¿Pues cómo David en el Espíritu le llama Señor, diciendo: Dijo el Señor a mi Señor», etc.

Se observará que estas *siete* citas están dispuestas como el candelero de oro, en dos tríos con una en el centro, así:

3 en Hechos
1 en los Evangelios, y
3 en las Epístolas

O como el candelero:

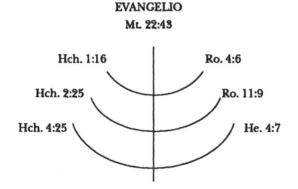

EVANGELIO
Mt. 22:43

Hch. 1:16   Ro. 4:6

Hch. 2:25   Ro. 11:9

Hch. 4:25   He. 4:7

Las siete citas del Salmo 69 en el Nuevo Testamento

muestran que este Salmo es de gran importancia, y marcan su perfección espiritual, en relación con el Señor Jesús.

(1) Versículo 4. El Señor mismo cita este pasaje cuando los Once están reunidos a Su alrededor justo después de la institución de la Cena, después de decirles que debían esperar el aborrecimiento del mundo, debido a que Él los había escogido fuera de él. Jn. 15:18-25.

(2) Versículo 9. Una vez más, los discípulos recordaron que había sido escrito con respecto al Señor. Jn. 2:13-17.

(3) Versículo 9. El Espíritu Santo lo emplea para exhibir a Cristo como modelo, así como Cristo no se agradó a Sí mismo. Ro. 15:3.

(4) Versículo 21. Fue cumplido en la crucifixión. Mt. 27:34, 38.

(5) Versículos 22 y 23. El Espíritu Santo, refiriéndose al hecho de que Israel no había obtenido aquello que buscaba, sino sólo el remanente escogido, habiendo quedado cegado el resto, dice Ro. 11:7-10.

(6) Versículos 24 y 27. Refiriéndose a la persecución de los cristianos por parte de los judíos. 1ª Ts. 2:15, 16.

(7) Versículos 25 y 27. El Señor, en Su última denuncia, concluyendo Su testimonio contra Jerusalén, dice Mt. 23:29-38.

Este *siete* está dividido en sus usuales *cuatro* y *tres*; de estas citas, *cuatro* se encuentran en los Evangelios, y *tres* en las Epístolas. Además, aparecen en el primero y último de los Evangelios, y en la primera y última de las Epístolas escritas a las Iglesias. Así, queda marcada la impronta de la perfección espiritual.

En Mateo	2 }	4 en los Evangelios	} 7
En Juan	2 }		
En Romanos ...	2 }	3 en las Epístolas	
En Tesalonicenses	1 }		

«VARÓN DE DIOS»

Hay *siete* que reciben este apelativo en el Antiguo Testamento:

Moisés, Dt. 33:1, y otras cinco veces.
David, 2º Cr. 8:14, y dos veces más.
Samuel, 1º S. 9:6, y tres veces más.
Semaías, 1º R. 12:22, y otra vez (2º Cr. 11:2).
Elías, 7 veces.
Eliseo, 2º R. 4:7, y veintinueve veces más.
Igdalías, una vez, Jer. 35:4.

Y uno en el Nuevo Testamento, sobre el terreno de la Resurrección (Timoteo), con lo que hay *ocho* en total.

SIETE COSAS DÉBILES EN LOS JUECES

empleadas por Dios como instrumentos de liberación, marcando y poniendo la impronta de la perfección espiritual de Su obra:

1. Un hombre zurdo (3:21), Eúd, logrando liberar al pueblo de la opresión moabita.
2. Una aguijada de bueyes (3:31) en manos de Samgar, liberando de los filisteos.
3. Una mujer (4:4) y
4. Una estaca de una tienda en manos de Jael (4:21). Con estos dos últimos medios se logró liberarse de Jabín, rey de Canaán.
5. Un pedazo de rueda de molino (9:53), echada por otra mujer, libró al pueblo del usurpador Abimelec.
6. Los cántaros y las trompetas de los 300 de Gedeón (7:20) pusieron en fuga a los ejércitos de Madián.
7. La quijada de un asno (15:16), con la que Sansón liberó a Israel de los filisteos.

¿Y por qué esto en relación con el «Salvador» (2:16-18) que Dios suscitaba y empleaba? Para que «nadie se jacte en Su presencia» (1ª Co. 1:29).

Así en tiempos posteriores, siempre que Dios «ha obrado portentos», Él ha escogido «lo débil del mundo, para avergonzar a lo fuerte» (1ª Co. 1:27). Así era en los días de los apóstoles, y ha sido en todas las edades. Fue *Lutero*, el hijo de un minero, a quien Dios escogió para «sacudir al mundo». Fue *Calvino*, el hijo de un tonelero de la región francesa de Picardía, mediante quien Dios edificó a Su iglesia en la Fe. Fue *Zuinglio*, el hijo de un ovejero en los Alpes, mediante quien Dios estableció la Reforma en Suiza. Fue *John Knox*, el hijo de un mero ciudadano en una población rural, que hizo que Escocia llegara a ser conocida como «la Tierra de Knox».

Y así, a través de las edades, Dios ha dejado claro que es Él quien es el que obra, y que los instrumentos que Él emplea nada son. Generalmente rechazaba al primogénito del hombre, eligiendo a un hijo más joven. Tomó a David, el menor, de detrás del rebaño, para regir a Su pueblo, como había escogido a Gedeón, el hijo menor de la más pobre familia de Manasés, para liberar a Israel de la hueste madianita.

LA SÉPTUPLE CALIFICACIÓN PARA EL SERVICIO

Se ve en el caso de Gedeón, Jue. 6.

1. *Convicción* en cuanto a su propia humillante condición, v. 11, como se ve en el v. 15.
2. Un corazón ejercitado, v. 13, probablemente por el testimonio del profeta, v. 8.
3. Sin confianza en la carne, v. 15.
4. Paz con Dios por la gracia; la paz de Dios como don, vv. 17, 18, 22, 23.
5. Adoración, v. 24.
6. Obediencia en las cosas pequeñas, vv. 25-27.
7. Poder para grandes cosas, vv. 33-35; y cap. 8.

Un cuidadoso estudio de Jue. 6 rendirá beneficios espirituales, dándonos instrucción en cuanto a los caminos de Dios llamando y dando capacidad a Sus siervos.

SIETE ENCINAS

aparecen mencionadas en el Antiguo Testamento; y las *siete* se dividen entre *cuatro* y *tres*, estando las *tres* primeras conectadas con sepulturas.

Gn. 35:4. Jacob sepultó terafines (idolillos).
Gn. 35:8. La nodriza de Raquel.
1º S. 31:13. En Jabés, sepultura de Saúl y sus hijos.
Jos. 24:26. La piedra de testimonio bajo una encina.
2º S. 18:9. La encina de Absalón.
Jue. 6:11. En Ofrá, donde se apareció el ángel a Gedeón.
1º R. 13:14. Donde estuvo sentado el varón de Dios.

SIETE DE LOS HIJOS DE ISAY

pasaron delante de Samuel (1º S. 16) para mostrar que la perfección de la naturaleza no puede dar nada para Dios.

SIETE MILAGROS EN EL EVANGELIO DE JUAN

2. El agua transformada en vino.
4:7. El hijo del noble.
5:4. En el estanque de Betesda.
6. La alimentación de los 5.000.
9:1. El hombre nacido ciego.
11. La resurrección de Lázaro.
12. La pesca prodigiosa.

Éstos constituyeron la perfección espiritual de las «señales» de que Jesús era el Cristo.

LAS SIETE PALABRAS A LA MUJER DE SAMARIA

en Jn. 4 son de gran interés, y queda con ello patente la perfección de los tratos de Cristo con ella.

(1) v. 7. Atrayendo la atención de ella con Su petición: «Dame de beber».
(2) v. 10. Llevándola a pedirle a Él de beber.
(3) vv. 13, 14. Describiendo el agua que Él da.
(4) v. 16. La flecha de la convicción: «Ve», «llama» y «ven».
(5) v. 17. Aumentando la convicción.
(6) vv. 21-24. Respondiendo a sus preguntas y a sus dudas.
(7) v. 26. Revelándose a Sí mismo.

LAS SIETE APARICIONES DE ÁNGELES [10]

durante la vida de Jesús en la tierra.

1. A los pastores (Lc. 2:9).
2. A José (Mt. 2:13).
3. A José (Mt. 2:19).
4. Después de la Tentación (Mt. 4:11).
5. En Getsemaní (Lc. 22:43).
6. En la Resurrección (Mt. 28:2).
7. En la Ascensión (Hch. 1:10).

LAS SIETE COSAS QUE CONTAMINAN ESPIRITUALMENTE

«Del corazón salen», y redondean la imagen de contaminación espiritual, enfatizando el hecho de que la contaminación espiritual es causada no por aquello que «entra en la boca», sino por lo que «sale del corazón» (Mt. 15:19).

No hay fin a la mera enumeración de los grupos de *siete* cosas que se hallan en la Biblia. Muchos estudiosos las han señalado, y algunos han publicado listas de sus descubrimientos. Esta parte de nuestro tema es tan bien conocida y explorada que podemos dejarla aquí, señalando meramente unos pocos ejemplos misceláneos. Samuel[11] señala unos hechos curiosos en relación con

LOS DIEZ MANDAMIENTOS

Éstos fueron escritos con el dedo de Dios, y debieran estar, por ello, especialmente marcados con el sello de la perfección espiritual.

1. *Siete* de ellos comienzan con la palabra לֹא, *no*.
2. La palabra יוֹם, *día*, aparece *siete* veces.
3. La preposición בְּ, *en*, *siete* veces.
4. La preposición לְ, *a*, 14 veces.
5. «Sobre» y «encima» juntas, *siete* veces.
6. «Servir», «siervo», «sierva», juntas, *siete* veces.
7. La relación de «padre», «madre», «hijo», «hija», «esposa», juntos, *siete* veces.
8. Los números «tercero», «cuarto», «seis», «séptimo» y «miles», juntos, *siete* veces.
9. «Jehová» y «Dios», juntos, 14 veces.

10. Se usan *siete* diferentes pronombres, 49 veces en total (7^2).[12]

11. El pronombre de la tercera persona del singular aparece *siete* veces.

12. La conjunción («y» y «ni») *siete* veces en el segundo mandamiento.

13. El artículo determinado, *siete* veces en el cuarto mandamiento.

14. El cuarto mandamiento prohíbe hacer cualquier obra en el *séptimo* día a *siete* personas y cosas.

15. El décimo mandamiento prohíbe codiciar a *siete* personas y cosas.

16. El tercer mandamiento contiene 21 (7 x 3) palabras simples.

17. El noveno mandamiento contiene 7, y

18. El décimo contiene 28 (7 x 4).

EL REPARTIMIENTO DE SIETE ENTRE CUATRO Y TRES

es generalmente evidente, especialmente en Apocalipsis.

Las promesas a las Iglesias

son *siete.* Cada una de ellas contiene la solemne exhortación: «El que tenga oído, oiga lo que el Espíritu dice a las iglesias». En las *tres* primeras epístolas la promesa (que se refiere en su imaginería al *pasado) sigue* a esta exhortación, mientras que en las últimas *cuatro* la promesa (que tiene referencia a bendiciones *futuras)* la precede.

Así, nuestra atención queda atraída a esta gran exhortación. Nos dice que cuando estas epístolas fueron enviadas, la Iglesia y las iglesias habían fracasado todas en su capacidad corporativa. No se dirigen a las iglesias, sino a individuos; y en todo ello es a los individuos a los que se exhorta. Lo mismo sucede con las Epístolas de Juan, escritas, como su Evangelio y Apocalipsis, a fines del siglo primero. Así que no debemos ni podemos hacer lo que se nos dice por todas partes: «Volvamos a los primeros tres siglos», u «oye la voz de la Iglesia» porque antes de que finalice el primer siglo somos llamados a escuchar no aquello que digan la iglesia o las iglesias, sino que el individuo es exhortado a que «oiga *lo que el Espíritu dice a las iglesias».*

Los siete sellos

también se reparten así; los primeros cuatro quedan marcados por el mandato de «ven»[13] que se da al jinete, mientras que los otros tres son totalmente diferentes.

Las siete trompetas

se reparten asimismo entre tres y cuatro, quedando separadas las primeras cuatro de las últimas tres por el ángel volando y clamando: «¡Ay, ay, ay!»

Las siete parábolas de Mateo 13

quedan marcadas por lo mismo, como ya se ha visto en la página 143. Este repartimiento queda aún más marcado por el hecho de que las *tres* comienzan con una palabra traducida variamente como «Además», «También» y «Asimismo» (vv. 44, 45 y 47), mientras que las *cuatro* están separadas por la palabra «otra», indicándose así que en las *cuatro* tenemos cuatro diferentes revelaciones en su relación con el *mundo*, mientras que en las *tres* tenemos una repetición de la una verdad en diferentes formas[14] en su relación con el pueblo de Dios.

EJEMPLOS MISCELÁNEOS

Los *siete* dones de Ro. 12:6-8.
Las *siete* unidades de Ef. 4:4-6. (Véase p. 72).
Las *siete* características de la sabiduría, Stg. 3:17.
Los *siete* dones de Cristo en el Evangelio de Juan:

> Su carne, 6:51.
> Su vida, 10:11.
> Su ejemplo, 13:15.
> El Consolador, 14:16.
> «Mi paz», 14:27.
> Sus palabras, 17:8, 14.
> Su gloria, 17:22.

Las *siete* cosas «mejores» en Hebreos

> Pacto, 7:22.
> Promesas, 8:6.
> Bienes, 10:34.
> Esperanza, 7:19.
> Sacrificios, 9:23.
> Patria, 11:16.
> Resurrección, 11:35.

Los *siete* títulos de Cristo en Hebreos:

Heredero de todo, 1:2.
Autor de nuestra salvación, 2:10.
Apóstol, 3:1.
Fuente de eterna salvación, 5:9.
Precursor, 6:20.
Sumo Sacerdote, 10:21.
Autor y consumador de la fe, 12:2.

El *séptuple* «una sola vez», *ἅπαξ (hapax)*. *Una vez por todas*, en Hebreos (9:7, 26, 27, 28; 10:2; 12:26, 27).

Las *siete* exhortaciones en Hebreos: «Acerquémonos», 10:22; «mantengamos», v. 23; «considerémonos», v. 24; «despojémonos», 12:1; «tengamos gratitud», v. 28; «salgamos», 13:13; «ofrezcamos», v. 15.

Las *siete* gracias de 2ª P. 1:5-7.

Las *siete* adscripciones de alabanza en Ap. 5:12; 7:12, etc.

Las *siete* cosas «eternas» en Hebreos:

Un sacerdote para siempre, 5:6.
Eterna salvación, 5:9.
Juicio eterno, 6:2.
Eterna redención, 9:12.
Espíritu eterno, 9:14.
Herencia eterna, 9:15.
Pacto eterno, 13:20.

Las *siete* primicias de:

La resurrección, 1ª Co. 15:20-23.
El Espíritu, Ro. 8:23.
La Nueva Creación, Stg. 1:18.
Israel, Ro. 11:16.
Los «redimidos de la tierra», Ap. 14:5.
Las misiones, Ro. 16:5.
El ministerio, 1ª Co. 16:15.

Las *siete* parábolas de Mt. 13.[15]

El *séptuple* «bienaventurados» en Apocalipsis: 1:3; 14:13; 16:15; 19:9; 20:6; 22:7, 14.

Los *siete* «misterios» o secretos:
El reino, Mt. 13:11; Mr. 4:11; Lc. 8:10.
La ceguera parcial de Israel, Ro. 11:25.
La Iglesia o Cuerpo de Cristo, Ro. 16:25; Ef. 3:3, 4, 9; 5:32;
6:19; Col. 1:26, 27; Ap. 1:20.
La primera Resurrección, 1ª Co. 15:51.
El propósito secreto de Dios, Ef. 1:9; Col. 2:2; Ap. 10:7.
El secreto propósito del diablo, 2ª Ts. 2:7.
Babilonia, Ap. 17:5, 7.

Los *siete* pasos en la humillación de Jesús, y los *siete* en Su exaltación en Fil. 2.

Las *siete* palabras de Jesús desde la Cruz:
«Padre, perdónalos, porque no saben lo que hacen», Lc.
23:34.
«De cierto te digo: Hoy estarás conmigo en el Paraíso», Lc.
23:43.
«Dios mío, Dios mío, ¿por qué me has desamparado?» Mt.
27:46.
«Mujer, he ahí tu hijo... He ahí tu madre», Jn. 19:26.
«Tengo sed», Jn. 19:30.
«Padre, en tus manos encomiendo mi espíritu», Lc. 23:46.
«Consumado está», Jn. 19:30.

La *séptuple* aparición de la expresión «en Cristo», en 2ª Timoteo: 1:1, 9, 13; 2:1, 10; 2:12, 15.

El misterio de Dios queda consumado con la *séptima* copa de la *séptima* trompeta del *séptimo* sello.

El «*séptimo*» hombre «*desde Adán*» «*desapareció*, porque le llevó Dios» (Gn. 5:24).

El día de la expiación era en el mes *séptimo* (Lv. 16:29).

Los animales limpios fueron introducidos en el Arca por *sietes* (Gn. 7:2). (Los otros fueron introducidos a pares, 6:19.)

Siete peldaños conducen al templo en Ez. 40.

La Oración del Señor contiene *siete* peticiones. Éstas se reparten en cuatro y tres. Las primeras tres tienen relación con Dios, y las otras cuatro, con el hombre.

Siete lavamientos son típicos de nuestra purificación espiritual total (2º R. 5:14).

NÚMEROS DE PALABRAS Y DE SUS APARICIONES

Pasando ahora a otro departamento, llegamos a un tema extenso, que ya se ha tocado (véanse pp. 36-54).

Hay autores que ven el *siete* en todas partes y en todo en la Biblia.[16] Pero con esto se niega en la práctica la significación de todos los demás números, y se pierde toda la instrucción que dan. Sin embargo, se tiene que admitir que en la estructura y forma externa de la Sagrada Escritura, siendo como es la obra especial del Espíritu Santo, vemos esta impronta de *perfección espiritual* de una manera muy notable.

Samuel llama la atención al número tal como lo vemos:

1. En el uso de *palabras* simples.
2. En el uso de *frases* importantes.
3. En grupos de palabras provenientes de la misma *raíz.*
4. En grupos de palabras de raíces *diferentes,* pero con un significado similar.

Veamos unos cuantos ejemplos, y ante todo el número de palabras que se emplean para algo en particular. Ya hemos visto un ejemplo de esto en el número *Seis.*

SIETE PALABRAS PARA ORO

Así como el *bronce* simboliza el juicio (lo que se ve en el altar de bronce), de la misma manera el *oro* es símbolo de la gloria, y la gloria es gracia consumada. «Gracia y gloria dará Jehová» (Sal. 84:11). «A los que justificó, a éstos también glorificó» (Ro. 8:30).

De ahí el número de la perfección espiritual en las palabras que se emplean para el oro:

1. זָהָב *(zah-hahv),* de la raíz *brillar,* como el oro. Por ello viene a ser el nombre común para el oro. Se trata de oro terreno, debiendo ser la Palabra de Dios más deseada que él (Sal. 19:7-10).

2. פָז *(pahz), oro fino* o *refinado.* «Deseables son más que el oro (זָהָב) y más que mucho oro afinado (פָז)», Sal. 19:7-10.
   «Por eso amo yo tus mandamientos más que el oro (זָהָב); más que el oro muy fino (פָז)», Sal. 119:127.
   «Corona de oro fino (פָז) has puesto sobre su cabeza» (Sal. 21:3).

Por esto, esta palabra se emplea apropiadamente de las perfecciones de la Palabra viviente y escrita. Por cuanto Él «no conoció pecado» (2ª Co. 5:21). Él «no hizo pecado» (1ª P. 2:22). «No hay pecado en él» (1ª Jn. 3:5).

3. בצר (betzer), Job 22:24, 25, y בצר (b'tzar), mena o polvo de oro, de la raíz excavar o tronchar. Por ello se usa del oro quebrantado.

El sentido de Job 22:24, 25 queda completamente perdido en la Reina-Valera. En la BAS se lee, desde el v. 22:

«Recibe, te ruego, la instrucción de su boca,
Y pon sus palabras en tu corazón.
Si vuelves al Todopoderoso, serás restaurado.
Si alejas de tu tienda la injusticia,
Y pones tu oro (בצר) en el polvo,
Y el oro de Ofir entre las piedras de los arroyos,
El Todopoderoso será para ti tu oro (בצר),
Y tu plata escogida».

Por ello, si tenemos Su palabra morando en nosotros, Él mismo es nuestro tesoro y defensa. «Escudo y adarga es su verdad» (Sal. 91:4).

4. חרוץ (chah-rutz), de חרץ (charatz), tronchar o talar acortando; luego se usa del instrumento que el lapidario emplea; y luego de las piezas cortadas. Por ello se emplea del oro en trozos o partes, como se preserva en el término inglés carats (quilates), especialmente aplicado al oro.[19]

En su aplicación al hecho de que somos «hechura» de Dios, somos cortados y probados como el oro y las piedras preciosas. «Me examinará, y saldré como el oro» (Job 23:10). «El crisol para la plata, y la hornaza para el oro; pero Jehová prueba los corazones» (Pr. 17:3).

5. כתם (keh-them), de כתם (kah-tham), cortar adentro, grabar (sólo en Jer. 2:22: «la mancha de tu pecado permanecerá aún delante de mí»). Empleada de oro, implica

que es genuino, de ley, teniendo la marca del contraste grabada en él.[18] Como título en los Salmos se emplea con el prefijo מ, *mem*. מכתם (*mictam*), *escrito, escritura*, especialmente un escrito cortado adentro o grabado con un estilo (como en la LXX, στηλογραφία, *stēlografía*, «una escritura esculpida»[19]). מכתב, *mictaev*, significa simplemente *un escrito*.[20] Un escrito de David concerniente al Hijo y Señor de David.

6. מגור (*s'gohr*), de מגר (*säh-gar*), *encerrar, incluir*, empleado del oro como *sólido*, 1º R. 6:20: «Lo cubrió de oro *purísimo*», esto es, planchas de oro, no meramente un pan de oro. Aparece en Job 28:15: «No se dará por oro», esto es, la sabiduría de la Palabra de Dios. «Toda palabra de Dios es limpia». «No añadas nada a sus palabras».

7. דהב (*d'hav*, arameo), significando lo mismo que זהב (véase No. 1); aparece sólo en Esdras y Daniel.

Así, el hecho de que se empleen *siete* palabras para el oro nos habla de la perfección espiritual de la Palabra de Dios, que tan frecuentemente se compara con él.

SIETE NOMBRES DIFERENTES PARA PALESTINA

Sólo en el Antiguo Testamento:

1. «La Tierra Santa», Zac. 2:12 (אדמת הקדש, *Admath Ha-Kadosh*; LXX, ἡ γῆ ἡ ἁγια, *hē gē hē hagia*; primitivos escritores cristianos, *Terra sancta*). Término muy común en la Edad Media, empleado en la actualidad sólo geográficamente.

2. «La Tierra de Jehová», sólo en Os. 9:3. Comparar Lv. 25:23; Sal. 85:1; Is. 8:8; Jl. 1:6; 3:2; Jer. 16:18.

Sólo en el Nuevo Testamento:

3. «La Tierra Prometida», He. 11:9. Este título se basa naturalmente en el Antiguo Testamento y otras Escrituras. Comparar Gn. 13:15; Dt. 34:1-4; Gn. 50:24; Ez. 20:42; Hch. 7:5.

4. Judea, o la Tierra de Judá, יהודה ארץ. Este nombre fue primeramente empleado sólo del territorio de la Tribu de Judá (2º Cr. 9:11); pero después de la Cautividad se empleó para designar a todo el territorio, incluyendo el este del Jordán, Lc. 1:5; 23:5; Mt. 19:1; Hch. 28:21.

En el Antiguo y Nuevo Testamento:

5. «La Tierra», הארץ, *Ha-ahretz*, Rt. 1:1; Jer. 12:11; Lc. 4:25; Mt. 27:45. Era un nombre estrictamente judío.

6. «La Tierra de Israel», ישראל ארץ. Usado por vez primera en 1º S. 13:19, y ocasionalmente en libros posteriores (2º R. 5:2; 6:23). En Ezequiel aparece con más frecuencia que en el resto de la Biblia. Mt. 2:21. Este nombre es también esencialmente judío.

7. «Canaán», כמען (*K'naan*). Llamado así por el hijo de Cam, cuyos descendientes lo ocuparon al principio (Gn. 9:18; 10:15-19). Es por ello su nombre más antiguo, y esta designación estaba geográficamente limitada al país al oeste del Jordán. Véanse Éx. 6:4; 15:15; Lv. 14:34; Dt. 22:39; Jos. 14:1; Sal. 105:11; Gn. 17:8.

El nombre *Palestina* es equivalente a *Filistea*. Véanse Sal. 60:8; 87:4; 108:9. Nunca se emplea de toda la tierra, sino sólo de «Filistea». Véase Kitto, vol. III, p. 386.

ALGUNAS PALABRAS QUE APARECEN SIETE VECES

(1) *Antiguo Testamento*

אזור (*eh-zör*), un cinto, 14.

אזכרה (*az-kah-rah*), memorial, 7.

אכר (*ik-kar*), labrador, 7.

אנף (*ah-naph*), estar airado, 14.

אמר (aram., *esahr*), un decreto, 7 (todas en Daniel).

אפק (*ah-phak*), refrenar, 7.

בקר (*bah-kar*), escudriñar, 7.

בר (*bar*), limpio, 7.

בר (*bar*) y בר (*bahr*), trigo, 15.

ברי (*b'ri*) y בריא (*bah-ri*), grosura, 14.

ברית (b'rith), pacto; 7 en Gn. 9, del pacto de Dios con Noé; y 14 en Gn. 15 y 17, del pacto de Dios con Abraham.

גולה (goh-lah), cautividad, 42 (7 en la forma sencilla, y 7 con la preposición ב, *hacia*, prefijada).

גזה (gizzah), un vellón, 7 (todas en Jue. 6:37-40).

גן (gan), un huerto, 42 (14 veces en Génesis, y 28 en otros lugares).

דשא (deh-sheh), hierba, 14.

זקק (zah-kak), afinar, 7.

חי (chah'y), viviente: en arameo, 7.

En hebreo, 168:

Levítico	... ...	35	⎫
Números	... ...	7	⎪
Deuteronomio	...	21	⎬ 168 (7 x 8 x 3)
Samuel	... ...	49	⎪
Salomón	... ...	56	⎭

En arameo aparece 7 veces (Esd. 6:10; Dn. 2:30; 4:17, 34; 6:20, 26; 7:12).

טירה (ti-rah), un cercado, o castillo, etc., 7.

טף (taph), niñitos, 42.

Deuteronomio	... ...	7	⎫
Resto del Pentateuco	...	21	⎬ 42 (6 x 7)
Otros pasajes	... ...	14	⎭

יהודי (y'hudi), un judío (singular) ... ... 10 ⎫ 14
Yehudi (nombre propio) ... 4 ⎭

ילד (yah-lad), engendrar, 28 en Gn. 5.

יצחק (yitz-chahq) y ישחק (yis-chahq), Isaac, 112:

Deuteronomio	... ...	7	⎫
Resto del Pentateuco	...	91	⎬ 112 (7 x 8 x 2)
Otros pasajes	... ...	14	⎭

כהן (Koh-heyn), sacerdote, 7 en Génesis.

כהנה (K'hunnah), el sacerdocio, 14.

לבנה (l'voh-nah), incienso, 21 (7 en Levítico).

מן (mahn), maná, 14.

נא (nah), Yo oro, o hago voto, 406 (7 x 58).

נגינה (n'gee-nah), un cántico, 14:

En títulos de Salmos, 7.
En otros pasajes, 7.

נגן (nah-gan), tocar un instrumento de cuerda, 7 veces en 1º S. 16-19, siempre acerca de David.

צאצאים *(tzeh-'tzahim)*, descendencia, 7 en Isaías.

צום *(izum)*, ayunar, 21.

קהלת *(qö-he-leth)*, un predicador, 7, todas en Eclesiastés.

    3 al comienzo, 1:1, 2, 12.
    1 en el medio, 7:27.
    3 al final, 12:8, 9, 10.

נעם *(noh-gam)*, hermosura, Sal. 27:4; 90:17; Zac. 11:7, 10; agrado, Pr. 3:17; placentero, Pr. 15:26; 16:24.

נתן *(n'than)*, dar u otorgar, Esd. 4:13; 7:20 dos veces; Dn. 4:16, 17, 25, 32.

עלמה *(al-mah)*, una doncella, Gn. 24:43; Éx. 2:8; Sal. 68:25; Pr. 30:19; Cnt. 1:3; 6:8; Is. 7:14.

שרף *(sah-raph)*, serpientes ardientes, Nm. 21:6, 8; Dt. 8:15; Is. 6:2, 6; 14:29; 30:6.

רמה *(rim-mah)*, un gusano, 7.

שטן *(sah-tahn)*, Satán, 14 veces en Job.

תור *(tohr)*, tórtola, 14.

El-Shaddai[21] (Dios Omnipotente), Gn. 17:1; 28:3; 35:11; 43:14; 48:3; Éx. 6:36; Ez. 10:5.

(2) *Nuevo Testamento*

ἁγνίζω *(agnizö)*, purificar, 7.

ἀήρ *(aër)*, aire, 7.

ἀνάστασις *(anastasis)*, resurrección; 42 veces, 21 de ellas con el artículo, y siete en caso dativo.

ἀπάτη *(apatë)*, engaño, 7.

ἄπειμι *(apeimi)*, estar ausente, 7.

ἀργύριον *(argurion)*, piezas de plata, 7 (en relación con dinero Judas).

ἀστήρ *(astër)*, estrella, 14 veces en Apocalipsis.

ἄφθαρτος *(aphthartos)*, incorruptible, 7.

βασιλεύω *(basileuö)*, reinar, 21 (*siete* de ellas en Apocalipsis, 14 en otros pasajes).

δοῦλος *(doulos)*, siervo, 14 en Apocalipsis.

ἐπίσταμαι *(epistamai)*, conocer, 14.

ἐπιστάτης *(epistatës)*, maestro, 7 (todas en Lucas).

ἐπιταγή *(epitagë)*, mandamiento, 7.

ἡγέομαι *(hegeomai)*, ser jefe, 28.

ἄμωμος *(amömos)*, sin mancha, 7 (Ef. 1:4; 5:27; Col. 1:22; He. 9:14; 1ª P. 1:19; Jud. 24; Ap. 14:5).

παρουσία *(parousia)*, presencia o venida, 7 veces en 1ª y 2ª Tesalonicenses (4 veces en la Primera Epístola y 3 en la Segunda).

Σιών *(Siön)*, Sión, 7 veces.

φίλημα *(philëma)*, un beso, 7.

ᾠδή *(odë)*, un cántico, 7.

φαλμός *(psalmos)*, salmo, 7.

FRASES

(1) *Antiguo Testamento*

אל קנא *(El quannah)* 5 ⎫
אל קנוא *(El quannoh)* 2 ⎭ un Dios celoso.

הנה ימים באים *(Hinneh yahmim bahim)*, He aquí vienen los días, 21.[22]

טהור הוא *(tahör hu)*, él o ello (es) inmundo, 7 (todas en Levítico 11 y 13).

טמא הוא *(tamey hu)*, él o ello (es) inmundo, 7 en Lv. 13.

טמא הוא לכם *(tamey hu lahkem)*, él o ello es inmundo para vosotros, 7 (todas en Lv. 11 y Dt. 14).

יברכך יהוה אלהיך *(Y'bahrek'kah Y'hovah Eloheka)*, Jehová tu Dios te bendecirá, 7; Dt. 14:24, 29; 15:10; 16:10, 15; 23:20; 24:19.[23]

יהוה צבאות *(Y'hovah Ts'baioth)*, Jehová de los ejércitos, 7 en los Salmos y 14 en Hageo.

כי יהוה דבר *(Ki Y'hovah dibber)*, porque Jehová ha hablado, 7; 1º R. 14:11; Is. 1:2; 22:25; 25:8; Jer. 13:15; Jl. 4:8; Abd. 18.

«Vivo yo, dice Jehová Dios», 14 (todas en Ezequiel).

«Vivo yo» (dicho por Dios), 7; Nm. 14:28; Is. 49:18; Jer. 22:24; 46:18; Ez. 17:19; 33:27; Sof. 2:9.

«Hija de Jerusalén» 14 (7 en singular, 7 en plural).

«Madrugando para enviárselas» (V.M.; RVR77: «Envió constantemente»; dicho de Dios), 7 (en 2º Cr. 36:15, y seis veces en Jeremías).

«Sadrac, Mesac y Abed-nego» (arameo), 14 veces en Dn. 2:49–3:30.

«La tierra que [Dios] juró a Abraham, a Isaac y a Jacob», 7: Gn. 50:24; Ex. 33:1; Nm. 32:11; Dt. 1:8; 6:10; 30:20; 34:4.

«El árbol de la vida», 7 (3 en Gn., lit.; y 4 en Pr., fig.).

«Voz de Jehová», 7 veces en Sal. 29.

«Y aconteció en los días de», ויהי בימי *(Vay'hi Bimaye)*, 7 veces, indicando siempre un tiempo de dolor y angustia [ויהי (Vayhi), sonando como el griego οὐαί, ¡ay!], seguido por una manifestación de la gracia en liberación.

(1) Gn. 14:1. La guerra que trajo dolor a Lot y angustia a Abraham, termina con la bendición de Melquisedec.

(2) Rut 1:1. El hambre y el luto terminan en bendición, matrimonio y redención.

(3) 2º S. 21:2. Un hambre que vuelve a terminar en liberación divina (v. 14).

(4) Is. 7:1. La confederación en contra de Jerusalén termina con la promesa del nacimiento del Mesías (v. 14).

(5) Jer. 1:3. La cautividad de Judá es seguida por la promesa de la restauración.

(6) Est. 1:1 El peligro y la angustia de la nación judía terminan en una feliz y completa liberación.

(7) Lc. 2:1. El censo de César Augusto, mostrando que la tierra y el pueblo eran tributarios de Roma, seguido por el nacimiento del Señor Jesús.

De Jehová se dice 7 veces que «mora entre los querubines»: 1º S. 4:4; 2º S. 6:2; 2º R. 19:15; 1º Cr. 13:6; Sal. 80:1; 99:1; Is. 37:16.

(2) Nuevo Testamento

«Como está escrito»,[24] 28 (4 x 7).

καθὼς γέγραπται	...	24 }	28 { Evangelios	... 7
ὡς γέγραπτα ι	... ...	4	Romanos	... 14
			Otros pasajes...	7

«Desde la fundación del mundo», ἀπὸ καταβολῆς κόσμου (apo katabolës kosmou), 7 veces, debido a que se relaciona con la obra de la gracia de Dios; mientras que la frase «antes de la fundación del mundo» aparece 3 veces,[25] debido a que se relaciona con el acto de la soberanía divina. Las siete apariciones están distribuidas así: 3 en los Evangelios y 4 en otros pasajes: Mt. 13:35; 25:34; Lc. 11:50; He. 4:3; 9:26; Ap. 13:8; 17:8.

«El día de sábado», 7.

«Según el orden», κατὰ τὴν τάξιν (kata tēn taxin), 7 (todas en Hebreos).

«El primer día de la semana», μια (τον) Σαββάτων [mia (ton) sabbatōn], 7.

πιστός (pistos), fiel, seguido por ὁ λόγος (ho logos), la palabra o dicho, 7 (todas en las Epístolas Pastorales, 1ª Ti. 1:15; 3:1; 4:9, 12; 2ª Ti. 2:11; Tit. 1:9; 3:8[26]).

«Hijos de Israel», 14.

«Será el lloro y el crujir de dientes», 7.

PALABRAS DE LA MISMA RAÍZ

(1) Antiguo Testamento

אשד (eshed), una corriente, 1, y אשדות (ashedōth), manantiales, 6. Total, 7.

נמים (g'nah-zim), tesorerías, 3; גנזין (ginzin, arameo), tesoro, 3; y גנזך (ganzak), una tesorería, 1. Total, 7.

כשב (kesev), un cordero, 13; כשבה (kisbah), una cordera, 1. Total, 14.

סוף (söph), estar en el fin, heb., 8; aram, 2; סוף (suph), el fin, heb., 5; aram., 5; סופה (suphah), un torbellino, heb., 15.

Total, hebreo ... 28 } 35 en total
       arameo ... 7

רקם (rahqam), bordar, 9; רקמה (riqmah), bordado, 12. Total: 21.

שמט (shamat), liberar, etc., 9; שמטה (sh'mittah), una liberación, 5. Total, 14.

(2) Nuevo Testamento

ἀστήρ (astēr), una estrella, 24; ἄστρον (astron), una estrella, 4. Total, 28.

βάσανος (basanos), tormento, 3; βασανίζω (basanizö), atormentar, 12; βασανισμός (basanismos), tormento, 5; βασανιστης (basanistēs), un atormentador, 1. Total 21.

Γαλατία, Galacia, 4 veces: 1ª Co. 16:1; Gá. 1:2; 2ª Ti. 4:10; 1ª P. 1:1. Gálatas, una vez: Gá. 3:1. De Galacia, dos veces: Hch. 16:6; 18:23. Total, 7.

ἐλεύθερος (eleutheros), libre, 23; ἐλευθερία (eleutheria), libertad, 11; ἐλευθερο (eleutheroö), liberar, 7; ἀπελεύθερος (apeleutheros), un liberto, 1; total, 42.

En Romanos	7	
En el Evangelio de san Juan y Apocalipsis	7	} 42
En otros pasajes	28	

ἦχος *(ëchos)*, un son, 3; ἠχέω *(ëcheö)*, sonar, 2; ἐξηχέομαι *(exëcheomai)*, proclamar, 1; κατηχεω *(katëcheö)*, enseñar con la palabra hablada, 8. Total, 14.

PALABRAS DE UNA RAÍZ DIFERENTE, PERO CON UN SIGNIFICADO SIMILAR

ברוש *(b'rosh)*, pino	20	} 21
ברותים *(b'rothim)*, pinto	1	
גת *(gath)*, lagar	5	} 21
יקב *(ye-qev)*, cuba de vino ...	16	
יצק *(yah-tzaq)*, echar, fundir	53	
יצקה *(y'tzu-qah)*, fundición	1	} 58
מוצק *(mu-tzaq)*, fundición	2	
מוצקת *(mu-tze-qeth)*, un tubo hueco...	2	
צוק *(tzuq)*, derramar, echar	3	} 5
מצוק *(mah-tzuq)*, un pilar	2	

63 (7x9)

כוה *(Kah-vah)*, ser quemado	2	
כי *(ki)*, quemadura	1	} 10
כויה *(k'viy-yah)*, quemadura	2	
מכוה *(mik-vah)*, quemadura	5	
צרב *(tzarav)*, ser quemado	1	} 4
צרבת *(tzah-re-veth)*, quemadura	3	

14 (2x7)

ἄρρην *(arrën)*, hombre	3[27]		
ἄρσην *(arsën)*, macho	6	} 11	
ἀρσενοκοίτης *(arsenokoilës)*, sodomita ...	2		} 21
θήλεια *(thëleia)*, hembra	2		
θηλάζω *(thëlazö)*, dar pecho	5[28]	} 10	
θῆλυ *(thëlu)*, hembra	3		

ἀμνός *(amnos)*, cordero	4	
ἀρήν *(arën)*, cordero (Lc. 10:3)	1	} 35 (5x7)
ἀρνίον *(arnion)*, cordero	30	

γελάω *(gelaö)*, reír	2	
γέλως *(gelös)*, risa	1	} 6
καταγελάω *(katagelaö)*, reir con escarnio...	3	

μυκτηρίζω *(muktērizō)*, burlarse ... ... 1 } 3
ἐκμυκτηρίζω *(ekmutērizō)*, ridiculizar 2 }

ἐμπαίζω *(empaizō)*, burlarse ... ... 13 ⎤
  ἐμπαιγμός *(empaigmos)*, burlón ... ... 1 ⎥ 17
  ἐμπαιγμονή *(empaigmonē)*, burla ... ... 1[29] ⎥
  ἐμπαῖκτης *(empaiktēs)*, burlador ... ... 2 ⎦

χηλευάζο *(chleuazō)*, burlarse ... ... 2[30]   2
          Total de las cuatro raíces 28 (4x7)

ὁρμή *(hormē)*, impulso ... ... 2 ⎤
ὁρμάω *(hormaō)*, precipitarse ... ... 5 ⎥
ὁρμημα *(hormēma)*, una gran caída ... ... 1 ⎥ 20
ἀφορμή *(aphormē)*, ocasión ... ... 7 ⎥
κονιορτός *(koniortos)*, polvo ... ... 5 ⎥
παροτρύνω *(par-otrunō)*, agitar ... ... 1 ⎦
                                          21 (3x7)

A veces puede tomarse un solo capítulo o sección separada y ser tratada por sí sola, teniéndose así un fructífero campo del estudio bíblico. Damos un ejemplo[31] de

Ezequiel 36

I. *Siete cosas acerca de Israel hoy en día:*

1. Inmundos a ojos de Dios (v. 25).
2. Con corazones de piedra (v. 26).
3. Profanadores del santo Nombre de Dios (vv. 20, 22).
4. Esparcidos entre los gentiles (v. 19).
5. Cubiertos de infamia y vergüenza (vv. 3-6).
6. Sometidos al poder gentil (v. 6).
7. Desolados, abandonados, y un refrán (vv. 3, 4, 30).

II. *Siete cosas que Dios hará a los opresores de Israel:*

1. Hablará con ellos en el fuego de su celo (v. 5).
2. Volverá la gloria de ellos en afrenta (v. 7).
3. Los desposeerá de su ocupación de la tierra (vv. 10, 11).
4. Los dará a Israel como posesión (v. 12).
5. Quebrantará el poder de ellos para oprimir Israel (vv. 13, 14).

6. Vindicará y glorificará Su propio nombre entre ellos (v. 22).
7. Les enseñará que Él es Dios (vv. 36, 38).

III. *Siete cosas que Dios hará por Israel:*
1. Los reunirá fuera de todos los países (v. 24).
2. Los traerá a su propia tierra (v. 24).
3. Los purificará de suciedad e ídolos (v. 26).
4. Les dará nuevos corazones y mentes, y Su espíritu (vv. 26, 27).
5. Los volverá a hacer Su pueblo (v. 28).
6. Los hará fructificar y multiplicar (v. 30).
7. Hará mejor su fin que su principio (v. 11).

IV. *Siete cosas que el mismo Israel hará:*
1. Recordará sus males pasados (v. 31).
2. Se aborrecerán a sí mismos por su iniquidad (v. 31).
3. Quedarán avergonzados y confundidos (v. 32).
4. Andarán en los estatutos de Jehová (v. 27).
5. Guardarán sus ordenanzas (v. 27).
6. Morarán para siempre en la tierra (v. 33).
7. Orarán por el cumplimiento de estas bendiciones (v. 37).

GEMATRÍA

Se pueden dar uno o dos ejemplos de los números en los nombres, etc., aunque se dan muchos más en otra sección de esta obra.

Enoc, «el séptimo desde Adán» = 84 (7 x 12).
«Herederos de Dios», en griego = 1071 (7 x 153).
«El Cordero», en griego = 651 (= 7 x 93 ó 7 x 3 x 31).

LOS MÚLTIPLOS DE SIETE

participan como norma de la misma significación espiritual, y por ello no los hemos tratado de una manera especial, sino sólo allí donde tengan un significado especial que surja del poder del otro factor, como sucede con 42, 49, 70, etc.

Como ejemplo de uno de los otros múltiplos podemos tomar a

EL ASNO

El «asno» es el único animal con el cual se compara al hombre. Véase Job 11:12: «Mas el hombre fatuo quiere pasar por entendido, aunque haya nacido el hombre *como* pollino de asno montés» (V.M.).

En Éx. 13:13 el primogénito del hombre es puesto junto al primogénito del asno. Ambos deben ser redimidos con un cordero. Esta instrucción se repite en Éx. 34:20. Nada menos que un acto redentor sacrificial podía llevar a un tal ser a Dios.

Se mencionan por separado 28 (4 x 7) asnos, y con éstos se pueden comparar los 28 (4 x 7) «tiempos» relacionados con el «hombre vano» en Ec. 3:1-8.

1. El asna de Balaam (Nm. 22:21), «tiempo de hablar».
2. El asna de Acsá (Jos. 15:18), «tiempo de buscar», cuando ella desmontó de su asna para hacer una petición, consiguiendo lo que deseaba.
3. El de Sansón (Jue. 15:15), «tiempo de guerra».
4. El del levita (Jue. 19:28), «tiempo de callar», cuando «ella [la concubina] no respondió», y él envió su desesperado y silencioso mensaje por todo Israel.
5. El de Abigail (1ª S. 25:20), «tiempo de paz», cuando ella se encontró con David, e hizo paz por Nabal.
6. El segundo asno de Abigail (v. 42), con el que fue a encontrar a David para venir a ser su mujer.
7. El de Ahitófel (2ª S. 17:23), «tiempo de morir», cuando lo enalbardó, y se fue, y se ahorcó.
8. El asno «del viejo profeta» (1ª R. 13:13, 27), «tiempo de matar», cuando encontró al «varón de Dios» muerto por el león.
9. El asno «del varón de Dios» (v. 28), «tiempo de endechar», cuando el viejo profeta lo puso sobre él «para endecharle y enterrarle».
10. El asna de la sunamita (2ª R. 4:24), «tiempo para curar», cuando se fue a ver a Eliseo, que sanó su hijo.
11. El de Mefi-bóset (2ª S. 19:26), «tiempo de abrazar», cuando quería ir a recibir a David.
12. El de Simei (1ª R. 2:40), «tiempo de morir».
13. El de Isaí (1ª S. 16:20), «tiempo de vivir» (21).
14. El de Moisés (Éx. 4:20-26), cuando incurrió en el juicio de Gn. 17:14.
15. El de Abraham (Gn. 22:3), «tiempo de buscar y tiempo de perder», cuando Dios le demandó de vuelta el hijo que le había dado.

16. El asno del Salvador (Mt. 20:5), «tiempo de reír», cuando la hija de Jerusalén se regocijó.

17. El pollino del asna (Mt. 21:5).

18-28. Los asnos de los hijos de Jacob (Gn. 44:13), llenando los otros «tiempos».

NOTAS

1. Esto queda apoyado por la verdadera lectura de Lc. 3:23, que, según Lachmann, Tischendorf, Tregelles, Alford, Westcott y Hort, y la Versión Revisada inglesa, debe leerse como en la RVR77: «Y Jesús mismo, al comenzar, tenía unos treinta años, siendo hijo, según se suponía, de José, el hijo de Elí». El verbo νομίζω (nomizō) significa *establecer una cosa como ley, mantener como costumbre, o uso, reconocer como costumbre, dar por supuesto.* Aquí se refiere no a ninguna *suposición* en cuanto a que Jesús fuera el hijo de José, sino a la sanción legal y a la práctica usual que contaba a José como hijo de Elí por el matrimonio con su hija María. Véase Rt. 1:11-13, donde Rut, por su matrimonio con el hijo de Noemí era llamada su hija; Neh. 7:63, donde Hacós, por su casamiento con una de las hijas de Barzilay, «se llamó del nombre de ellas»; y Nm. 36, donde las hijas de Zelofehad, por disposición divina, «se casaron con... hijos de sus tíos paternos,... y la heredad de ellas se quedó en la tribu de la familia de su padre» (vv. 11, 12). Esto es exactamente lo que tuvo lugar con María, que, según el Talmud de Jerusalén *(Chag.* 77, 4), era hija de Elí, y que por su casamiento con José, que era el hijo real de Jacob, hizo que José fuera a ser conocido, *según la costumbre (nomizō),* como el hijo, más bien el yerno, de Elí.

2. Hay sólo 41 nombres, dándose el de Jeconías al final de la segunda lista, y repitiéndose al comienzo de la tercera. Hay *tres* divisiones (la impronta de la *perfección divina),* con 14 nombres en la primera, 14 nombres en la segunda, pero con 13 nombres en la tercera. Para la significación de esto, véase el número *Trece,* que marca a Jesús como el Salvador que fue hecho pecado por Su pueblo.

Estas *tres* divisiones son en sí mismas notables. La primera *termina* con la feliz condición del pueblo bajo David; la segunda, con la ruina; la tercera, con el Salvador.

La *primera* comienza con Abraham, el beneficiario del pacto incondicional de la *Tierra* (Gn. 15), y acaba con David, el beneficiario del pacto incondicional del *Trono* (2º S. 7). La *segunda* comienza con Salomón y acaba con la Cautividad; esto es, con la edificación del Templo al comienzo, y con su destrucción al final. La *tercera* comienza con la Cautividad, la promesa del Mesías por medio de Daniel (cap. 9), y acaba con Su nacimiento en la persona de Jesús.

3. Los cuatro nombres omitidos son los tres sucesores inmediatos de Joram, entre Joram y Uzías.

(1) *Ocozías o Joacaz*, 2º R. 8:29–10:27; 2º Cr. 22:39.

(2) *Joás*, 2º R. 11:2–12:20; 2º Cr. 24:1-25.

(3) *Amasías (o Ahimaas)*, 2º R. 14:8-20; 2º Cr. 25:7-27. Y uno entre Josías y Jeconías:

(4) *Joacim*, 2º R. 23:36–24:6; 2º Cr. 36:5-8. Fue él quien rasgó y cortó a pedazos el rollo que contenía las palabras de Jehová (Jer. 36:23). El Talmud dice que la razón de que este nombre no se mencione generalmente en las genealogías es debido a que se dijo acerca de él (2º Cr. 36:8): «Los demás hechos de Joyaquim (Joacim), y las abominaciones que hizo, y lo que EN ÉL se halló....» El rabí Jochanan dice que ello significa que «hizo grabar una imagen sobre su cuerpo». Él fue «sin hijos» con respecto al trono, porque aunque tuvo varios hijos (1ª Cr. 3:17, 18), fue su nieto Zorobabel el que vino a ser gobernante sobre Israel (2º R. 25:29, 30).

4. Los nombres realmente *relacionados* como comunes a ambos son 16 (4²); esto es, de Abraham a David, 14; Zorobabel y Salatiel, 2.

5. Véase *nota* 1 en esta misma sección.

6. Véase *The Spirits in Prison*, por el mismo autor.

7. *Seven, the Sacred Number*, por Richard Samuell, p. 438.

8. Pero deberíamos de señalar de pasada que la siguiente declaración, en Gn. 1:2, que habla de una ruina en la que cayó esta creación, aunque consiste de 14 palabras, tiene sin embargo 52 letras. Ahora bien, 52 es 4 veces 13, y 13, como veremos después, es el número de la apostasía. Así, la causa de esta ruina queda más que sugerida por la aparición del número 13 en un versículo tan significativo.

9. Era «directamente delante del *Tabernáculo*» que se rociaba *siete* veces la sangre de la vaca alazana, Nm. 19:4. El leproso era también purificado en el mismo lugar con un *séptuple* rociamiento de la sangre del ave muerta (Lv. 14:7, 11).

10. Hubo *tres* apariciones *antes* del nacimiento de Jesús: (1) a Zacarías (Lc. 1:11); (2) a María (Lc. 1:26); (3) a José (Mt. 1:20). En total fueron *diez*, lo que completa la perfección del orden divino. Sería de gran provecho hacer un detallado estudio de todas las palabras y dichos de los ángeles.

11. En su obra *Seven, the Sacred Number*.

12. Omitiendo «tu» delante de «extranjero» (cuarto mandamiento), con la LXX y la Vulgata.

13. El verbo significa «venir» o «ir».

14. Véase *The Kingdom and the Church*, por el mismo autor.

15. Véase *The Kindom and the Church*, por el mismo autor.

16. Véase *Seven the Sacred Number*, por Richard Samuell.

17. Job 41:30; Sal. 68:13; Pr. 3:14; 8:10, 19; 16:16; Is. 28:27; 41:15; Dn. 9:25; Jl. 3:14; Am. 1:3; Zac. 9:3.

18. Aparece en Job 28:16, 19; 31:24; Sal. 45:9; Pr. 25:12; Cnt. 5:11; Is. 13:13; Lm. 4:1; Dn. 10:5.

19. Στήλη *(stēlē)* era la palabra empleada para *lápida funeraria.* Por esto estos Salmos señalan a la *Resurrección.* Sal. 16; 56; 57; 58; 59; 60.

20. Véanse Éx. 32:16; 39:30; Dt. 10:4; 2° Cr. 21:12; 35:4; 36:22; Esd. 1:1; Is. 38:9.

21. *Shaddai* (Omnipotente) aparece sin *El* 48 veces (4 x 12), un número que habla de la perfección del dominio sobre la tierra. (Véase p. 66).

22. Hay pequeñas variaciones de traducción, «He aquí que vienen días» (p.e., Jer. 31:31); «He aquí vienen días» (v. 27); «He aquí, vienen... días» (Am. 4:2).

23. No siempre se traduce igual.

24. τὸ ῥηθέν *(tō rēthen)*, «lo que fue dicho», aparece 12 veces (omitiendo Mt. 27:35 y Mr. 3:14 con la Versión Revisada inglesa). Porque la *escritura* fue dada por inspiración del Espíritu (7), mientras que el *mensaje hablado* fue dado en soberanía y gobierno divinos. (Véase p. 49).

25. Jn. 17:24; Ef. 1:4; 1ª P. 1:20. Véase p. 135.

26. Esta «palabra fiel» no hace referencia a lo que sigue, sino a lo que precede en los vv. 3-7 La afirmación de ello se debe hacer *«a fin de que (ἵνα)* los que han creído sean solícitos en mantener buenas obras».

27. La Versión Revisada, con los editores textuales, lee ἄρσην en estos tres pasajes: Ro. 1:27; Ap. 12:5, 13.

28. Leyendo τρέφω, «alimentar», en Lc. 23:29 con la Versión Revisada inglesa y los editores textuales.

29. Esta palabra es añadida por los editores textuales y por la Versión Revisada en 2° P. 3:3, que leería en este caso «escarnecedores con escarnio».

30. Todas las autoridades leen διαχλευάζω en Hch. 2:13.

31. Sugerido por el rev. W. H. Walker, jun., en *The Faithful Witness.*

OCHO

En hebreo, el número ocho es שׁמֹנֶה *(Sh'moneh)*, de la raíz שׁמֵן *(Shah'meyn)*, «hacer grueso», «cubrir con grosura», «sobreabundar». Como participio significa «uno que abunda en fuerza», etc. Como nombre es «fertilidad sobreabundante», «aceite», etc. De modo que como numeral es el número sobreabundante. Así como *siete* se llamaba así debido a que el día séptimo era el día de consumación y reposo, de este modo *ocho*, como el día octavo, estaba por encima y de más en esta perfecta consumación, y era en verdad el *primero* de una nueva serie, además de ser el *octavo*. Así, representa ya a dos números en uno, el *primero* y el *octavo*. Consideremos primero la conexión entre el

OCHO Y SIETE JUNTOS

Así como hemos visto la relación entre los números *seis* y *siete* juntos (pp. 174-181), debemos asimismo señalar la notable conexión entre *siete* y *ocho* cuando se emplean juntos.

Siete denota, como ya hemos visto, según su etimología, aquello que está espiritualmente completo o satisfactorio; mientras que *ocho* denota lo que es sobreabundante o saciador. Es por ello que encontramos frecuentemente estos números asociados y exhibiendo esta distinción.

LOS PACTOS DE JEHOVÁ CON ABRAHAM

fueron *ocho*; siete antes que Isaac fuera ofrecido, y el octavo cuando ya lo había recibido «en sentido figurado» de entre los muertos.

1. Gn. 21:1-3, soberanía.
2. Gn. 12:7, la simiente.
3. Gn. 13:14-17, certidumbre divina, levantándose y andando sobre terreno de resurrección.
4. Gn. 15:13-21, los límites de la tierra; los 400 años; la cuarta generación.
5. Gn. 17:1-22, la gracia invencible.
6. Gn. 18:9-15, el fracaso y la imperfección humana.

7. Gn. 21:12, bendición espiritual encabezada por la simiente.

8. Gn. 22:15-19, bendición en resurrección.

Los *tres* primeros están señalados de entre los otros por las palabras «Después de estas cosas» (15:1). Los siguientes *cuatro* están señalados del octavo por palabras separadoras similares, que se repiten en 22:1.

Se observará que cada bendición del pacto lleva la impronta de su significación numérica.

LAS COMUNICACIONES TÍPICAS DE JOSÉ CON SUS HERMANOS

fueron *ocho*. *Siete* veces antes de la muerte de Jacob, y la *octava* después.

1. En Gn. 37:6 cuenta su sueño acerca de los manojos de trigo (gloria terrenal).

2. Su segundo sueño acerca del sol, de la luna y de las estrellas (gloria celestial, completando el doble testimonio de Jn. 3:12).

3. Su mensaje de amor a ellos de parte de su padre, cuando él es rechazado y arrojado al hoyo, pero levantado (sin ellos saberlo) a la diestra del poder.

4. Ellos son obligados a ir a José, Gn. 42.

5. Vuelven a ir, Gn. 43:15.

6. Una tercera vez (Gn. 44:13), cuando José se les da a conocer. Tres veces ellos lo habían negado. Tres veces tienen que ir a él; y la tercera vez, después de un intenso ejercicio de sus corazones, llegan al lugar de bendición. Pero esto (como el número 6) es incompleto. Precisa del

7. «Salió Israel (ya no más Jacob) con todo lo que tenía» (Gn. 46). No hay nada más que poder desear, por lo que dice: «Muera yo ahora, ya que he visto tu rostro», etc. (v. 30). La historia queda espiritualmente completa, pero queda aún otra comunicación.

8. Jacob ha fallecido, y ellos se encuentran cara a cara ante José, un tipo de Cristo en su gloria de resurrección (Gn. 50:15, etc.).

ÉXODO 21:23-25

Hay ocho particulares en relación con el castigo; pero siete de ellos se encuentran en una categoría diferente, no siendo posibles si se infligiera el octavo, esto es, el de «vida por vida».

1. Vida por vida,
2. Ojo por ojo,
3. Diente por diente,
4. Mano por mano,
5. Pie por pie,
6. Quemadura por quemadura,
7. Herida por herida,
8. Golpe por golpe.

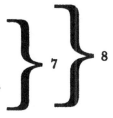

ÉXODO 40

Siete veces aparece la frase «Como Jehová mandó a Moisés», y *una vez* (v. 16), «conforme a todo lo que Jehová le mandó».

LA FIESTA DE LOS TABERNÁCULOS

era la única fiesta que se observaba durante ocho días. El octavo es distinguido del séptimo. Véase Lv. 23:39, y comparar versículos 34-36; Nm. 29:39 y Neh. 8:18.

2ª CRÓNICAS 6

Ocho ruegos de Salomón de que su oración sea oída. Siete veces «escucha tú desde los cielos», y una vez (v. 21), «tú oirás desde los cielos, desde el lugar de tu morada». Lo mismo en 1º R. 8, el pasaje paralelo.

ISAÍAS 5:1, 2

Hay ocho oraciones describiendo a la viña, pero *siete* dan las características de la misma, y *una* el resultado.

LAS GRADAS DEL TEMPLO DE EZEQUIEL

Siete de ellas llevaban al atrio exterior (40:22, 26), y ocho del atrio exterior al interior (40:31, 34, 37).[1]

Las *siete* llevaban de la labor al reposo, las ocho del reposo a la adoración.

EL SEÑOR JESÚS ESTUVO EN UN MONTE

ocho veces.[2] *Siete* veces antes de la cruz, y la *octava* después de resucitar de los muertos.

EFESIOS 4:4-6

Siete unidades, pero la séptima es doble: «Dios y Padre», haciendo un total de *ocho.*

COLOSENSES 3:12, 13

Hay siete gracias, pero (v. 14) por encima de todas éstas se encuentra el «amor», que es el vínculo de la perfección, la prenda de vestido superior que completa y une a las otras.

SANTIAGO 3:17

«La sabiduría que es de lo alto» es enumerada en *siete* particulares, pero el quinto es doble, con lo que se llega a un total de *ocho* («llena de misericordia y de buenos frutos»).

LOS HIJOS DE ABRAHAM

fueron ocho; pero *siete* nacieron «según la carne», mientras que uno, el *octavo,* lo fue «según la promesa».

LA CONSAGRACIÓN DE AARÓN Y DE SUS HIJOS

tuvo lugar en el *octavo* día, después de permanecer «a la puerta... del tabernáculo de reunión... día y noche por siete días» (Lv. 8:35; 9:1).

EN EL TEMPLO DE SALOMÓN

había *ocho* clases de mobiliario, mientras que en el Tabernáculo había *siete:*

Templo		Tabernáculo	
1	Arca	1	Arca
1	Propiciatorio	1	Propiciatorio
1	Altar de incienso	1	Altar de incienso
10	Candeleros	1	Candelero
10	Mesas de panes de laProposición	1	Mesa de panes de la Proposición
1	Altar del holocausto	1	Altar del holocausto
10	Pilas o fuentes	1	Pila o fuente
1	Mar de bronce		
35 (5 x 7)		7	

EL SÁBADO A SANTIFICAR

Con respecto a este día había *ocho* mandamientos en total. *Siete* de Jehová (Éx. 20:8; Dt. 5:12, repetición; 23:12; 31:13; 34:21; Lv. 19:3, 30; 23:3; y *uno* de Moisés, Éx. 35:2).

DAVID ERA EL OCTAVO HIJO DE ISAÍ

según 1º S. 16:6, etc., y 1º S. 17:12; pero debido seguramente a la muerte de un hijo sin descendencia, y por ello excluido de las genealogías, David sería llamado en 1º Cr. 2:15 *«el séptimo»*.

Esto será suficiente para mostrar la conexión entre los números *siete* y *ocho*. Consideremos ahora el número

OCHO SOLO

Es el 7 *más* 1. Es por ello el número especialmente asociado con la *Resurrección* y la *Regeneración*, y del comienzo de una nueva era u orden.

Cuando toda la tierra quedó cubierta por el diluvio, fue Noé «la octava persona» (2ª P. 2:5; véase V.M. *margen*). «Ocho personas» (1ª P. 3:20) pasaron a través del diluvio con él al nuevo mundo regenerado.

Por ello, también, la circuncisión iba a ser llevada a cabo en el *octavo* día (Gn. 17:12), debido a que era la prefiguración de la verdadera circuncisión del corazón, aquella que sería efectuada «sin manos», «al echar de vosotros el cuerpo pecaminoso carnal, en la circuncisión de Cristo» (Col. 2:11). Esto está conectado con la nueva creación.

El primogénito debía ser dedicado a Jehová en el octavo día (Éx. 22:29, 30). Pero es la

RESURRECCIÓN

la gran verdad que aquí se significa. Cristo resucitó de entre los muertos en «el *primer* día de la semana», lo que necesariamente era el día *octavo*. Y es destacable que la Biblia contenga el registro de

Ocho resurrecciones individuales
(aparte de las del Señor y de los santos):
3 en el Antiguo Testamento ⎫
3 en los Evangelios ⎬ 8
2 en Hechos 9 y 20 ⎭

Las tres del Antiguo Testamento se corresponden con las efectuadas por Nuestro Señor.

1. El hijo de una viuda:
   Sarepta (1º R. 17:17-25) y
   Naín (Lc. 7:11-18).

2. El hijo de una persona rica:
   El hijo de la mujer de Sunem (2º R. 4:32-37),
   La hija de Jairo (Mr. 5:35; Lc. 8:49).

3. Un hombre adulto... después del entierro:
   En el sepulcro de Eliseo (2º R. 13:20, 21).
   Lázaro (Jn. 11).

LA FIESTA DE LOS TABERNÁCULOS

duraba *ocho* días, con especial referencia a la Encarnación (Jn. 1:14).

LA TRANSFIGURACIÓN

tuvo lugar también en el octavo día (contando inclusivamente) después del primer anuncio de los «padecimientos» de Cristo, y fue la exhibición de la «gloria» que seguiría a ellos en Su segunda venida.

EL PRIMER CUBO

Ocho es el primer número *cubo*, el cubo de *dos*, 2 x 2 x 2. Hemos visto que *tres* es el símbolo de la primera figura *plana*, y que *cuatro* es el primer *cuadrado*. Así que aquí, en el primer *cubo*, vemos la indicación de algo de perfección trascendente, algo de lo que son iguales la longitud, la anchura y la altura. Esta significación del *cubo* se ve en el hecho de que el Lugar Santísimo eran *cubos*, tanto en el Tabernáculo como en el Templo. En el Tabernáculo era un *cubo* de 10 codos, y en el Templo era un cubo de 20 codos. En Ap. 21 la Nueva Jerusalén aparece como un cubo de 12.000 estadios. El doctor Milo Mahan se siente inclinado a creer que el Arca de Noé tenía también una especie de Shekiná sagrada en «la ventana que acababa en un codo arriba», un cubo de *uno*. Si es así, tenemos esta serie de *cubos*:

$$1 = \text{el Arca.}$$
$$10^3 = 1.000, \text{ el Tabernáculo.}$$
$$20^3 = 8.000, \text{ el Templo.}$$
$$12.000^3 = 1.728.000.000.000, {}^3 \text{ la Nueva Jerusalén.}$$

OCHO CÁNTICOS EN EL ANTIGUO TESTAMENTO

fuera de los Salmos:

1. De Redención, Éx. 15.
2. Suministro y manutención, Nm. 21:17.
3. De Moisés dando testimonio de la gracia de Dios y de la infidelidad humana, Dt. 32.
4. Victoria sobre la opresión, Jue. 5.
5. David, el escogido de Dios, liberado de todos sus enemigos, 2º S. 22.
6. El Cantar de los Cantares.
7. El cántico del bien amado tocante a Israel, la viña de Dios, Is. 5.
8. Éste (el *octavo*) espera ser cantado sobre terreno de resurrección (Is. 26), porque no viene sino hasta después que el Señor «destruirá la muerte para siempre» (25:8).

LOS MILAGROS DE ELÍAS

fueron *ocho* en número, resaltando el carácter divino de su misión:

1. Los cielos cerrados, 1º R. 17:1; St. 5:117; Lc. 4:25.
2. Multiplicando la comida de la viuda, 1º R. 17:14-16.
3. La resurrección del hijo de la viuda, vv. 17-23.
4. Haciendo descender fuego del cielo, 1º R. 18:37, 38.
5. Causando la lluvia después de la sequía, vv. 41-45.
6. Haciendo descender fuego del cielo, 2º R. 1:10.
7. El mismo suceso, v. 12.
8. Dividiendo el Jordán, 2º R. 2:8.

LOS MILAGROS DE ELISEO

fueron el *doble* en número, esto es, *dieciséis*, porque su petición fue: «Te ruego que una doble porción de tu espíritu sea sobre mí» (2º R. 2:9).

1. La división del Jordán, 2º R. 2:14.
2. El saneamiento de las aguas, v. 21.
3. La maldición de los jóvenes,[4] v. 24.
4. El suministro de agua a los tres reyes, 2º R. 3:16-20.
5. La multiplicación del aceite de la viuda, 2º R. 4:1-7.
6. La resurrección del hijo de la viuda, 4:37.
7. El saneamiento del potaje mortífero, v. 38.
8. La alimentación de los cien, vv. 42-44.
9. La curación de Naamán, 2º R. 5:1-19.
10. La plaga sobre Guejazí (Giezi), vv. 20-27.
11. La flotación del hierro, 2º R. 6:1-7.
12. La apertura de los ojos de su siervo, v. 17.
13. El cegamiento del ejército de Siria, v. 18.
14. La restauración de la vista del ejército, v. 20.
15. La detención del mensajero del rey, vv. 30-33.
16. Un muerto resucitado al entrar en contacto con sus huesos, 2º R. 13:20, 21.

Se ve la recurrencia del uso y significación del número *ocho* con una maravillosa exactitud. Puede ciertamente decirse que

OCHO ES EL NÚMERO DOMINICAL

porque en todo lugar tiene que ver con el SEÑOR. Es el número de Su nombre, *ΙΗΣΟΥΣ*, Jesús:

$$
\begin{array}{rcr}
I & = & 10 \\
H & = & 8 \\
\Sigma & = & 200 \\
O & = & 70 \\
\Upsilon & = & 400 \\
\Sigma & = & 200 \\
\hline
 & & 888
\end{array}
$$

Éste es el número que marca al Antiguo Testamento, siendo el número de sus libros en todos los MSS. de 24 (3 x 8). Véase p. 38.

En el libro que se relaciona con Su gran Apocalipsis o Revelación, se encuentran, en la introducción que exhibe la gloria del Señor, que será revelada en el día del Señor, *ocho* referencias al Antiguo Testamento sobre las que se basan las reivindicaciones de Su Señorío.

LAS OCHO REFERENCIAS AL ANTIGUO TESTAMENTO EN APOCALIPSIS 1

Se verá, además, que no se dan al azar. Nuestra atención es atraída a su importancia por el orden en que son dadas. Se disponen en forma de un *epanodos*, siendo la primera del mismo libro que la octava, correspondiéndose la segunda de la misma manera con la séptima, la tercera con la sexta, y la cuarta con la quinta. Así, queda marcado el sello divino de sobreabundante perfección sobre las Escrituras que declaran el Señorío de Jesús:

A | 5. Is. 55:4.
B | 7-. Dn. 7:13.
C | -7. Zac. 12:10.
D | 8. Is. 41:4; 44:6; 48:12.
D | 11. Is. 41:4; 44:6; 48:12.
C | 12. Zac. 4:2.
B | 13-15. Dn. 7:9, 13, 22; 10:5, 6.
A | -16-. Is. 49:2.

OTROS NOMBRES DOMINICALES DE JESÚS

están también marcados por la gematría y llevan la impronta del número *ocho* como factor:

Χριστός *(Christos)*, Cristo, 1480 (8 x 185).
Κύριος *(Kurios)*, Señor, 800 (8 x 100).
Κύριος ἡμῶν *(Kurios hemōn)*, Nuestro Señor, 1768 (8 x 221).
Σωτήρ *(Sōtēr)*, Salvador, 1408 (8^2 x 32).
Ἐμμανουήλ *(Emmanuel)*, Emanuel, 25600 (8^3 x 50).
Μεσσίας *(Messias)*, Mesías, 656 (8 x 82).
Υἱός *(huios)*, Hijo 880 (8 x 110).

Deberíamos señalar también que los otros factores, además del prevalente *ocho*, están llenos de significado.

Todo esto nos dice, si tenemos «oídos para oír», que «Dios ha glorificado a Su Hijo Jesús» (Hch. 3:13), y que «a este Jesús... Dios le ha hecho Señor y Cristo» (Hch. 2:36).

Pero aquí debemos considerar los dos números.

OCHO Y TRECE JUNTOS

para que podamos después comparar y contrastar los dos. Con este propósito debemos considerar aquí el número *trece,* fuera de su orden lógico.

En cuanto al significado del *trece,* todos somos conscientes de que nos ha venido como un número de mala suerte. Muchas supersticiones giran a su alrededor, y se dan varias explicaciones con respecto a ellas.

Desafortunadamente, aquellos que buscan retrospectivamente para encontrar una razón pocas veces van lo suficientemente atrás. Las explicaciones populares no van, hasta allí donde sepamos, más atrás en el tiempo que la época de los apóstoles. Pero debemos retroceder a *la primera aparición* del número *trece* a fin de descubrir la clave de su significado. Su primera mención está en Gn. 14:4, donde leemos: «Doce años habían servido a Quedorlaomer, y en el *decimotercero* se REBELARON».

De ahí, cada aparición del número *trece,* –y asimismo de *cada múltiplo* del mismo–, estampa aquello con lo que está conectado con *rebelión, apostasía, deslealtad, corrupción, desintegración, revolución,* o alguna idea relacionada con ello.

La segunda mención del *trece* es en relación con Ismael, Gn. 17:25. Tenía *trece* años cuando Abraham lo circuncidó y admitió en el pacto al cual era extraño en su corazón, lo que terminó con su rebelión y rechazamiento.

Lo vemos grabado en el mismo portal de la Revelación. Porque en tanto que la declaración inicial de Gn. 1:1 está compuesta de siete palabras y veintiocho letras (4 x 7), el segundo versículo consiste de catorce palabras, pero de cincuenta y dos letras; siendo que cincuenta y dos es 4 x 13, se nos indica que tuvo lugar alguna apostasía o rebelión que fue causa de la ruina a la que se refiere aquel versículo.

Pero es cuando llegamos a la

GEMATRÍA

que se ven los resultados más maravillosos. Estos resultados pueden ser afirmados así, sucintamente: Que los nombres de aquellos que forman parte del pueblo del Señor son múltiplos de *ocho,* en tanto que aquellos que apostataron o se rebelaron, o que en cualquier sentido fueron sus enemigos, son múltiplos de *trece.*

Esta declaración, si se demuestra, es una de las más grandes evidencias de inspiración verbal que el mundo haya visto nunca. El descubrimiento de este gran principio se debe, creemos, al doctor Milo Mahan, de New York, que ha dado muchos ejemplos de ello en su obra ya referida, y durante mucho tiempo fuera de circulación. El efecto de esta ley puede apenas ser estimado en el establecimiento de la presencia de una obra siempre presente del Espíritu Santo al determinar las mismas palabras e incluso letras de la Escritura. Ninguna previsión o disposición humana hubiera podido asegurar tal resultado de antemano. Ninguna capacidad humana habría podido llevarlo a cabo con tal perfección. No importa donde miremos, encontramos la actividad de esta ley sin cesar, sin interrupción, sin un fallo de principio a fin. Sólo es posible una conclusión, y es que la Biblia tiene sólo un Autor, un Autor eterno y omnisciente, diseñando, supervisando, obrando y llevando a buen fin sus propios planes infinitos.

Demos un vistazo a este maravilloso campo de estudio.

LAS LÍNEAS DE SET Y DE CAÍN

El valor numérico de los nombres de la línea de Set, colectivamente, es un múltiplo de 8, mientras que el de los de la línea de *Caín*, colectivamente, es un múltiplo de 13.

Los nombres de la línea de Set

Adán	45	
Set	700	
Enós	357	
Cainán	210	
Mahalalel	136	
Jared	214	3168 (8 x 396)
Enoc	84	
Matusalén	784	
Lamec	90	
Noé	58	
Jafet[5]	490	

Tomando por separado el grupo de Noé, tenemos:

$$
\left.\begin{array}{llll}
\text{Noé} & \dots & \dots & \dots & 58 \\
\text{Sem} & \dots & \dots & \dots & 340 \\
\text{Cam} & \dots & \dots & \dots & 48 \\
\text{Jafet} & \dots & \dots & \dots & 490
\end{array}\right\} \quad 936 \ (8 \times 9 \times 13)
$$

Sin Cam, los tres nombres, Noé, Sem y Jafet, suman 888. Con Cam suman 936, como se muestra aquí; pero este número, aunque es un múltiplo de 8, es al mismo tiempo múltiplo de 13 y también de 9, el número de juicio.

La gematría de toda la Escritura, Gn. 5:6-24, que contiene el registro de estos nombres, suma 62960 (u 8 x 7870).

Los nombres de la línea de Caín

$$
\left.\begin{array}{llll}
\text{Adán} & \dots & \dots & \dots & 45 \\
\text{Caín} & \dots & \dots & \dots & 160 \\
\text{Enoc} & \dots & \dots & \dots & 84 \\
\text{Irad} & \dots & \dots & \dots & 284 \\
\text{Mehujael} & \dots & \dots & 95 \\
\text{Metusael} & \dots & \dots & 777 \\
\text{Lamec} & \dots & \dots & 90 \\
\text{Jabal} & \dots & \dots & \dots & 42 \\
\text{Jubal} & \dots & \dots & \dots & 48 \\
\text{Tubal-caín} & \dots & \dots & 598
\end{array}\right\} \quad 2223 \ (13 \times 9 \times 19)
$$

La familia de Lamec es también significativa cuando se considera por separado:

Lamec y Ada...	169 (13^2).
Las dos mujeres, Ada y Zila	611 (13 x 47).
Jabal, su primogénito, el padre de los beduinos	42 (el nº del Anticristo)
Tubal-caín	598 (13 x 46).
Toda la familia, incluyendo a la hija, Naamah	= 1924 (o 13 x 148).

La historia de la familia de Caín se da en Gn. 4:1-25, y se extiende a lo largo de 130 años (13 x 10). Véase Gn. 5:3.

Además, todo el pasaje de la Escritura que registra la historia, Gn. 4:1-25, da por gematría 76882 (13 x 5914). Hay, sin embargo, una destacada excepción que «demuestra la regla». El versículo 25 registra el nacimiento de Set, y su valor es de 6560 (8 x

820); el versículo 26, también, que registra el nacimiento de su hijo Enós, y que cuenta que los hombres comenzaron entonces «a invocar el nombre de Jehová», da el número de 3064 (8 x 383).

Contrástese esto con el versículo 1, donde el valor numérico de las palabras «la cual concibió y dio luz a Caín» es de 1612 (13 x 124).

Los años de Adán durante los días de Caín, antes del nacimiento de Set, fueron 130 (13 x 10); véase Gn. 5:3. Mientras que después del nacimiento de Set vivió 800 años (8 x 100), Gn. 5:4.

LA GEMATRÍA DEL CÁNTICO DE LAMEC

en Gn. 4:23, 24 es de 4667 (13 x 359), mientras que la sentencia pronunciada sobre Caín en los vv. 10-13 es de 10283 (13 x 791).

GÉNESIS 6

El registro de Gn. 6, que expone la apostasía del hombre, conducente al juicio del Diluvio, está marcado y señalado por significativos números:

Los vv. 1-3 suman 7272 (6 x 1212).

El v. 2 suma 3198 (13 x 6 x 41).

El v. 4: «Estos fueron los valientes que desde la antigüedad fueron varones de renombre» = 1703 (13 x 131).

Los vv. 5-7, exponiendo la corrupción= 10335 (13 x 795).

Los vv. 1-7 = 21672 (6^2 x 602).

Pero contrástense ahora los vv. 8-10 referentes a Noé– «Pero Noé halló gracia ante los ojos de Jehová», etc., 7008 (8 x 876):

vv. 11-17, el fin de toda carne, el mandamiento de construir el Arca, y la advertencia del Diluvio, suman 33549 (13 x 2580).

vv. 14-16, referentes al Arca, suman 17668 (4 x 4417).

vv. 12, 13 y 17 juntos, referentes a la violencia y corrupción, suman 13320 (666 x 20).

vv. 18-22, que hacen referencia al pacto para salvar a Noé y a su casa, en tanto que llevan la impronta del número 13 (que es el número de la *expiación* así como del *pecado*, ver más adelante), llevan también la impronta del triple *cinco*, el 15 de la perfecta gracia con que fue llamado Noé, y del número *dos*, que habla de encarnación y liberación. La gematría de estos versículos es de 15002 (13 x 1154).

GÉNESIS 10:15-18

Los nombres cananeos:

Canaán	190	⎤
⎰ Y	6	
⎱ Sidón... ...	154	
Het	408	
El jebuseo ...	93	
El amorreo ...	256	
El gergeseo ...	521	⎬ 3211 (13² x 19)
El heveo	29	
El araceo ...	385	
El sineo	135	
El arvadeo ...	226	
El zemareo ...	345	
El hamateo ...	463	⎦

LOS DESCENDIENTES DE JOCTÁN (Gn. 10:25-29)

Joctán (el 13 desde Sem)	169	(13²)
Peleg (su hermano)	113	
Sala (su abuelo)	338	(13² x 2)

Sus 13 hijos:

Almodad	85
Selef	410
Hazar-mavet	744
Jera	218
Adoram	255
Uzal	44
Dicla	139
Obal	108
Abimael	84
Seba	303
Ofir	287
Havila	59
Jobab	20
	2756 (13x212)

Todo este pasaje (Gn. 10:25-29) da el número 10647 (13² x
63). Todo este trabajo se hace para enfatizar el surgimiento de
los progenitores de los sarracenos, porque Joctán se estableció
en el sur de Arabia, mientras que Ismael se asentó en la Arabia
Pétrea.

LA LÍNEA DE ARFAXAD (Gn. 11:10-27)

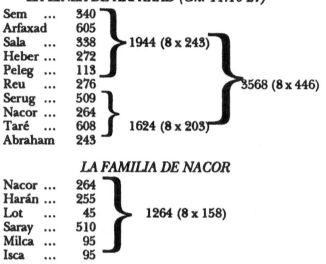

Sem	...	340
Arfaxad		605
Sala	...	338
Heber	...	272
Peleg	...	113
Reu	...	276
Serug	...	509
Nacor	...	264
Taré	...	608
Abraham		243

1944 (8 x 243)

1624 (8 x 203)

3568 (8 x 446)

LA FAMILIA DE NACOR

Nacor	...	264
Harán	...	255
Lot	...	45
Saray	...	510
Milca	...	95
Isca	...	95

1264 (8 x 158)

Así, toda la generación es 4832 (8 x 604).

LAS GENERACIONES DE ABRAHAM

Abraham tuvo ocho hijos. Siete de ellos le nacieron «según la carne», mientras que el *octavo* fue «conforme a la promesa» (ver p. 216).

Abraham	248 (8 x 31)
Isaac	...	208 (8 x 2 x 13)[6]
Jacob	...	182 (7 x 2 x 13)

456 (8 x 57)

LA FAMILIA DE JACOB

Jacob	...	182
Lea	...	36
Raquel		238

456 (8x57)

Los seis hijos de Lea

$$
\left.\begin{array}{lr}
\text{Rubén} \ldots & 259 \\
\text{Simeón} \ldots & 466 \\
\text{Leví} \ldots & 46 \\
\text{Judá} \ldots & 30 \\
\text{Isacar} \ldots & 830 \\
\text{Zabulón} & 95
\end{array}\right\} \; 1726 \,(13 \times 2 + 1700)
$$

Añádanse los nombres de los padres (Jacob 182, y Lea 36), y tenemos 1944 (8 x 243).

Los dos hijos de Raquel[7]

$$
\left.\begin{array}{lr}
\text{José} \ldots & 156 \\
\text{Benjamín} & 152
\end{array}\right\} \; 308 \,(77 \times 4)
$$

La criada de Raquel

$$
\left.\begin{array}{lr}
\text{Bilha} \ldots & 42 \\
\text{Dan} \ldots & 54 \\
\text{Neftalí} \ldots & 570
\end{array}\right\} \; 666
$$

La criada de Lea

$$
\left.\begin{array}{lr}
\text{Zilpa} \ldots & 122 \\
\text{Gad} \ldots & 7 \\
\text{Aser} \ldots & 501 \\
\text{Añádase Lea} & 36
\end{array}\right\} \; 666
$$

Toda la familia de Jacob, incluyendo a Efraín (331) y Manasés (395) = 4552 (8^3 x 4000).

LAS DOCE TRIBUS

son enumeradas de 18 (3 x 6) maneras diferentes, en las que una siempre es omitida. Porque había 12 tribus; pero había también 13, hablando del designio de Dios para el gobierno perfecto, y también de la apostasía del hombre respecto a este gobierno.

En Dt. 32 Simeón no es mencionado.

En Ap. 7 Dan y Efraín son omitidos (insertándose José y Leví). Generalmente la tribu que se omite es la de Leví.

Dispuestas en sus 4 campamentos, como en Nm. 2, su valor es 3736 (8 x 467).

Dispuestas como en Ap. 7, su valor (naturalmente según la grafía griega) es de 8480 (8 x 1060).

Dispuestas como en Nm. 13:3-16, en relación con la rebelión al regresar los 12 espías, vemos en el acto la defección, porque fallaron los representantes de todas las tribus, con las excepciones de Caleb y de Josué (788).

Todo el pasaje = 17654 (13 x 1358).

vv. 4-16 = 12038 (13 x 926).

Pero volviendo a Génesis, tomamos ahora

LOS DOCE HIJOS DE ISMAEL (Gn. 25:12-17)

Y estas	... ...	40
Las generaciones	...	836
Ismael	... ...	451
Nebaiot	... ...	462
Cedar	... ...	304
Adbeel	... ...	38
Mibsam	... ...	382
Misma	... ...	450
Duma	... ...	55
Massa	... ...	341
Hadar	... ...	212
Tema	... ...	451
Jetur	... ...	225
Nafis	... ...	440
Cedema	... ...	149

1327

3509

4836 (13x12x31)

LOS ONCE JEFES DE EDOM

Gn. 36:40-43 tiene la gematría de 9880; así:

Versículo 40 =	5453	
" 41 =	670	
" 42 =	1340	
" 43 =	2417[8]	

9880 (13 x 760)

La palabra אלוף (al-luph), «duque o jefe», suma 117 (13 x 9).

Y, once veces repetido, es asimismo un múltiplo de 13, esto es, 1287 (13 x 99).

EL GRUPO ABRAHAM-CETURA (Gn. 25:1, 2)

Abraham	...	248	(8 x 31)
Cetura...	...	320	(8 x 40)
Zimrán	...	297	
Jocsán ...	...	460	
Medán...	...	94	
Madián	...	104	
Isbac ...	...	412	
Súa ...	...	314	

2249 (13 x 173)

SUS DESCENDIENTES EN Gn. 25:3

Seba ...	...	303
Dedán...	...	58
Hijos de Dedán		120
Asurim	...	547
Letusin	...	385
Leumin	...	121

481 (13 x 37)

1053 (13 x 81)

LOS HIJOS DE MADIÁN (Gn. 25:4)

Hijos de Madián		166
Efa	...	165
Efer	...	350
Hanoc...	...	58
Abida ...	...	87
Elda	...	110

936 (13 x 72)

La frase con que las listas acaban: «Todos estos fueron hijos de Cetura», tiene el valor de 468 (13 x 36), haciendo con los números anteriores la suma de 5213 para todo el grupo, o 13 x 401.

La totalidad del pasaje es también múltiplo de 13.

GÉNESIS 19

«Llegaron, pues, los dos ángeles a Sodoma a la caída de la tarde», 640 (8 x 80).

«Y Lot estaba sentado a la puerta de Sodoma»[9] = 1313.

Versículos 1-25 = 90441 (13 x 9 x 773).

Versículos 26-29, describiendo el resultado de la devastación = 14274 (13 x 9 x 122).

Versículos 1-29, todo el relato = 104715 (13 x 9 x 895).
Las palabras de Lot en el versículo 7 = 777.
Versículo 25: La obra del Señor en la devastación = 2888.
El relato en la Segunda Epístola de Pedro = 6999.

Se verá que tenemos aquí no sólo el número *trece*, sino también el número *nueve*, que, como veremos en su momento, es el número de juicio.

LA DESTRUCCIÓN DE JERICÓ

lleva también la impronta del número *trece*, aunque no por gematría, sino porque la ciudad fue rodeada una vez al día durante seis días, y *siete* veces en el *séptimo* día, haciendo 13 veces en total (6 + 7). Jericó, יריחו, es 234 (13 x 2 x 9) (siendo *nueve* el número de juicio; véase más adelante en este número).

LOS DOCE JUECES

que fueron suscitados como salvadores en un tiempo de apostasía y rebelión exhiben *ambos* factores, 8 y 13:

Otoniel	...	561	
Eúd (Aod)	...	16	
Sàmgar	...	543	
Barac ...	...	302	
Gedeón	...	133	
Tolá ...	...	506	3848 (8 x 13 x 37)
Jaír ...	...	221	
Jefté ...	...	498	
Ibzán ...	...	143	
Elón ...	...	97	
Abdón ...	...	132	
Samsón	...	696	

Abimelec el usurpador (Jue. 9) por su nombre:

Ben	...	52 (13 x 4)	
Jerobaal	...	312 (13 x 24)	364 (13 x 28)

El período de los Jueces acaba bajo Samuel, 377 (13 x 29), y los últimos tres nombres que se nos presentan son

Elí, Ofní y Fineés, que juntos suman 462 (42 x 11).[10]

EL GRUPO DE NOMBRES DE SAÚL

Saúl	337	
Cis	760	
Hijos de Saúl ...	399	
Jonatán... ...	516	
Isví	326	3900 (13 x 300)
Melquisúa ...	476	
Ahinoam ...	179	
Merab	242	
Mical	100	
Abner hijo de Ner	565	

LAS LÍNEAS REGIAS DE JUDÁ Y DE ISRAEL

exhiben de un modo notable la impronta de estos números.

Hay dos períodos específicamente marcados con respecto a Israel.

El número 65 está asociado con la existencia separada de las Diez Tribus en Is. 7:9: «Y dentro de *sesenta y cinco* años Efraín será quebrantado hasta dejar de ser pueblo». Desde aquel momento, es decir, desde el último año de Jeroboam II, hasta la cautividad de Israel hubo exactamente 65 años, o 5 veces 13, lo que caracterizaba la desintegración que estaba en marcha en la nación.

Pero, más que esto, el número 390 estaba también marcado sobre Israel como constituyendo la duración de la existencia separada de las Diez Tribus desde el día en que se *rebelaron* contra Roboam hasta el día en que fueron llevados cautivos. Esto lo vemos en Ez. 4:4, 5, donde se le mandó a Ezequiel: «Y tú te acostarás sobre tu lado izquierdo, y pondrás sobre él la maldad de la casa de Israel. Según el número de los días que duermas sobre él, llevarás sobre ti la maldad de ellos. Pues yo te he fijado los años de su maldad por el número de los días, *trescientos noventa días*; y así llevarás la maldad de la casa de Israel».

Ahora bien, 390 es *trece veces treinta*,[11] y la duración de la rebelión de Israel queda suficiente y apropiadamente marcada en ello.

En cambio, cuando pasamos a Judá, vemos el número 8 impregnándolo. Porque el mismo profeta, en el siguiente versículo, recibe la orden de yacer sobre su lado *derecho* durante *cuarenta* días para llevar la iniquidad de la casa de Judá, a día por año. Deberíamos notar, de pasada, que el nombre de Ezequiel, que prefigura la duración y el final de esta apostasía, es 156 (13 x 12); mientras que las palabras de la profecía, Ez. 4:1-6, suman 36673 (13² x 7 x 31), y la totalidad del pasaje, 4:1-8, suma 42069 (13 x 3313).

El cumplimiento debería también ser notado. Los 390 años debían significar no sólo los años de apostasía, sino también los 390 *días* del asedio de Jerusalén; esto es, 13 meses (30 x 13). El asedio comenzó en el día 10 del mes 10 del año 9 de Sedequías (2º R. 25:1-4), y la ciudad fue tomada el día 9 del mes 4 del año 11 del mismo rey. Esto nos da un período de 18 meses. Pero el sitio había sido levantado por unos 5 meses (véase Jer. 37), el tiempo en que el ejército de Nabucodonosor se retiró por temor a Faraón, rey de Egipto, que había acudido para enfrentarse con él.

Así, tenemos los dos números grabados por la historia: el 8 sobre Judá, y el 13 sobre Israel.

Ahora consideremos

LA LISTA DE LOS REYES DE JUDÁ[12]

Roboam	...	320			
Abiyam (Abiam)		53			
Asá[13] ...	...	62			
Josafat ...	...	410			
Joram ...	...	261			
Ocozías	...	37	2424 (8x303)		
Atalía ...	...	515			
Joás ...	...	322			
Amasías	...	152[14]			
Azarías...	...				
(Uzías)[15]	...	292			4400 (8x550)
Jotam ...	...	456			
Acaz ...	...	16	608 (8x76)[16]		
Ezequías	...	136			
Manasés	...	395			
Amón ...	...	97	824 (8x103)		
Josías ...	...	332			
Joacaz ...	...	37			
Joacim...	...	181			
Joaquín	...	111	544 (8x68)		
Sedequías	...	215			

LOS REYES DE ISRAEL

Jeroboam I	322	⎤
Nadab	56	
Basá (Baasa)	373	
[o 429 (13 x 33)][17]		
Elá	36	
Zimrí	257	
Omrí	320	
Acab	12	
Ocozías	37	
Joram	261	
[o 923 (13 x 71)]		
Jehú	22	⎬ 3900 (13 x 300)
Joacaz	37	
Joás	317	
Jeroboam II	322	
[o 676 (13^2 x 4)]		
Zacarías	242	
Salum	376	
Menahem	138	
Pekayá (Pekaía) ...	203	
Peka	188	
Oseas	381	⎦
[o 910 (13 x 70)]		

LOS LÍDERES QUE VOLVIERON DE BABILONIA
(Esd. 2:2)

Zorobabel	241	⎤
Jesúa	386	
Nehemías	113	
Seraías	515	
Reelaías	315	
Mardoqueo	274	⎬ 3008 (8^2 x 47)
Bilsán	382	
Mispar[18]	380	
Bigvay	21	
Rehum	254	
Baaná	127	⎦

Otros principales mencionados en otros contextos son:

Sesbasar, príncipe de Judá	892	⎫
Esdras, escriba	619	⎬ 1624 (8 x 203)
Nehemías	113	⎭

Es difícil observar un orden estricto en la presentación de estos fenómenos, porque los resultados se observan mejor mediante el contraste directo. Por ejemplo, si tomamos los nombres de los adversarios que se presentan en oposición directa al Señor, se verá esta ley con mayor claridad.

LOS ADVERSARIOS DE ESDRAS (4:7-9)

Bislam	372	⎫
Mitrídates	1044	
Tabeel	42	
«Y los demás compañe-		⎬ 3913 (13 x 301)
ros suyos»	989	
Rehum canciller ...	475	
Simsay secretario ...	991	⎭

Estos compañeros (Esd. 4:9, V.M.) son los

Dineos	75	⎫
Afarsaquitas	772	
Tarpelitas	330	
Persas	352	
Arquevitas	237	⎬ 2665 (13 x 205)
Babilonios	45	
Susanquitas	687	
Dehaítas	16	
Elamitas	151	⎭

Juntos todos suman 6578 (13 x 506).

Los hombres que tomaron mujeres extranjeras (Esd. 10:17-44) eran 113. La gematría de sus nombres es 38194 (13^2 x 226).

LOS ADVERSARIOS DE NEHEMÍAS

tal como aparecen mencionados y nombrados en 2:19; 4:7 y 13:4:

Sanbalat horonita	424	
Y Tobías el siervo amonita ...	294	
Y Gésem el árabe	636	
Y los árabes	333	2717 (13 x 209)
Y los amonitas...	221	
Y los de Asdod	376	
Y el sacerdote Elyasib... ...	433	

Junto a esto podemos observar la séxtuple naturaleza de la oposición presentada por ellos tal como se ve en la p. 169.

DANIEL Y SUS COMPAÑEROS

(*Daniel* 1:6)

Daniel	95	
Ananías ...	120	888
Misael	381	
Azarías	292	

Pero sus nombres *arameos*, que les fueron impuestos por Nabucodonosor, dan un número carente de todo significado.

LOS ENEMIGOS DE DIOS Y DE SU PUEBLO

que se nombran en la Escritura son generalmente múltiplos de *trece*. Comencemos con el gran enemigo mismo, siempre recordando que aunque podamos dar el castellano para mayor claridad, la gematría se refiere siempre al hebreo o griego originales:

Satanás, en hebreo = 364 (13 x 28).

Satanás, en griego = 2197 (13³).

«La serpiente antigua, que es... Satanás» (ὁ ὄφις ὁ ἀρχαῖος... καὶ ὁ Σατανᾶς, *ho ophis ho archaios... kai ho Satanas*) = 2756 (13 x 212).

«Ha-Seraph» (Nm. 21:8) = 585 (13 x 46).

Beelzebú (con artículo) = 598 (13 x 46).

Belial = 78 (13 x 6).

Dragón (Ap. 12:9) = 975 (13 x 75).

Homicida = 1820 (13 x 45).

Tentados = 1053 (13 x 45).

Serpiente = 78- (13 x 60).

El león (Sal. 91:13) = 338 (13 x 16).

«Como león» (1ª P. 5:8) = 1885 (13 x 145).

«El poder del Enemigo» (Lc. 10:9) = 2509 (13 x 193).

«Vuestro adversario el Diablo, como león rugiente» = 6032 (13 x 464).

Cazador (Sal. 91:3) = 416 (13 x 32).

«Que se llama Diablo y Satanás» (ὁ καλούμενος διάβολος καὶ ὁ Σατανᾶς) = 2197 (13³).

«Siete demonios» = 572 (13 x 44).

«Por cuanto el Príncipe de este mundo ha sido ya juzgado» (Jn. 16:11) = 5577 (13² x 33).

«Cuando habla mentira, de lo suyo habla; porque es mentiroso» (Jn. 8:44) = 7072 (13 x 544).

Génesis 3

donde se menciona y revela al Diablo por vez primera. Las palabras iniciales:

«Pero la serpiente era astuta, más que todos los animales del campo» = 1521 (13² x 9).

El relato de la Tentación, vv. 1-7 = 24011 (13 x 1847).

La *segunda* sección (vv. 8-11) = 49478 (13² x 1903).

La *tercera* sección (vv. 22-24), que registra la expulsión del Edén = 10894 (13 x 838).

Todo el capítulo = 84383 (13 x 6491).

La confesión de Eva (v. 13) = 3692 (13 x 284).

El versículo 8, que describe el acto de Jehová Dios, suma, como contraste, 4064 (8 x 508).

El versículo 21, que registra la vestimenta divinamente preparada en gracia = 2856 (7 x 8 x 51).

El versículo 15, que pudiéramos esperar encontrar significativo, siendo la gran promesa profética primigenia, suma 4266 (3³ x 158), donde tenemos el 42, el 66, de Anticristo, y el 9 del juicio.

El versículo 16, que contiene la esperanza de la simiente prometida, añadido al v. 15 = 8512 (8000 + 8³).

Isaías 27:1

«Al leviatán serpiente veloz» = 1170 (13 x 90).

«Al leviatán serpiente tortuosa» = 1014 (13² x 6).

«Al dragón que está en el mar» = 1469 (13 x 113).

Isaías 14:29

«No te alegres, oh Filistea, toda tú, por haberse quebrado la vara del que te hería; porque de la raíz de la culebra saldrá víbora; y su fruto, dragón volador» = 5369 (13 x 413).

Salmo 74:14

«Magullaste las cabezas del leviatán, y lo diste por comida al pueblo y a las bestias» = 3510 (13 x 270; o 13 x 6 x 45; o 13 x 3^3 x 10).

Apocalipsis 9:11

Todo el versículo = 12090 (13 x 930).
Las langostas = 351 (13 x 3^3).
«Y tienen por rey sobre ellos al ángel del abismo = 3978 (13 x 306).

Efesios 2:2

«Siguiendo la corriente de este mundo, conforme al príncipe de la potestad del aire» = 9178[19] (13 x 76).
«La potestad del aire» = 2600 (13 x 200).

Lucas 10:18

«Del cielo... un rayo» (esto es, «un rayo del cielo») = 2626 (13 x 202).
«Y les dijo: Yo veía a Satanás caer del cielo como un rayo» = 6903 (13 x 531).

Efesios 6:12

«Sino contra principados, contra potestades, contra los dominadores de este mundo de tinieblas, contra huestes espirituales de maldad en las regiones celestes» = 16211 (13 x 1247).

Mateo 16:23

«Me (eres) tropiezo» (σκανδαλόν μου, skandalon mou) = 936 (13 x 72).

LOS ADVERSARIOS HUMANOS

presentan el mismo fenómeno peculiar:

Asur = 169 (13^2).[20]

«El hombre de pecado» = 13062 (13^3 x 6).

«El hombre que no puso a Dios por su fortaleza» = 2197 (13^3).[21]

EL LIBRO DE ESTER

revela la misma ley en funcionamiento. Habiendo diligentemente *examinado el horóscopo* (como significa *Pur*, פור; véase Is. 47:13), Amán encontró el día más favorable para llevar a cabo sus designios como «enemigo de los judíos».[22]

Est. 3:7 nos dice que el horóscopo fue buscado durante 12 meses: «En el *primero* del mes, ... de día en día, y de mes en mes, hasta el mes *duodécimo*». Luego (v. 12) se encontró el día favorable en el día *decimotercero* del primer mes (esto es, el mes *trece* desde que habían comenzado). Luego (3:13) se prepararon las cartas, y así en un día determinado, «en el día *trece* del mes duodécimo, que es el mes de Adar» (al final del segundo año), los judíos debían ser todos exterminados. Aquel día llegó la liberación (8:12, etc.). Así, tenemos tres *treces* relacionados con el gigantesco esfuerzo del gran enemigo para destruir al pueblo de Dios, y con ellos, naturalmente, a la simiente prometida. Éste es el objeto último del gran enemigo en todos sus designios en contra del pueblo de Dios.

Por otra parte, vemos los múltiplos del *ocho* dominical en el pueblo del Señor:

Mardoqueo (2:5)	... 274	
Hijo de Jaír ...	... 273	
Hijo de Simeí	... 472	1912 (8 x 239)
Hijo de Cis ...	... 62	
Benjamita ...	... 431	

את־הדסה היא אסתר (*Eth-Hadassah hi Esther*) (2:7).

Eth-Hadassah	475	
Es decir, Ester	677	1152 (8 x 12^2)

Purim (9:26), 336 (8 x 42).

Por otra parte tenemos a:

Bigtán (2:21)   ... 455 (13 x 35).
Amán Agagueo   ... 117 (13 x 9).
Zeres (su mujer) ... 507 (13³ x 3).

Los hijos de Amán presentan un curioso fenómeno. En cada manuscrito hebreo estos nombres se presentan así (9:79):

y a *(v'eth)*	Parsandata
y a *(v'eth)*	Dalfón
y a *(v'eth)*	Aspata
y a *(v'eth)*	Porata
y a *(v'eth)*	Adalías
y a *(v'eth)*	Aridata
y a *(v'eth)*	Parmasta
y a *(v'eth)*	Arisay
y a *(v'eth)*	Ariday
y a *(v'eth)*	Vaizata

Esta peculiaridad ha sido preservada no sólo en todos los manuscritos, sino también en todas las ediciones impresas del texto hebreo. Ningún escriba ni editor se han aventurado a cambiar esta forma de su presentación.

Son varias las conjeturas hechas por los comentaristas judíos antiguos y por los modernos en cuanto a cuál sea la razón por la que los nombres son siempre presentados así; pero parece que nadie ha considerado los nombres como una suma (considerando, naturalmente, cada letra como una cifra). Tratados así, la suma de los nombres asciende a 10244 o 13 x 788.

La familia entera es 10868 o 13 x 836.

LOS ADVERSARIOS DE CRISTO

«Los escribas» = 780 (13 x 60).

«Los escribas y fariseos, hipócritas» = 2704 (13² x 16).

«¡Ay!» = 481 (13 x 37).

«La levadura de los fariseos y de los saduceos» = 3718 (13² x 22).

«Una generación maligna y adúltera» = 1365 (13 x 105).

Las Escrituras concernientes a Barrabás

Mt. 27:20 «Pero los principales sacerdotes y los ancianos persuadieron a la multitud que pidiese a Barrabás, y que diesen muerte a Jesús» = 10127 (13 x 779).

Los ancianos = 1352 (13 x 104).
La multitud = 2340 (13 x 180).

Mt. 27:16: «Y tenían entonces un preso famoso llamado Barrabás» = 2743 (13 x 211).

Mr. 15:6: «Cada fiesta les soltaba un preso, el que le pedían» = 910 (13 x 70).

Lc. 23:18: «Pero toda la multitud dio voces a una, diciendo: ¡Fuera con ése, y suéltanos a Barrabás!» = 9347 (13 x 719).

Jn. 18:40: «Entonces todos gritaron de nuevo, diciendo: No a éste, sino a Barrabás. Y Barrabás era ladrón». En este versículo tenemos:

«Entonces todos gritaron de nuevo»   = 2600 (13 x 200)
«No a éste, sino a Barrabás.   = 1300 (13 x 100)
Y Barrabás era ladrón   = 1833 (13 x 141)
                                       5733 (13 x 44)

Las Escrituras concernientes a Judas Iscariote

Lc. 22:3: «Y entró Satanás en Judas, por sobrenombre Iscariote, el cual era uno del número de los doce» = 8359 (13 x 643).

Versículo 47: «Y el que se llamaba Judas, uno de los doce» = 3458 (13 x 267).

Jn. 12:44: «Judas Iscariote... el que iba a entregarle» = 4511 (13 x 347).

Jn. 13:26: «Respondió Jesús: A quien yo dé el pan mojado, aquél es. Y mojando el pan, lo dio a Judas Iscariote hijo de Simón» = 19435 (13 x 1495).

Mt. 26:48: «Y el que les entregaba les había dado una contraseña, diciendo: Al que yo bese, ése es; prenderle» = 9867 (13 x 759).

Así es con Hch. 1:16; Mr. 14:44, 45, y todos los pasajes que se corresponden.

Hechos 4:25-27

Versículo 25: «¿A qué fin se amotinan las gentes?» = 1560 (13 x 120).

Versículo 26: «Acudieron los reyes de la tierra, y los príncipes se coaligaron contra el Señor, y contra su Cristo» = 12467 (13 x 959).

Versículo 27: «Herodes y Poncio Pilato, con los gentiles» = 3926 (13 x 302).

OTROS ADVERSARIOS

Simón el mago (con artículo) = 1170 (13 x 90).

Elimas = 676 (13^2 x 4).

Siete hijos de un tal Esceva, judío, jefe de los sacerdotes» (Hch. 19:14) = 4953 (13 x 381).

Los adversarios nombrados por san Pablo

Hermógenes (2ª Ti. 1:15) = 481 (13 x 37).

Fileto (2ª Ti. 2:17) = 1118 (13 x 86).

El grupo íntegro

Himeneo y Alejandro (1ª Ti. 1:20)
Figelo y Hermógenes (2ª Ti. 1:15) $\Big\}$ 5226 (13 x 402)
Himeneo y Fileto (2ª Ti. 2:17)
Demas (2ª Ti. 4:10)

Juan en sus Epístolas y en Apocalipsis

Ap. 2:20: «Esa mujer Jezabel» = 1573 (13 x 121).

Ap. 3:1: Sardis = 520 (13 x 40).

1ª Jn. 2:18-22: Anticristos = 1651 (13 x 127).

El Anticristo = 1911 (13 x 147).

«El último tiempo» = 2015 (13 x 155).

«Éste es el espíritu del anticristo» = 4836 (13 x 372).

1ª Jn. 4:3: «Todo espíritu que no confiesa que Jesucristo ha venido en carne, no procede de Dios; y éste es el espíritu del anticristo» = 17329 (13 x 1333).

1ª Jn. 2:22: «El que niega al Padre» = 1963 (13 x 151).

«Sino el que niega que Jesús es el Cristo» = 4992 (13 x 384).

2ª Jn. 7: «Muchos engañadores» = 611 (13 x 47).

«He aquí al engañador» = 2106 (13 x 162).

«El anticristo» = 1911 (13 x 47).

πλάνη (planë), engañador (error o engaño) = 169 (13^2).

El Apocalipsis

13:1: «La arena del mar» = 1716 (13 x 132).

«El mar» = 1157 (13 x 89).

«Subir del mar una bestia» = 1664 (13 x 128).

θήρ *(thër)*, una fiera salvaje = 117 (13 x 128).

Versículo 11. Todo el versículo = 6318 (13 x 486).

θηρίον *(thërion)*, bestia = 247 (13 x 19).

ἄλλο θηρίον *(hallo thërion)*, otra bestia = 378 (9 x 42).

«Tenía dos cuernos» = 1521 (13^2 x 9).

«Y tenía dos cuernos semejantes a los de un cordero» = 2704 (13^2 x 16).

Versículo 15. «La imagen de la bestia» = 1482 (13 x 114).

Versículo 17. «La marca... de la bestia» = 2483 (13 x 191).

Versículo 18. «El número de la bestia» (acusativo con artículo) = 2067 (13 x 159).[23]

17:1: «La gran ramera» = 2756 (13 x 31).

Versículo 5: «La madre de las rameras» = 2756 (13 x 212).

«Misterio: BABILONIA LA GRANDE, LA MADRE DE LAS RAMERAS Y DE LAS ABOMINACIONES» = 8138 (13 x 626).

19:20: «La bestia... y con ella el falso profeta que había hecho delante de ella las señales» = 8489 (13 x 653).

«La ramera, la bestia, y el falso profeta» = 3510 (13 x 270). La falsa Trinidad está marcada por 3 x 3 x 3 x 10 x 13.

Todo el versículo = 2441 (13 x 1957).

22:15: «Los perros, y los hechiceros, los fornicarios, los homicidas, los idólatras, y todo aquel que ama y practica la mentira» = 8710 (13 x 670).

8:10: «Una gran estrella» = 858 (13 x 66).

8:11: «Ajenjo» = 1040 (13 x 80).

20:8: «Gog» = 806 (13 x 62). (Griego.)

«Magog» = 52 (13 x 4).

La profecía acerca de Gog en Ezequiel

38:2: «Príncipe soberano de Mesec» (el título de Gog) = 1222 (13 x 94).

39:11: «Hamón-gog» (el lugar para sepultura de Gog) = 113.

«Toda su multitud» = 156 (13 x 12).

Toda la profecía de Ezequiel concerniente a él (Ez. 38:2 y 39:29) = 204.256 (13 x 15.512).
La última sección (39:16-29) = 55887 (13 x 4299).

Judas

Versículos 3-9 = 230464 (13 x 17728).
Versículos 14 y 15 = 30940 (13 x 1280).
Versículo 15: «Juicio» (κρίσιν, *Krisin, nombre*) = 390 (13 x 30).
«El error de Balaam»[24] = 1014 (13^3 x 6).
«Coré»[25] = 195 (13 x 15).

2ª Tesalonicenses 2:3

«La apostasía» = 871 (13 x 46).
«El hombre de pecado» = 1963 (13 x 151).
«El hijo de perdición» = 1807 (13 x 139).
«El hijo de perdición» con el v. 4 = 13182 (13^2 x 6).

Así, no importa de qué forma podamos considerar la recurrencia de estos números, vemos la misma ley impregnando la historia. Serán suficientes unos pocos ejemplos misceláneos:

En Gn. 10 tenemos la dispersión de las naciones, y su repartimiento por toda la tierra. Sucedió en los días de Peleg, cuya gematría es ciento *trece*. Y la Escritura que lo registra (Gn. 10:25-29) = 10647 (13 x 63).

Sala (el abuelo de Peleg) es 338 (13^2 x 2).

Cuando Uzías apostató (2º Cr. 36), fue después de haber reinado 52 años (4 x 13).

Jeroboam II tuvo 40 años de prosperidad, y luego 12 de apostasía = 52 (4 x 13).

Joás reinó 39 años (3 x 13) y luego apostató (2º Cr. 23, 24).

En el año 13 de Josías, Jeremías comenzó a profetizar en contra de la apostasía de Judá.

Caín no tiene cronología, y tampoco Saúl, excepto el último año, que fue el primero de David, y del que 13 es un factor.

Salomón estuvo 13 años edificando su *propia* casa, que estuvo tan llena de apostasía. (Pero estuvo 7 años edificando la casa de Jehová.)

El número de los que murieron en la rebelión de Coré

fue de 250 + 14700 = 14950 (13 x 115). Véase Nm. 14:35, 49.

El valle de Hinon

(o del hijo o hijos de Hinom) aparece 13 veces. Fue la escena de los ritos idolátricos e inhumanos de Moloc introducidos por Salomón (1º R. 11:7). El pasar a los niños por el fuego en aquel valle hizo de él un apropiado símbolo del futuro castigo de los pecadores, que serán arrojados al lago de fuego, y dio origen a la palabra *γέευνα (Gehena)*, del hebreo םנה איג *(Gê-Hinnom)*, valle de Hinom. Las 13 menciones, que contienen toda la historia del valle, son dignas de un estudio encadenado (Jos. 15:8, 18; 18:16, dos veces; 2º R. 23:10; 2º Cr. 28:3; 33:6; Neh. 11:30; Jer. 7:31, 32; 19:2, 6; 32:35).

Así, los dos números 8 y 13 son como dos cabos, de oro y grana, que corren a través de toda la Revelación Divina, cruzándose y entrelazándose de continuo.

Hay sin embargo una rama muy importante de esta parte de nuestro tema que queda por ver, y es

LA RELACIÓN DEL NÚMERO TRECE CON LA SUSTITUCIÓN Y LA EXPIACIÓN

El Salvador, aunque sin pecado, fue «hecho pecado», u ofrenda por el pecado, por Su pueblo. Fue «herido por nuestras transgresiones», molido por nuestros pecados. De hecho, Él fue «CONTADO CON LOS PECADORES» (Is. 53:12).

Por ello, este número es no sólo el factor que impregna toda la cuestión del PECADO, sino también la de la expiación del pecado. No es sólo el número que marca al pecador como rebelde contra Dios, sino que es el número portado por el Sustituto del pecador.

Sus mismos nombres en el Antiguo Testamento, antes que se iniciara o cumpliera la obra de la Expiación, son todos múltiplos de 13, así como Sus nombres, después en el Nuevo Testamento y cuando la obra de la Expiación fue llevada a cabo, son todos múltiplos de 8. Véanse estos nombres en la p. 222.

Los nombres en el Antiguo Testamento son:

Jehová = 26 (13 x 2).
Adonai = 65 (13 x 5).
Ha-Elohim = 91 (13 x 7).
Mesías, tal como es dado en el Sal. 2, una forma en la que aparece 10 veces, «Su Ungido» = 364 (13 x 18) —el mismo número que el del mismo Satanás *(Ha-Shatan)*.

Pero obsérvese aquí la maravillosa combinación de los otros factores, 2, 5 y 7, acerca de cuyo sentido no tenemos que extendernos después de todo lo que ya hemos dicho de ellos al indicar *encarnación, gracia* y *perfección espiritual.*

En verdad, está escrito: «Maldito todo el que es colgado en un madero». Y así el valor numérico de la mismísima palabra ἀνάθεμα *(anathema),* maldición, es de 546 (13 x 42), y aparece 6 veces.

Génesis 4:4

que registra el primer tipo de este Cordero de Dios, el sustituto del hombre, exhibe el número 13.

«Y Abel trajo también de los primogénitos de sus ovejas, de lo más gordo de ellas. Y miró Jehová con agrado a Abel y a su ofrenda». La gematría de este versículo asciende a 2093 (13 x 160).

Versículo 7, donde tenemos otra referencia a esta ofrenda, = 5421 (13 x 3 x 139).

Abel sufrió; Caín pecó; Set fue el sustituto de Abel. Así, los tres nombres son:

Abel ...	37	
Caín ...	160	897 (13 x 69)
Set ...	700	

Su historia entera (Gn. 4:1-25) asciende a 76882 (13 x 5914).

Levítico 16

El gran capítulo sobre la Expiación es de lo más destacable. No podemos dar todo el capítulo; pero obsérvense:

Los versículos 2-4, que describen los preparativos de Aarón = 15015 (13 x 5 x 7 x 33).

Los versículos 5-11, la elección de las víctimas, hasta el sacrificio del becerro = 24739 (13 x 1903).

Los versículos 12-14, la combustión del incienso aromático, y el séptuple rociamiento de la sangre delante del Propiciatorio = 13377 (13 x 3 x 7^3). Con esto podemos comparar las palabras en Ef. 5:25, 26: «Y se entregó a sí mismo por ella, para santificarla» = 4459 (13 x 7).

Versículos 15, 16, la expiación del lugar santo = 13637 (13 x 1049).

Versículos 17-34, el sumo sacerdote entrando solo, terminando con el estatuto perpetuo = 80613 (13^2 x 3^2 x 53).

Versículos 24-27, la purificación del sacerdote y de sus asistentes, = 18993 (13 x 3 x 487).

Los dos últimos apartados juntos (versículos 20-27) = 39663 (13 x 3^2 x 113).

El macho cabrío (enviado al desierto) = 585 (13 x 45).

Versículo 20, la elección del macho cabrío = 3575 (13 x 5 x 55).

Versículos 21-23, la despedida del macho cabrío = 17095 (13 x 1315).

Versículos 24-27, el resto de la expiación = 18993 (3 x 13 x 487).

Números 21:8, 9

Se puede observar que la serpiente *(Ha-Seraph)* es también 585, exactamente el mismo número que el macho cabrío despedido al desierto.

Los versículos 6, 7, que hablan del pecado, del juicio y de la oración = 7241 (13 x 557).

Versículo 8: «Y Jehová dijo a Moisés: Hazte una serpiente... refulgente» = 1664 (8 x 8 x 13).

«Y ponla sobre un asta; y cualquiera que haya sido mordido» = 1430 (13 x 110).

Versículos 8, 9 = 8886.

Juan 3:14

La propia referencia del Señor mismo a Nm. 21 = 2366 (13^2 x 14).

Isaac

que fue el tipo de Cristo en sustitución, tiene, como factor de su nombre, el 13 así como el 8. Es el 208 (13 x 8 x 2).

También la historia de Isaac, en Gn. 22:1-19 (el octavo de los encuentros y pactos de Dios), tiene la gematría de 54808 (13 x 8 x 17 x 31).

El sacrificio de Job por sus amigos

Job 42:8 = 6721 (13 x 517).

La expiación tras la rebelión de Coré

Nm. 16: «Cuando Aarón se puso entre los muertos y los vivos».
Versículos 45-47 = 8138 (13 x 2 x 313).
Versículos 45-50 = 20501 (13 x 19 x 83).

Isaías 53

Versículos 2-4 = 7995 (13 x 15 x 41).
Versículos 1-5 = 13286 (13 x 1022).
Versículos 6-8 = 8749 (13 x 673).

52:1—53:10 = 36582 (13 x 42 x 67).
52:1-12 también es igual a 36582. Así, el levantamiento de
la voz de gozo en Sión y el levantamiento del Hijo del
Hombre presentan el mismo número.
52 y 53 = 84123 (13 x 9 x 719).

Isaías 7:7-16

Versículo 7 = 1391 (13 x 107).
Versículo 8. «Damasco» = 444.
Versículo 9 = 4017 (13 x 309).

	2490 (2 x 15 x 197), donde el	
Versículo 10 = 712	Nº 2 = Encarnación	
Versículo 11 = 1778	Nº 15 = Gracia divina	
	Nº 197 = Emanuel	

El Día de la Expiación

Lv. 23:26, 27 = 6526 (o 13 x 502, ó 13 x 5 + 2 x 13).
Lv. 23:27, 28 = 5187 (13 x 133).

Daniel 9:25-27

Los tres versículos = 21164 (13 x 4 x 407, ó 13 x 1628).
«Abominación desoladora» = 966 (42 x 23).
«Abominación» = 546 (42 x 13).
«Desoladora» = 420 (42 x 10).
Versículo 26. El Mesías será cortado = 988 (13 x 76).
Versículo 25. «Hasta el Mesías» = 432 (2 x 8 x 3^3).
Versículo 25. «El Mesías príncipe» = 425 (5^2 x 17).
Versículo 24. «Para... ungir al Santo de los santos» = 1242.
Versículo 24. «El Santo de los santos» = 858 (13 x 66).

La profecía entera: 43554 (42 x 17 x 61²⁶).
Comparar Mt. 24:15 en griego.
«Abominación» = 855 (9 x 19 x 5).
«Desolación» = 2158 (13 x 166).
La frase «abominación de la desolación» = 2666.
Y toda la cita, «en el lugar santo la abominación de la desolación, anunciada por medio del profeta Daniel» = 9373 (13 x 711).

1ª Corintios 15:3

«Cristo murió por nuestros pecados» = 5616 (13 x 8 x 2 x 3³).

2ª Corintios 5:17-21

Todo el pasaje asciende a 53365 (13 x 4105).

Juan 13:31, 32

«Ahora ha sido glorificado el Hijo del Hombre» = 3887 (13² x 23).
«Dios ha sido glorificado en él = 2197 (13³).
«Dios también le glorificará en sí mismo» = 3016 (13 x 8 x 29).

Romanos 5:6-11

Versículo 6. «(Él) murió por los impíos» = 1794 (13 x 6 x 23).
Versículo 8. «Siendo... pecadores» = 4290 (13 x 330).
Versículo 9. «Habiendo sido ya justificados en su sangre» = 4602 (13 x 3 x 118).
Versículo 9. «De la ira» = 1040 (13 x 80).
Versículo 11. «Por quien hemos recibido ahora la reconciliación» = 1989 (13 x 153).

1ª Corintios 2:2

«A éste crucificado» = 3211 (13² x 19).

Gálatas 6:14

«Pero jamás acontezca que yo me gloríe, sino en la cruz de nuestro Señor Jesucristo, por la cual el mundo está crucificado para mí, y yo para el mundo» = 16367 (13 x 1259).

Filipenses 2

Versículo 8. «Obediente hasta la muerte, y muerte de cruz» = 4745 (13 x 5 x 73).
La totalidad del versículo 8 = 11804 (13 x 908).
Versículo 7. «Se despojó a sí mismo» = 1911 (13 x 3 x 7^2).
Versículo 7. «Forma de siervo» = 1742 (13 x 134).
Versículos 5-9 = 42328 (13 x 8 x 407).

Colosenses 2:14, 15

La totalidad de estos versículos = 22282 (13 x 1714).
«Cancelando el documento de deuda en contra nuestra, que consistía en ordenanzas» = 4407 (13 x 3 x 113).
«Que nos era adverso, quitándolo de en medio y clavándolo en la cruz; despojando a los principados y a las potestades» = 13065 (13000 + 5 x 13).
«Los exhibió públicamente, triunfando sobre ellos en la cruz» = 5018 (13 x 386).

Volviendo de nuevo al número *ocho*, es de destacar que

EL CRISTO RESUCITADO

fue visto por 512 personas. Y 512 es el cubo de 8 (8^3).

EL NÚMERO DE DISCÍPULOS

reunidos en el aposento alto (Hch. 1:15) era de 120 (8 x 15).

1ª PEDRO 3 (RV)

Vers. 20. «Unas pocas 193 ⎱ = 1480, el ⎱
    fueren salvas» 1287 ⎰ Nº de Χριστός ⎰ 6016 (8^2 x 84)
    «es a saber, ocho personas» = 4536 ⎰

LUCAS 1:35

Las palabras del ángel = 5688 (8 x 711).
«Nazaret», la escena de la Anunciación = 464 (8 x 58).
Pero «Jesús de Nazaret» = 2197 (13^2).

OCHO EN APOCALIPSIS

No sólo vemos el número *siete* marcando todo el libro con perfección espiritual, sino que como contiene también la historia que lleva a la resurrección y a los nuevos cielos y a la nueva tierra, también se ve en él el número *ocho*.

Hay 24 ancianos (3 x 8).

Cuatro seres vivientes, cada uno de ellos con seis alas = 24 (3 x 8).

Doce mil de cada tribu, 12000 (8 x 15 x 100).

144000 para todas las tribus = 8^2 x 15^2 x 10; el mismo número de vírgenes que siguen al Cordero.

1600 estadios, la medida del lagar (8 x 8 x 25, u 8^2 x 5^2).

Los 1000 años (8 x 125).

Los 12000 codos de longitud de la ciudad «establecida en cuadro» (8 x 15 x 100).

EL NÚMERO DE APARICIONES

de la palabra ζύμη *(zumē)*, «levadura», en el Nuevo Testamento es *trece*, y es significativo de su conexión con la corrupción, denotando apostasía de la verdad.

Es ciertamente imposible explicar toda esta evidencia recurriendo al azar. Tiene que haber designio. Y el designio es tan perfecto, tan uniforme y significativo, que sólo puede ser divino. Y siendo divino, constituye un argumento irrebatible en favor de la inspiración verbal e incluso literal de las Escrituras de la Verdad.

NOTAS

1. El texto hebreo no dice cuántas llevaban al Templo. La Septuaginta dice que había diez.

2. Omitiendo, naturalmente, la escena de la Tentación.

3. Este 1728 es también un número notable: $8^2 \times 3^3$.

4. Esta palabra se emplea de Isaac, de 28 años de edad; de José cuando tenía 39; de Roboam con 49; de Sadrac y sus compañeros en Babilonia.

5. Jafet era el hijo mayor de Noé, aunque Sem fuera el elegido para la genealogía de Jesucristo.

6. La casa de Isaac está dividida, así como la de Jacob. Por esto tenemos el 13 como factor, además del 8.

7. La grafía se toma como en Gn. 35:22-26.

8. Hasta «es el mismo Esaú».

9. Incluso la expresión en 2ª P. 2:7, «y... al justo Lot», es 1326 (13 x 102).

10. Véase acerca de estos dos números para su respectiva significación.

11. Los comentaristas pierden de vista el meollo de lo que aquí se trata cuando afirman que 390 = 10 x 39 ¡en lugar de 13 x 30!

12. La grafía, que a veces varía, es tomada conforme a la primera aparición del nombre.

13. En el año 39 (3 x 13) de su reinado abandonó a Jehová (2º Cr. 16:12).

14. Amasías = 146 o 152, según la grafía. Si es 146, entonces el total será 4394 (132 x 2). Pero si añadimos Saúl 337, David 14, y Salomón 375, la suma total es 5120 (8^3 x 10).

15. Había reinado 52 (4 x 13) años cuando apostató (2º Cr. 26:3, 21).

16. Estos tres están peculiarmente asociados en 2º Crónicas, donde sus acciones con respecto a la casa de Dios son señaladas: Jotam (27:1, 2), «no entró en el santuario»; Acaz (28:1, 24), «cerró las puertas»; Ezequías (29:1, 3), «abrió las puertas de la casa de Jehová».

17. Los números alternativos son causados por otra grafía, pero, como se verá, el resultado es el mismo.

18. En el texto hebreo מצפה, Mizpar, es repetido otra vez después de Baaná.

Si lo contamos de este modo, entonces el total será de 3388 en lugar de 3008, lo cual, aunque no es múltiplo de 8, es muy significativo.

19. Siendo que 91000 es 13 x 700, y 78 es 13 x 6.

20. Nimrod exhibe un número conectado con el Anticristo, siendo 294, o 7 x 42.

21. La totalidad del Salmo 52 = 19572 (42 x 466).

22. Término que sólo se aplica a Amán. Véase Est. 3:10; 7:6; 8:1; 9:10, 14.

23. En nominativo sin el artículo = 1027 (13 x 79).

24. Cp. Jos. 13:22, Balaam. «Mataron a espada los hijos de Israel... entre los demás que mataron» = 1183 (13² x 7).

25. Nm. 16:1-4 = 12909 (13 x 993).

26. El 61 es el *decimonoveno* número primo.

NUEVE

El número *nueve* es un número muy notable en muchos respectos. Los que se dedican a las ciencias ocultas le tienen gran reverencia; y en matemática exhibe unas propiedades y capacidades que no se hallan en ningún otro número.[1]

Es el *último* de los dígitos, y por ello marca el *fin*; y es significativo de la *conclusión* de una cuestión.

Está emparentado con el número *seis*, siendo seis la suma de sus factores (3 x 3 = 9, y 3 + 3 = 6), siendo por tanto significativo del *fin del hombre* y la recapitulación de todas las obras del hombre. Por ello, *nueve* es

EL NÚMERO DE LA FINALIDAD, O DEL JUICIO,

por cuanto el juicio ha sido encomendado a Jesús como «el Hijo del Hombre» (Jn. 5:27; Hch. 17:31). Marca lo completo, el fin y resultado de todas las cosas en cuanto al hombre; el juicio del hombre y de todas sus obras.

Es un *factor* de 666, que es 9 veces 74.

La gematría de la palabra «Dan», que significa un juez, es 54 (9 x 6).

«τῇ ὀργῇ μου» *(tē orgē mou)*, mi ira = 999 (He. 3:11).

El solemne ἀμήν *(amēn)*, o «de cierto», de nuestro Señor, asciende también a 99, recapitulando y finalizando Sus palabras.

La suma de las 22 letras del alfabeto hebreo es 4995 (5 x 999). Por ello, está marcado con los números de *gracia* y *finalidad*.

La suma del alfabeto griego es 3999.

EL PRIMER ENFRENTAMIENTO (Gn. 14)

es la batalla entre los cuatro y los cinco reyes (= 9).[2]

SODOMA

Gn. 19 registra el juicio sobre Sodoma, y está marcado por múltiplos de *nueve*. Los versículos 4-29 ascienden a 89550 (9 x 9950, o 9 x 50 x 199). Lo mismo aparece si lo dividimos en secciones:

Versículos 4-18. Desde el motín en Sodoma hasta el ruego de Lot por Zoar hay 50733 (9 x 3 x 1879).

Versículos 19-25. Desde el ruego de Lot hasta la destrucción hay 24543 (9 x 9 x 303).

Versículos 216-29. Desde «La mujer de Lot» hasta el final de la historia hay 14274 (9 x 2 x 13 x 61).[3]

Vemos el mismo fenómeno en el relato dado en la Segunda Epístola de san Pedro. Como también en el juicio pronunciado sobre Jerusalén.

LOS ASEDIOS DE JERUSALÉN

han sido 27, o tres veces *nueve*, y llevan el sello de la consumación divina (3) y el número del juicio (9). Como la significación de otros números está involucrada e ilustrada en esta cifra de 27, damos una lista completa de todos los asedios de Jerusalén.

1. Por los hijos de Judá contra los jebuseos (Jue. 1:8), alrededor del 1425 a.C., y por cuanto éste es el *primero*, podemos observar las solemnes palabras que marcan, desde el mismo principio, lo que iba a ser la historia posterior de la ciudad: «Y habían combatido los hijos de Judá a Jerusalén, y la habían tomado, y pasado a sus habitantes cananeos a filo de espada y puesto fuego a la ciudad». Esto fue alrededor del 1400 a.C., o 700 años antes de la fundación de Roma. Este asedio fue sólo parcial, porque en el reinado de David vemos que los jebuseos seguían en posesión de la ciudadela.

2. Por David contra los jebuseos (2º S. 5:6-10; 1º Cr. 12:23-29), alrededor del 1046 a.C.

3. Por Sisac, rey de Egipto, contra Roboam (2º Cr. 12:9; 1º R. 14:25, 26), alrededor del 971 a.C. A esto se opuso sólo una débil resistencia, y el Templo fue saqueado.

4. Por los filisteos, árabes y etíopes contra Joram (2º Cr. 21:16), alrededor del 877 a.C. En este asedio el palacio real fue despojado, y el Templo otra vez saqueado.

5. Por Joás, rey de Israel, contra Amasías, rey de Judá (2º R. 14:13, 14), alrededor del 826 a.C. La muralla fue derruida y el Templo saqueado.

6. Rezín, rey de Siria, y Peka, rey de Israel, contra Acaz (2º Cr. 28), alrededor del 841 a.C. La ciudad resistió, pero Acaz solicitó la ayuda de Tiglat-pileser, rey de Asiria, que despojó el Templo.

7. Por Senaquerib, rey de Asiria, contra Ezequías (2º Cr. 32),

alrededor del 713 a.C. En este caso tuvieron que levantar sl sitio debido a una intervención divina, como lo había predicho el profeta Isaías. (Véase la significación de este número.)

8. Nabucodonosor, rey de Babilonia, contra Joyaquim (Joacim) (2º Cr. 36:7), alrededor del 606 a.C., ocasión en la que se saqueó parcialmente el Templo.

9. Por Nabucodonosor, otra vez, contra Joaquín (2º Cr. 36:10), alrededor del 559 a.C., cuando se consumó el despojo del Templo y se tomaron 10000 rehenes en cautiverio.

10. Por Nabucodonosor, 590-585 a.C., contra Sedequías (2º Cr. 36:17-20), cuando se hizo un completo asolamiento, con el incendio del Templo,[4] y quedando la tierra asolada por 50 años. Unos 258 años después volvió a ser asediada.

11. Por Ptolomeo Soter, rey de Egipto, contra los judíos (320 a.C.). Más de 100000 cautivos fueron llevados a Egipto.[5]

12. Por Antíoco el Grande, alrededor del 203 a.C.

13. Por Scopus, un general de Alejandro, alrededor del 199 a.C., que dejó allí una guarnición.

14. Otra vez por Antíoco, 168 a.C., el peor asedio desde el Nº 10. Toda la ciudad fue saqueada, se llevaron 10000 cautivos, se destruyeron las murallas, se profanó el altar, fueron destruidos antiguos manuscritos, los mejores edificios fueron incendiados, y se prohibió a los judíos adorar allí. Éste fue el cumplimiento *preterista* de la profecía de Daniel (9 y 11), y un ejemplo prefigurativo de lo que ha de ser aún el cumplimiento *futurista*.

15. Por Antíoco otra vez, alrededor del 162 a.C., contra Judas Macabeo. Esta vez se negociaron términos honrosos y se concedieron ciertos privilegios.

16. Por Antíoco Sidetes, rey de Siria, contra Juan Hircano, alrededor del 135 a.C.

17. Por Hircano (hijo de Alejandro Janneo) y el sacerdote Aristóbulo. El sitio fue levantado por Scaurus, uno de los lugartenientes de Pompeyo, alrededor del 65 a.C.

18. Por Pompeyo, contra Aristóbulo, alrededor del 63 a.C. Las máquina fueron puestas junto al muro en sábado, día en que los judíos no ofrecieron resistencia. Sólo así pudo ser la ciudad reducida; 12000 judíos fueron muertos.

19. Herodes, con un ejército romano, asedió la ciudad el 39 a.C.[6] durante cinco meses.

20. Por Tito, 70 d.C. En este memorable sitio la conquista fue total. El *segundo* Templo (el de Herodes) fue incendiado (a pesar

de las órdenes de Tito). La décima legión fue dejada allí para llevar a cabo la obra de destrucción, y por otros 50 años la ciudad desaparece de la historia, como sucedió tras el *décimo* asedio.

21. Los romanos tuvieron que volver a sitiarla en el año 135 d.C. contra el falso Mesías Bar-Coqueba, que había tomado posesión de las ruinas. No se conoce mucho acerca de éste, quizá el más terrible de todos los asedios. Tan grande e intensa fue la lucha que Adriano, al anunciar al Senado romano la finalización de la guerra, omitió el uso de la acostumbrada frase de felicitación. La ciudad fue ahora borrada del mapa. Su mismo nombre fue cambiado, dándosele el nuevo nombre de *Ælia Capitolinus*. Se levantó un templo a Júpiter, y se puso una estatua de Adriano en el emplazamiento del Lugar Santísimo. Durante 200 años la ciudad desapareció de la historia, no permitiéndose a los judíos ni que se acercaran a ella.[7]

Este asedio fue predicho por nuestro Señor en Lc. 19:43, 44 y 21:20-24.

22. Después de 400 años de la llamada colonización cristiana, Cosroes de Persia (alrededor del 559 d.C.) barrió el país; miles fueron muertos, y la iglesia del Santo Sepulcro fue destruida. El emperador Heraclio lo derrotó finalmente, y restauró la ciudad y la iglesia.

23. El califa Omar asedió la ciudad en 636-637 d.C. contra Heraclio, y tras una débil resistencia, seguida por una capitulación en honrosos términos, la ciudad pasó a manos de los turcos, lo que marca uno de los acontecimientos más importantes relacionados con ella y con la cronología.[8]

24. Afdal, el visir del califa de Egipto, asedió las dos facciones rivales de musulmanes y saqueó la ciudad en 1098.

25. En 1099 fue asediada por el ejército de la primera Cruzada.

26. En 1187 fue asediada por Saladino durante siete semanas.

27. Las salvajes hordas jarezminas, en 1244, capturaron y saquearon la ciudad, dando muerte a los monjes y sacerdotes.

Parecía necesario dar este breve bosquejo debido a varios puntos que se desprenden de ello. La lista se hizo, ante todo, sin ninguna referencia a «Números en la Escritura». No fue sino un tiempo después, al considerar el número *nueve* como el número de *juicio*, que vimos el hecho de que el número de los asedios era 27, o tres veces *nueve*, y así vimos la significación del número.

Luego, sin considerar la lista, anticipamos que habría algo peculiar en los números 10 y 20, siendo *diez* el número de *perfección* ordinal, y marcando un ciclo de consumación. Así resultó al examinarlo, ¡porque tanto el asedio *décimo* como el *vigésimo* estuvieron marcados por la destrucción del Templo por fuego! El *décimo* finalizó con la destrucción del Templo de Salomón por Nabucodonosor; el *vigésimo* culminó con la destrucción del Templo de Herodes bajo Tito.

Se pensó a continuación que siendo el *siete* el número de la *perfección espiritual*, habría algo que señalara los asedios *séptimo*, *decimocuarto* y *vigésimo primero* de entre todos los demás, y que los relacionara de alguna manera con la perfección de la Revelación divina. Yasí resultó al examinarlo. ¡Estos tres asedios fueron cada uno de ellos tema de la *profecía* divina! La *séptima* en 2º Cr. 32; la *decimocuarta* en Dn. 11; la *vigésimoprimera* en Lc. 19:43, 44. Y hay un asedio aún futuro –un asedio *vigésimo octavo*– que está también *profetizado* en la Escritura (véase Zac. 14, etc.). Estos cuatro asedios forman un *epanodos*, correspondiéndose el *primero* con el *cuarto* (siendo ambos sitios, el *primero* y el *cuarto*, levantados por intervención divina), mientras que el *segundo* se corresponde con el *tercero* en lo terrible del carácter de ambos, así:

A | El 7º –Senaquerib–. El sitio fue levantado por una milagrosa intervención de un ángel del cielo (2º Cr. 32).

B | El 14º –Antíoco (Dn. 9)–, uno de los más terribles.

B | El 21º –Adriano (Lc. 19:43, 44)–, uno de los más consumados.

A | El 28º – El Anticristo–. Aún futuro. Pero el sitio será levantado por medio de una gloriosa liberación, no por un ángel, sino por el Señor mismo que vendrá del cielo (Zac. 14).

Así que *cuatro* de ellos son objeto de *profecías*: el 7º, el 14º, el 21º y el 28º.

Dos de ellos marcan ciclos completos –el 10 y el 20–, en los que el Templo fue destruido, siendo cada uno de ellos seguido por cincuenta años de silencio.

Catorce (7 x 2) de ellos están registrados en la Escritura.

Trece son extrabíblicos, y quedan registrados sólo en la historia profana.

Desde luego, hay algo más que el *azar* en la aparición de estos significativos números.

LOS JUICIOS

de Dios en Hag. 1:11 se enumeran en nueve particulares:

«Y llamé la sequía sobre esta tierra,
y sobre los montes,
sobre el trigo,
sobre el vino,
sobre el aceite,
sobre todo lo que la tierra produce,
sobre los hombres,
y sobre las bestias,
y sobre todo el trabajo de vuestras manos».

Hay nueve palabras que se emplean de la raíz δίκη, *derecho* o *juicio:*

1. δίκη *(dikē)*, derecho, procedimiento recto, juicio (Hch. 25:15; 28:4; 2ª Ts. 1:9; Jud. 7).
2. δίκαιος *(dikaios)*, recto, justo como debiera ser.
3. δικαιόω *(dikaioō)*, hacer δίκαιος *(dikaios*, No. 2), contar como justo.
4. δικαιοσύνη *(dikaiosunē)*, el estado, o cualidad o condición de aquel que es δίκαιος *(dikaios)*.
5. δικαίως *(dikaiōs)*, justamente, rectamente.
6. δικαίωμα *(dikaiōma)*, un acto o requerimiento justo.[10]
7. δικαίωσις *(dikaiōsis)* es la acción del juez de promulgar un decreto, de declarar o reconocer a una persona como δίκαιος *(dikaios)* (Ro. 4:25; 5:18).
8. δικαστής *(dikastēs)* es el juez (Lc. 12:14; Hch. 7:27, 35).
9. δικαιοκρισία *(dikaiokrisia)* es el justo juicio del juez (Ro. 2:5).

APARICIONES DE PALABRAS

Las palabras siguientes, entre otras, aparecen 9 veces, y están todas ellas relacionadas de una u otra forma con *juicio.*

ἄββυσσος *(abyssos)*, abismo sin fondo, o profundo.

ἀσεβής *(asebēs)*, impío.
ἀσέλγεια *(aselgeia)*, lascivia.
ἀστραπή *(astrapē)*, rayo.

Y demandando, o relacionadas con juicio.

Ya se ha dicho lo suficiente para mostrar que la significación del número *nueve* es *juicio*, especialmente juicio divino, y la conclusión de todo el asunto por lo que al *hombre* concierne.

Pero *nueve* es el cuadrado de tres, y *tres* es el número de la perfección divina, así como el número peculiar del Espíritu Santo. Por ello, no es soprendente descubrir que este número denota *finalidad* en cosas divinas.

«*El fruto* (no "frutos") *del Espíritu*» comprende nueve (3^2) gracias: (1) amor, (2) gozo, (3) paz, (4) paciencia, (5) benignidad, (6) bondad, (7) fidelidad, (8) mansedumbre, y (9) dominio propio,[11] mientras que

LOS DONES DEL ESPÍRITU

en 1ª Co. 12:8-10 son también *nueve:*

Palabra de sabiduría,
Palabra de conocimiento,
Fe,
Sanidades,
Efectuar milagros,
Profecía,
Discernimiento de espíritus,
Diversos géneros de lenguas,
Interpretación de lenguas.

NOTAS

1. Entre otras se pueden mencionar: (1) que la suma de los dígitos que forman sus múltiplos es siempre ella misma un múltiplo de *nueve*, p.e., $2 \times 9 = 18$ (y $1 + 8 = 9$); $3 \times 9 = 27$ (y $2 + 7 = 9$); $4 \times 9 = 36$ (y $3 + 6 = 9$); $5 \times 9 = 45$ (y $4 + 5 = 9$), etc., etc.; y así con los números más grandes: $52843 \times 9 = 475587$ (y $4 + 7 + 5 + 5 + 8 + 7 = 36$, y $3 + 6 = 9$). (2) La suma de sus múltiplos a través de los nueve dígitos $= 405$, o 9 veces 45.

2. La *gematría* de los versículos 3 y 4 de Gn. 14, que describen la *rebelión* y la *batalla*, es 5655 (13×435). Y los versículos 4 y 5, que describen la llegada de los cuatro reyes $= 5590$ (13×430). Así, el versículo de la *rebelión* liga la guerra con su causa. El versículo 9, también, que describe la *batalla*, es 4732 ($13^2 \times 28$). La rápida venganza de Abram, versículos 13-16 $= 10738$ ($13 \times 7 \times 118$). El encuentro de Abram con Melquisedec $= 19.019$ ($13 \times 7 \times 11 \times 19$). Así que con Abram encontramos no sólo el 13, sino también el 7, marcando su misión y carácter espiritual.

3. Es interesante señalar que en medio de todo esto, las palabras que hacen referencia a la liberación de Lot, «Date prisa» (v. 22), hasta «de en medio» (v. 29), dan un múltiplo de 8, el Número Dominical; es el 25304 (8×3163); y que cuatro de los versículos de esta sección (25-28) son cada uno de ellos por separado múltiplos de 8, siendo su suma total 11312 (8×1414). La suma de todo el capítulo es un múltiplo de 13.

4. Fue en el año *noveno* de Nabucodonosor que la casa de Dios fue incendiada; y en el *noveno* día del mes cuarto que prevaleció el hambre (2° R. 25). También se puede señalar aquí que fue en el año *noveno* de Oseas que el rey de Asiria tomó Samaria, llevándose cautivo a Israel (2° R. 17:6).

5. Donde la versión Septuaginta fue posteriormente hecha para Filadelfo, el sucesor de Ptolomeo Soter.

6. Antígono, hijo de Aristóbulo, con un ejército parto, tomó la ciudad el 40 a.C; pero no hubo asedio, sino que la ciudad fue tomada por sorpresa.

7. Tan grande fue el alivio que experimentó Roma por esta supresión de Jerusalén y de los judíos, que se hizo común el brindis en las fiestas romanas: «Hierosolyma Est Perdita», «Jerusalén está destruida», a lo que los huéspedes respondían de inmediato con el grito *Hurrah*. Éste es el origen del grito «¡Hip, Hip, Hurra¡», en el que HIP es una degeneración de HEP, la abreviación de las tres palabras, formada con sus letras iniciales (bajo el principio conocido como *Notarica* o *Notricon*). ¡Hasta el día de hoy *Hep* o *Hip* es dicho por una persona, uniéndose el resto al grito con que se responde!

8. Véase *El Testimonio de las Estrellas* (CLIE, Terrassa 1981), de este mismo autor, p. 206.

9. Nótese en este versículo una ilustración de dos figuras de lenguaje: el *zeugma* y el *polisíndeton*.

10. Es importante distinguir las 10 apariciones de esta palabra, que es variamente traducida, pero que debería ser traducida así:

Lc. 1:6, recta ordenanza.

Ro. 1:32, la recta sentencia de Dios.

2:26, la recta demanda de la Ley.

5:16, recta absolución.

5:18, recto acto.

8:4, recta demanda.

He. 9:1, 10, rectas ordenanzas.

Ap. 15:4, recta sentencia.

19:8, rectas recompensas dadas.

La diferencia entre δικαίωμα (*dikaiōma*) y δικαιοσύνη (*dikaiosunē*) nos indica el hecho de que la última palabra se relaciona bien con la cualidad, el atributo o la condición de los que son aceptables ante Dios, o para el propio atributo de justicia de Dios relativo a ellos; mientras que la primera palabra muestra que la recta demanda de la Ley queda cumplida para los que no están bajo la Ley, tanto para condenación como para norma de vida, sino que están, como lo estaba el apóstol, ἔννομος Χριστοῦ (*ennomos Christou*), esto es, bajo obediencia a los mandamientos de Cristo (véanse pp. 101, 102, y 1ª Co. 9:20, donde el apóstol dice claramente que él no estaba ὑπὸ νόμον [*hupo nomon*], esto es, bajo la ley como principio, no teniendo aquí artículo la palabra ley). La Ley condenaba a todos los que estaban bajo ella. Pero los cristianos que llegan a la consciencia (subjetivamente) de que han muerto con Cristo y que viven como aquellos vivos de entre los muertos, andando en el Espíritu y en el poder de Cristo, cumplen en la práctica (aunque indudablemente con muchos fallos) *las rectas demandas* de la Ley.

11. Se observará que en este fruto del Espíritu el «dominio propio» es puesto en el último lugar, mientras que en las *«obras de la carne»* (vv. 19-21), que son *dieciséis* (4²), el número de la tierra, ¡las «borracheras y orgías» están en último lugar! Ciertamente que los caminos del hombre no son los caminos de Dios, ni los pensamientos de Dios los pensamientos del hombre (Is. 55:8).

DIEZ

Ya se ha observado que *diez* es uno de los números perfectos, y significa *la perfección del orden divino*, comenzando como comienza una nueva serie de números. La primera década es representante de todo el sistema numérico, y origina el sistema de cálculo llamado «decimales», por cuanto todo el sistema de numeración consiste de tantos *dieces*, de los que el primero es el tipo del todo.

El orden redondeado, que marca todo el circuito de cualquier cosa, es, por tanto, la significación siempre presente del número *diez*. Implica que nada falta; que el número y el orden son perfectos; que todo el ciclo está completo.

NOÉ

completó la era antediluviana en la *décima* generación desde Dios.

LOS DIEZ MANDAMIENTOS

contienen todo lo necesario, y no más que lo necesario, tanto en cuanto a su número como a su orden, mientras que

LA ORACIÓN DEL SEÑOR

queda completa con *diez* cláusulas.[1]

LOS DIEZMOS

representan la totalidad de lo que debía el hombre a Dios, como marcando y reconociendo la demanda de Dios sobre el todo.

EL DINERO DE LA REDENCIÓN

era *diez* geras, y así se reconocía tanto lo que Dios reclamaba como lo que el hombre tenía la responsabilidad de dar. Ahora bien, diez geras eran medio siclo (Éx. 30:12-16; Nm. 3:47). Cada varón de más de veinte años de edad que fuera censado tenía que pagar esta suma y cumplir la demanda de Dios.[2]

Pero el *primogénito* debía pagar diez veces este tanto; porque cuando Dios tomó a los levitas en lugar de los primogénitos de Israel, se hallaron

22.273 varones primogénitos, pero sólo
22.000 levitas. De modo que
_____
273 tuvieron que pagar el dinero de la redención,

que cıa *diez veces diez* geras. Así, aunque los cinco siclos parecían una variación, el significado de *diez* queda sustentado, porque los cinco siclos eran *diez* veces el «medio siclo». (Véase Nm. 3:12, 13, 40-51.)[3]

LAS DIEZ PLAGAS

eran representativas del ciclo completo de los juicios de Dios sobre Egipto. Éx. 9:14, «yo enviaré... todas mis plagas».

EL PODER MUNDIAL DEL ANTICRISTO

se comprende en los *diez* reinos, simbolizados por los *diez* dedos en los pies de la imagen del sueño de Nabucodonosor (Dn. 2:41), y por los *diez* cuernos de la cuarta bestia de la visión de Daniel (Dn. 7:7, 20, 24, etc.; Ap. 12:3; 13:1; 17:3, 7, 12).

DIEZ NACIONES

implican la totalidad de las naciones que han de ser la escena de las posesiones pactadas de Abraham (Gn. 15:19).

LA FE DE ABRAHAM

fue probada en un ciclo completo de *diez* pruebas:
1. Su partida de Harán.
2. Su huida del hambre a Egipto.
3. En el arrebatamiento de Sara.
4. En su guerra para rescatar a Lot.
5. En tomar a Agar.
6. En su circuncisión.
7. En el segundo arrebatamiento de Sara en Gerar.
8. En la expulsión de Ismael.

9. En la expulsión de Agar.

10. En el ofrecimiento de Isaac

LAS DIEZ REBELIONES

de Israel en el desierto (Nm. 14:22) marcan la serie completa de las perversiones de Israel.

LAS BASAS DE PLATA

que formaban el fundamento del Tabernáculo medían 10 x 10 (Éx. 38:27). Estaban hechas de plata, y la plata es significativa de la *redención* (1ª P. 1:18, 19).[4]

EL FUEGO DEL CIELO

diez veces, *seis* de las cuales fueron en juicio:

Gn. 19:24, sobre Sodoma.
Lv. 9:24, sobre las primeras ofrendas.
 " 10:2, sobre Nadab y Abiú.
Nm. 11:1, sobre los murmuradores en Taberá.
 " 16:35, sobre Coré y su compañía.
1º R. 18:38, sobre la ofrenda de Elías en el Carmelo.
2º R. 1:10, sobre enemigos de Elías.
 " 1:12, sobre enemigos de Elías.
1º Cr. 21:26, sobre el sacrificio de David.
2º Cr. 7:1, sobre el sacrificio de Salomón.

DIEZ VECES CLAMÓ EL PUEBLO DE GOZO

Lv. 9:24, cuando el fuego del cielo consumió los primeros sacrificios.
Jos. 6:20, en la toma de Jericó.
1º S. 4:5, cuando el Arca fue traída al campamento.
 " 10:24, cuando Saúl fue elegido rey.
 " 17:20, cuando Israel fue a luchar contra los filisteos.
 " 17:52, cuando les persiguieron.
2º S. 6:15 (1º Cr. 15:28), cuando el Arca fue devuelta de la casa de Obed-edom.
2º Cr. 13:15, cuando Dios hirió a Jeroboam delante de Abdías.
2º Cr. 15:14, cuando Asá y el pueblo oyeron la profecía de Azarías hijo de Obed.

Esd. 3:11, cuando se echaron los cimientos del segundo Templo.

LAS DIEZ VÍRGENES

representan la totalidad de la nación de Israel (en distinción al remanente elegido, que es la Esposa);[5] mientras que *cinco* denota a aquellos que por *gracia* podrán decir: «Éste es nuestro Dios, le hemos esperado».

LAS JUSTAS MALDICIONES DE DIOS

quedan completadas en una serie de diez:

Gn. 3:14, 15, sobre la serpiente.
" 3:17, sobre la tierra.
" 4:14, Caín.
" 9:25, Cainán.
Jos. 6:17, Jericó.
" 6:28, ⎫
" 7:12, ⎬ Acán
" 9:23, gabaonitas.
Jue. 9:57, siquemitas.
1º R. 16:34, Hiel de Betel.
Mr. 11:21, la higuera.

«HE PECADO»

Diez [6] personas constituyen la serie de los que hicieron esta confesión, reconociendo su merecimiento del juicio divino:

Faraón, Éx. 9:27; 10:16.
Balaam, Nm. 22:34.
Acán, Jos. 7:20.
Saúl, 1º S. 15:24, 30; 26:21.
David, 2º S. 12:13; 24:10, 17; 1º Cr. 21:8, 17; Sal. 41:4; 51:4.
Simei, 2º S. 19:20.
Ezequías, 2º R. 18:14 (traducido: «he faltado»).
Job 7:20.
Miqueas 7:9.
Nehemías 1:6.

EL TABERNÁCULO

es mencionado *diez* veces como el «Tabernáculo del Testimonio». De estas diez, *cinco* son מִשְׁכָּן *(mish-kahn)*, Éx. 38:21; Nm. 1:50, 53 (dos veces); 10:11. Esto tiene especial referencia al Tabernáculo como morada de Dios, de שָׁכַן *(shahkan)*, «morar». *Mish-kahn* significa la morada de Dios (Éx. 25:8) y por ello nunca es empleado por el Espíritu Santo de «toda la congregación».

Las otras *cinco* son אֹהֶל *(oh-el)*, Nm. 17:7, 8, 10; 18:2; 2º Cr. 24:6. *Oh-el* significa simplemente una tienda, y tiene especial referencia al punto de reunión del pueblo por designación o en sazones designadas. Ésta es la palabra empleada por el Espíritu Santo al hablar del «tabernáculo de la reunión» o «de la congregación».

LAS DIEZ PALABRAS DEL SALMO 119

redondean el ciclo de la descripción que Dios hace de Su Palabra. Una u otra de estas *diez* palabras aparecen en cada versículo (excepto en el 122), esto es, Camino, Testimonio, Preceptos, Mandamientos, Guardar, Ley, Juez, Justicia, Estatutos, Palabra. Estas palabras, dice la Masora, «se corresponden con los Diez Mandamientos».[7]

LA DÉCIMA GENERACIÓN

completaba y representaba toda la existencia de la familia o nación. En Dt. 23:3 leemos que «no serán admitidos amonitas ni moabitas en la congregación de Jehová, ni aun en la décima generación; no entrará en la congregación ninguno de ellos jamás». La razón de ello se ve en los vv. 4 y 5. Véase también Neh. 13:1.

LAS PARÁBOLAS DEL REINO

son diez en el Evangelio de Mateo. *Siete* de ellas en el capítulo 13, y *tres* en los capítulos 22 y 25.

LOS INJUSTOS QUE NO ENTRARÁN

en el reino de Dios son enumerados en *diez* puntos (1ª Co. 6:9, 10).

LA SEGURIDAD DE LOS SANTOS

es expuesta en una décuple enumeración, lo que completa el ciclo entero de certidumbre para todos los que están «en Cristo» (véase nº *Diecisiete*), Ro. 8:38, 39. Son dados en dos cincos:

«Porque estoy persuadido de que
{ ni la muerte, ni la vida,
{ ni ángeles, ni principados, ni potestades;
{ ni lo presente, ni lo por venir,
{ ni lo alto, ni lo profundo, ni ninguna otra cosa creada».

LOS DIEZ YO SOY DE JESÚS EN JUAN

«Yo soy el pan de la vida» (6:35).
«Yo soy el pan que descendió del cielo» (6:41).
«Yo soy el pan vivo que descendió del cielo» (6:51).
«Yo soy la luz del mundo» (8:12).
«Yo soy el que da testimonio de mí mismo» (8:18).
«Yo soy la puerta de las ovejas» (10:7, 9).
«Yo soy el buen pastor» (10:14).
«Yo soy la resurrección y la vida» (14:6).
«Yo soy el camino, y la verdad, y la vida» (14:6).
«Yo soy la vida verdadera» (15:1, 5).

LOS NOMBRES REPETIDOS [14]

Diez cierra el ciclo perfecto de los Nombres repetidos. Además, observaremos que éstos están repartidos de una forma significativa. De estos *diez*, siete son dichos directamente a seres humanos individuales, mientras que *tres* son dichos por el Señor en diferentes relaciones. De estos siete, cuatro están en el Antiguo Testamento y tres en el Nuevo.

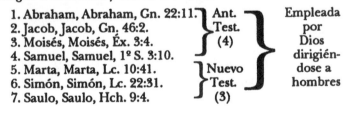

1. Abraham, Abraham, Gn. 22:11. ⎫ Ant.
2. Jacob, Jacob, Gn. 46:2.   ⎬ Test.
3. Moisés, Moisés, Éx. 3:4.   ⎭ (4)
4. Samuel, Samuel, 1º S. 3:10.
5. Marta, Marta, Lc. 10:41.   ⎫ Nuevo
6. Simón, Simón, Lc. 22:31.   ⎬ Test.
7. Saulo, Saulo, Hch. 9:4.   ⎭ (3)

Empleada
por
Dios
dirigién-
dose a
hombres

8. Señor, Señor, Mt. 7:21, 22; 25:11; Lc. 6:46; 13:25. }
9. Eloí, Eloí, Mr. 15:34; Mt. 27: 46; Sal. 22:1.
10. Jerusalén, Jerusalén, Mt. 23:37; Lc. 13:34.

Empleada
bajo
otras
circuns-
tancias [9]
(3)

PALABRAS Y FRASES QUE APARECEN DIEZ VECES

Entre éstas pueden mencionarse:

זר *(zair)*, el cerco del arca del Pacto.

כיור *(kiyör)*, fuente o pila, *diez* veces en Éxodo y Levítico con referencia al Tabernáculo; y *diez* veces en Reyes y Crónicas con respecto al Templo.

כן *(kain)*, el pie o base de la fuente o pila.

ἁγιασμός *(hagiasmos)*, santidad.

ἅγιον *(hagion)*, santo (7 de estas ocasiones están en el plural para el Lugar Santísimo, o «Santo de los Santos»).

δικαίωμα *(dikaiöma)*, recta demanda. (Véase p. 259).

παντοκράτωρ *(pantokratör)*, Omnipotente, empleado sólo de Dios (9 veces en Apocalipsis).

καταβολή κόσμου *(katabolë kosmou)*, la fundación del mundo. (Véase pp. 135 y 204).

λέγει κύριου *(legeiu kuriou)*, dice el Señor (omitiendo He. 10:30 con la Versión Revisada inglesa, Tischendorf, Tregelles, Westcott y Hort).

EL TALMUD

llama la atención al hecho de que hay:

Diez palabras diferentes empleadas para Ídolos.

Diez para Profeta, esto es, Embajador, Fiel, Siervo, Mensajero, Vidente, Atalaya, Contemplador de Visiones, Soñador, Profeta, Varón de Dios (*Avoth*, cap. 34).

Se aplican diez designaciones a la Palabra de Dios, esto es: Escritura, Proverbio, Interpretación, Dicho Oscuro, Oráculo, Proclamación, Decreto, Carga, Profecía, Visión.

Diez palabras diferentes para Gozo.

Diez generaciones de Adán a Noé; y

Diez de Noé a Abraham.
Abraham fue probado con *diez* pruebas *(Av. d. R.N.* 33, *Pd. R.E.* 26). Véase p. 264.

NOTAS

1. Estas cláusulas tienen la significación de sus respectivos números::

La *primera*, la soberanía de Dios.
La *segunda*, el Nombre manifestado de Jehová.
La *tercera*, la *manifestación* del reino de Dios.
La *cuarta* menciona la *tierra* por vez primera.
La *quinta*, el don de la gracia supliendo nuestra necesidad.
La *sexta* trata del pecado del *hombre*.
La *séptima* ruega la conducción *espiritual*.
La *octava* ruega la final liberación de todo mal.
La *novena* recapitula la gloria *divina* (3^3), y
La *décima* cierra los ciclos eternos.

2. Cuando David hizo el *censo* del pueblo (2° S. 24 y 1° Cr. 21), no se efectuó este pago, y la demanda de Dios no fue cumplida. De ahí el juicio que sobrevino.

3. Podemos observar, de paso, que la cantidad de los varones que pasaban del número era de 273 (13 x 21), mientras que la cantidad de siclos era de 1365 (13 x 105) (Nm. 3:50). Para la significación de esto, véase el número *Trece*.

4. *Diez* completaba también el número de las cortinas (Éx. 26:1).

5. La interpretación popular de esta parábola no puede ser la correcta, porque no podemos, en una parábola, tomar dos clases totalmente de personas como representando a una y la misma persona. ¡Es imposible tomar a *la Iglesia* como representada a la vez por las Diez Vírgenes y por la Esposa! Si la Iglesia es la Esposa, no puede, entonces, ser las Vírgenes. Si la Iglesia está representada por las Diez Vírgenes, entonces no puede ser la Esposa. La única solución a este dilema es *no introducir* en el Evangelio de Mateo aquello que fue objeto de una posterior revelación (Ro. 16:25, 26; Ef. 3:1-11; Col. 1:26, 27), sino interpretar Mateo por aquello que ya había sido objeto de una anterior revelación en el Antiguo Testamento acerca de la Esposa. Véase en el número *Uno*, «*Primeros Usos*» (pp. 73, 74).

6. De estos *diez*, seis fueron individuales (el número del *hombre*), mientras que 4 fueron en nombre de la nación: «Hemos».

7. Véase *A Key to the Psalms*, por el rev. Thomas Boyds, editado por el mismo autor, p. 122.

8. Los 14 nombres *cambiados* formarían un tema provechoso del estudio bíblico, habiendo 10 ejemplos en el Antiguo Testamento y 4 en el Nuevo Testamento. De estos catorce, 5 fueron cambiados por autoridad divina, mientras que 9 fueron aparentemente cambiados por el hombre. Véase *The Repeated Name*, por el rev. James Smith, de Dufftown, N.B., publicado por A. & R. Milne, Aberdeen.

9. Cada uno de estos tres es singular, esto es:

En el No. 8 es el nombre del Señor por seres humanos.

En el No. 9 es el nombre de Dios por Jesús.

En el No. 10 es la ciudad y pueblo de Dios por Jesús.

ONCE

Si *diez* es el número que marca la perfección del *orden* divino, entonces *once* es una *adición* al mismo, subvirtiendo y deshaciendo este orden. Si *doce* es el número que denota la perfección del *gobierno* divino, entonces *once* no alcanza a ello. Así que tanto si consideramos el 11 como 10 + 1 o como 12 – 1, es el número que denota *desorden, desorganización, imperfección* y *desintegración*.

No hay mucho acerca de este número en la Palabra de Dios, pero lo que sí hay es significativo, especialmente como *factor* y por lo que ya hemos visto en las pp. 35–54.

LOS JEFES DE EDOM

eran *once* (Gn. 36:40-43), y Edom, aunque estrechamente relacionado con Israel, era diferente de él en orden y en gobierno, existiendo el más profundo odio entre ellos. El término hebreo para «duque» (RV; V.M.: «caudillos»; RVR y RVR77, «jefes») es un múltiplo de 13. Véase p. 229.

LOS ONCE HIJOS DE JACOB

hablan de la desintegración y desorganización de la familia de Jacob, lo que hizo que se pudiera decir: «y otro no aparece».

DE HOREB A CADÉS-BARNEA

era un viaje de *once* jornadas (Dt. 1:2). Un día más los hubiera llevado a la completa administración de todas aquellas maravillosas leyes que Dios les había dado.

ELÍ, OFNÍ Y FINEÉS

tienen por gematría el número 462, cuyos *factores* son el 11 y el 42; ambos significativos del desorden en la casa de Elí, y de la desintegración de Israel.

JOACIM (JOYAQUIM) REINÓ ONCE AÑOS

cuando Nabucodonosor llegó y comenzó su obra desintegradora contra Jerusalén (2º R. 23:36; 24:1 y 2º Cr. 36:5, 6).

SEDEQUÍAS REINÓ ONCE AÑOS

cuando Nabucodonosor completó el trabajo de poner fin al gobierno de Israel en Jerusalén (2º Cr. 36:2; Jer. 52:1), «en el undécimo año se abrió brecha en el muro de la ciudad» (Jer. 39:2)

EL AÑO UNDÉCIMO

en el que Ezequiel profetizó contra Tiro (Ez. 26:1) y contra Egipto (30:20 y 31:1) fue el año *undécimo* de Sedequías, en el que Jerusalén fue desolada. Y la triple repetición de ellos es para hacernos conscientes del hecho de que Tiro y Egipto serían desoladas como lo había sido Jerusalén.

LOS ONCE APÓSTOLES

dan testimonio de la desintegración entre los Doce (Hch. 2:14, etc.), mientras que

LA HORA UNDÉCIMA

(Mt. 20:6, 9) es proverbial como contraria tanto a lo correcto en orden como a disposición.

LA VIDA DE NUESTRO SEÑOR SOBRE LA TIERRA

fue de *alrededor* de 33 años (3 x 11), y fue entonces «cortado» y «todavía no vemos que todas las cosas le estén sometidas» (Dn. 9:26; He. 2:8).

MIL CIEN

se emplea sólo dos veces, ambas refiriéndose a los tiempos de administración defectiva, marcados por el hecho de que «no había rey»:

(1) Jue. 16:5, el soborno filisteo que privó a Israel de su poderoso juez y libertador Sansón.

(2) Jue. 17:2, etc., relacionados con la introducción de la idolatría en Israel, que conllevó problemas y desintegración; añadido al orden y a las ordenanzas que Dios les había promulgado; ello llevó finalmente a la ruina y pérdida de todo gobierno.

Dan y Efraín fueron las dos tribus delincuentes, porque Micá, que hizo la imagen con los *mil cien* siclos, era efrainita, y la tribu que robó la imagen y su sacerdote era la de Dan. Ambas tribus son omitidas de las tribus en Ap. 7, en conformidad a la declaración de Jehová en Dt. 29:18-20 de que aquel «varón o mujer, o familia o tribu» que introdujeran la idolatría en Israel, «Jehová BORRARÁ SU NOMBRE».

DOCE

es un número perfecto, significando *perfección de gobierno* o *perfección gubernamental.* Se encuentra como múltiplo en todo lo que tiene que ver con *gobierno.* El sol que «señorea» el día, y la luna y las estrellas que «señorean» la noche lo hacen por su paso a través de los *doce* signos del Zodíaco que cierran el gran círculo del cielo compuesto de 360 (12 x 30) grados o divisiones, señoreando así el día.

Doce es el *producto* de 3 (el número perfectamente divino y celestial) y 4 (el terrenal, el número de lo que es material y orgánico).

Mientras que *siete* es un compuesto de 3 *añadido* a 4, *doce* es 3 *multiplicado por* 4, y denota, por ende, aquello que puede apenas ser explicado con palabras, pero que la percepción espiritual puede apreciar en el acto, esto es, la *organización,* en la que los productos denotan producción y multiplicación y aumento de todo lo que está contenido en los dos números por separado. El 4 es generalmente prominente en el *doce.*

HUBO DOCE PATRIARCAS

desde Set hasta Noé y su familia, y *doce* desde Sem hasta Jacob.

LOS DOCE HIJOS DE ISRAEL

Aunque vinieron a formar trece tribus por la adopción por parte de Israel de los dos hijos de José, nunca se mencionan más de *doce* en ninguna lista. Hay unas 18 enumeraciones en total, pero en cada lista se omite a uno u otro. Generalmente es Leví, pero no siempre. En Ap. 7 se omiten tanto Dan como Efraín (véase p. 228), pero la enumeración sigue siendo *doce*, introduciéndose a José y a Leví para este especial sellado del remanente que pasará inmune a través de la gran tribulación.

Luego hubo *doce* Jueces o Salvadores (véase p. 231).

EL TEMPLO DE SALOMÓN

tiene el número *doce* como factor predominante, en contraste con el Tabernáculo, que tenía el cinco. Esto concuerda con la *gracia* que resplandece en el Tabernáculo, y con la *gloria* del reino que se exhibe en el Templo.

Cuando llegamos al Nuevo Testamento encontramos el mismo gran principio impregnando el gobierno apostólico que vemos en el Patriarcal y Nacional, porque tenemos:

Los *doce* apóstoles.
Los *doce* cimientos de la Jerusalén celestial.
Las *doce* puertas.
Las *doce* perlas.
Los *doce* ángeles.

LAS MEDIDAS DE LA NUEVA JERUSALÉN

serán de 12.000 estadios de arista, en tanto que su muro será de 144 (12 x 12) codos (Ap. 21:16, 17).

El número de los sellados en Ap. 7:4 será de 144000, y todo lo que tiene que ver con las *doce* tribus está necesariamente impregnado por este número, como las piedras en el pectoral del sumo sacerdote, las piedras sacadas del lecho del Jordán, el número de los espías, etc. etc., y por ello no hemos hecho referencia a todas estas cosas en estas páginas.

DOCE PERSONAS FUERON UNGIDAS

para gobierno de diferentes tipos. Naturalmente, todos los reyes, sacerdotes, profetas y leprosos sanados eran ungidos; pero se registran de manera específica las circunstancias de la unción de *doce* individuos. De estos registrados, cinco son de sacerdotes (Aarón y sus cuatro hijos, Éx. 6:23) y siete fueron reyes:

1.	Aarón, Éx. 29:7, 9, etc.		...		
2.	Nadab	″	...		
3.	Abiú	″	...	Sacerdotes (5)	
4.	Eleazar	″	...		
5.	Itamar	″	...		
6.	Saúl, 1º S. 10:1	...	...		12
7.	David,[1] 1º S. 16:13	...	...		
8.	Absalón, 2º S. 19:10	...	...		
9.	Salomón, 1º R. 1:39	...	...	Reyes (7)	
10.	Jehú, 2º R. 9:6 ...	...	...		
11.	Joás, 2º R. 11:12	...	...		
12.	Joacaz, 2º R. 23:30	...	...		

Total individuos ungidos que se registran: Sacerdotes (5) y Reyes (7) = 12.

Se observará por la lista anterior que Saúl, el hombre *de la elección humana*, queda así marcado con el número 6. David, el hombre de la *elección divina*, queda marcado con el número *siete*. Porque Saúl y David son, respectivamente, el sexto y el séptimo en orden. Las palabras «varón según el corazón de Dios» significan simplemente *un hombre escogido por Dios*, y no, como nunca se cansan de decir los incrédulos, que Dios aprobara todos los pecados en que cayó David.

DOCE AÑOS

tenía Jesús cuando apareció en público por primera vez (Lc. 2:42) y pronunció las primeras palabras que han quedado registradas (véase p. 66).

DOCE LEGIONES

de ángeles marcan la perfección de los poderes angélicos (Mt. 26:53).

LA MITAD DE DOCE

denota en ocasiones interrupción o defecto en el gobierno humano, mientras que

LA CANTIDAD DE VECES

que aparecen las palabras concuerda con su significación. P.e., αὐλή *(aulē)*, «palacio», aparece *doce* veces.

NOTA

1. David fue ungido *tres* veces:

> por Samuel, 1° S. 16:13;
> por los hombres de Judá, 2° S. 2:4;
> por los ancianos de Israel, 2° S. 5:3.

TRECE

Este número ha sido considerado en relación con el número *ocho*, a lo que se remite al lector (véanse pp. 221-248).

CATORCE

es un múltiplo de siete, y por ello participa de su significación; y al ser el doble de este número, implica una doble medida de perfección espiritual.

El número *dos* con el que está combinado (2 x 7) puede, sin embargo, aportar su propia significación a su sentido, como en Mateo 1, donde la genealogía de Jesucristo está repartida y dada en secciones de 14 (2 x 7) generaciones, siendo *dos* el número asociado con la encarnación.

El mismo principio es de aplicación a otros múltiplos de *siete*, y los estudiosos de la Biblia pueden descubrir sus propias ilustraciones.

QUINCE

Al ser quince un múltiplo de *cinco*, participa de la significación de aquel número, así como del número con el que está combinado, 3 x 5.

El *cinco* es, como hemos visto, el número de la *gracia*, y *tres* es el número de la *perfección divina*. *Quince*, por ello, se refiere especialmente a actos obrados por la energía de la gracia divina.

La Deidad es vista en ello, porque las dos letras hebreas que los expresan son י, *Yod* (10), y ה, *Hey* (5). Son la grafía del Nombre inefable de יה, *Jah*, que es la fuente de toda gracia. Así se logra el número *quince*, con la adición de 10 y 5; pero como los judíos no querían, por el uso constante de estas letras, profanar el nombre sagrado, se empleaban otras dos letras arbitrariamente escogidas para este número, formándose así una combinación diferente y artificial: ט *(Tet)* = 9, y ו *(Vav)* = 6. Así, el número *quince* se representaba como 9 + 6, pero sin significación alguna.

Al ser *quince* 8 + 7 además de 3 x 5, puede que también incluya una referencia a la resurrección, como siendo una marca especial de la energía de la gracia divina resultando en gloria.

Unos pocos ejemplos serán suficientes:

El Arca fue llevada por el Diluvio hasta *quince* codos por encima (Gn. 7:20).

Ezequías vio su muerte retrasada *quince* años (2º R. 20:6).

Los judíos fueron liberados de la muerte bajo Ester en el día *decimoquinto* del mes (9:18, 21). Esto es especialmente significativo, ya que hemos visto (p. 239), que su sentencia de muerte estaba relacionada con el número *trece.*

Betania, donde Lázaro fue resucitado, y desde donde el Señor ascendió, estaba a *quince* estadios de Jerusalén (Jn. 11:18).

La nave de Pablo ancló en sitio seguro con el fondo a *quince* brazas *en el día decimocuarto,* tras *trece* días de agobios y pruebas (Hch. 27:21).

En el día *decimoquinto* del mes primero se celebraba la fiesta de los panes sin levadura (Lv. 23:6); y

En el día *decimoquinto* del mes séptimo se celebraba la fiesta de los Tabernáculos (v. 34).

DIECISIETE

se destaca mucho como número significativo. No es múltiplo de ningún otro número, y por ello no tiene factores. Por ello es uno de los números *primos* (o indivisibles). Además, es el *séptimo* en la lista de los números primos.

La serie es 1, 3, 5, 7, 11, 13, 17, etc. El *trece*, como se observará, es también un número primo, y por ello es importante; pero es el *sexto* de la serie; de ahí que participe de la significación del número 6, y es ciertamente una expresión intensificada del mismo.

De una manera similar, siendo *diecisiete* el *séptimo* de la serie, participa de, e intensifica, la significación del número *siete*. En verdad es la combinación o *suma* de dos números perfectos —*siete* y *diez*— siendo *siete* el número de la perfección *espiritual*, y *diez* el de la perfección *ordinal*.

Al ser contrastados, queda clara la significación de estos dos números; y cuando se unen en el número *diecisiete* tenemos una unión de sus respectivos significados, o sea, perfección espiritual más perfección ordinal, o *la perfección del orden espiritual*.

Vemos una hermosa ilustración de ello en

ROMANOS 8:35-39,

que forma la conclusión de la primera gran división de esta importantísima Epístola, y que recapitula las bendiciones de los que han muerto y resucitado con Cristo. Primero tenemos una serie de *siete*, y luego una serie de *diez*. El *siete* está marcado por estar en forma de interrogación, mientras que el *diez* se da como respuesta a lo anterior.

«¿Quién nos separará del amor de Cristo?

    1. ¿Tribulación,
    2. O angustia,
    3. O persecución,
    4. O hambre,
    5. O desnudez,
    6. O peligro,
    7. O espada?

Como está escrito: Por tu causa somos muertos todo el día; somos considerados como ovejas de matadero. Pero en todas estas cosas somos más que vencedores por medio de aquel que nos amó. Porque estoy persuadido de que

    8. Ni la muerte, (1)
    9. Ni la vida, (2)
  10. Ni ángeles, (3)
  11. Ni principados, (4)
  12. Ni potestades, (5)
  13. Ni lo presente, (6)
  14. Ni lo por venir, (7)
  15. Ni lo alto, (8)
  16. Ni lo profundo, (9)
  17. Ni ninguna otra cosa creada (10)

nos podrá separar del amor de Dios, que es en Cristo Jesús nuestro Señor».

Así se expone la perfección espiritual y eterna de la posición del creyente en Cristo.

Al formar la respuesta concluyente a la pregunta, y al darnos una certidumbre positiva (aunque en forma negativa), parece como si el número *diez* es de más peso que el *siete* cuando se emplean así juntos. Así sucede en 2º Cr. 2, donde, en el versículo 7, Salomón pide a Hiram un perito artesano, y le especifica *siete* particulares; y en el versículo 14 le es enviado un hombre, y sus cualificaciones son expresadas en *diez* particulares. Una ilustración más importante se encuentra en

HEBREOS 12:18-24

donde se contrastan así la Antigua dispensación y la Nueva:
«Porque no os habéis acercado

    1. Al monte que se podía palpar,
    2. Y que ardía en fuego,
    3. A la oscuridad,
    4. A las tinieblas
    5. Y a la tempestad,
    6. Al sonido de la trompeta,
    7. Y a la voz que hablaba...

Vosotros, en cambio, os habéis acercado

    8. Al monte Sión, (1)
    9. Y a la ciudad del Dios vivo, (2)

10. La Jerusalén celestial, (3)
11. Y a miríadas de ángeles, (4)
12. A la asamblea general (5)
13. E iglesia de los primogénitos que están inscritos en los cielos, (6)
14. Y a Dios, el Juez de todos, (7)
15. Y a los espíritus de los justos hechos ya perfectos, (8)
16. Y a Jesús, el mediador del nuevo pacto, (9)
17. Y a la sangre rociada que habla mejor que la sangre de Abel (10).»[1]

Aquí de nuevo las bendiciones del Nuevo Pacto se ven superiores a las del Antiguo, tanto en número como en importancia. Las del Antiguo eran *espirituales*, pero las del Nuevo más aún, porque son doblemente una manifestación de la gracia divina, *diez*, o 2 x 5.

SALMO 83:6-11

Aquí vemos el *diez* y el *siete* en un orden diferente. Los versículos 6-9 nos dan una confederación de *diez* enemigos con el propósito de aniquilar a Israel, y destruirla, «para que no sean nación», mientras que los versículos 10 y 12 nos dan una enumeración de los *siete* enemigos que el Señor había destruido en el pasado, con la oración de que Él haga con la confederación de *diez* lo mismo que lo que había hecho con los *siete* del pasado.

Los comentaristas están de acuerdo en que no se puede encontrar esta confederación en la historia pasada de Israel, por lo que somos llevados a la conclusión de que este Salmo es *proléptico*, y que nos habla de una confederación aún futura de la que los Profetas posteriores hablan más particularmente.

Versículos 6-9: La *décuple* confederación:

1. Edom.
2. Los ismaelitas.
3. Moab.
4. Los agarenos.
5. Gebal.
6. Amón.
7. Amalec.
8. Los filisteos.
9. Tiro.
10. El asirio.

Siguen a continuación, en los versículos 10-12, los *siete* enemigos que habían sido destruidos en tiempos antiguos:

11. Madián (1) (Jue. 7:8).
12. Sísara (2) (Jue. 4:5, 21).
13. Jabín (3) (Jue. 4:5, 21).
14. Oreb (4) (Jue. 7:25).
15. Zeeb (5) (Jue. 7:25).
16. Zeba (6) (Jue. 8:5).
17. Zalmuná (7) (Jue. 8:5).

El número *diecisiete* (no la palabra meramente) tiene una significación propia, y por ello una importancia que debe ser tomada en cuenta siempre que aparezca en la Palabra de Dios por sí mismo o como *factor*.

Constituye un gran factor en el número 153 (véase pp. 296, 296).

NOTA

1. En la segunda parte de esta cita se sigue la versión Biblia de las Américas (BAS), que refleja el original con mayor justeza que la versión Reina-Valera (cf. vv. 22-23 en ambas versiones).

DIECINUEVE

es un número que no carece de significación. Es una combinación de 10 y 9, y denotaría la perfección del *orden divino* en su relación con el *juicio*. Es la *gematría* de Eva y de Job.

VEINTE

es el doble de *diez*, y puede en algunos casos significar su sentido concentrado. Pero su significación parece más bien estar relacionada con el hecho de que no alcanza al veintiuno por una unidad, 21 - 1 = 20; es decir, si 21 es el triple de 7, y significa finalización divina (3) por lo que respecta a la perfección espiritual (7), entonces *veinte*, al no alcanzar a 21 por una unidad, significaría lo que el doctor Milo Mahan llama *expectativa*, y desde luego no carecemos de ilustraciones en apoyo de ello:

> *Veinte* años *esperó* Jacob para conseguir la posesión de sus mujeres y propiedades (Gn. 21:38, 41).
>
> *Veinte* años *esperó* Israel un libertador que pusiera fin a la opresión de Jabín (Jue. 4:3).
>
> *Veinte* años *esperó* Israel su liberación por medio de Sansón (Jue. 15:20; 16:31). Pero su obra nunca llegó a ser mucho más que «comenzada» (Jue. 13:25).
>
> *Veinte* años *esperó* el Arca del Pacto en Quiriat-jearim (1º S. 7:2).
>
> *Veinte* años *esperó* Salomón para la finalización de las dos casas (1º R. 9:10; 2º Cr. 8:1).
>
> *Veinte* años *esperó* Jerusalén su conquista y destrucción, y *Veinte* años profetizó Jeremías acerca de ello.

VEINTIDÓS

Al ser veintidós el doble de *once*, tiene la significación de aquel número de manera intensificada: *desorganización* y *desintegración*, especialmente en relación con la Palabra de Dios. Porque el número *dos* está asociado con la *segunda* persona de la Deidad, la Palabra viviente.

Está asociado con los peores reyes de Israel, Jeroboam (1º R. 14:20) y Acab (1º R. 16:29), que reinaron cada uno 22 años.

Once, como ya hemos visto, deriva su significación de ser una *adición* al orden divino (10) y una *sustracción* del gobierno divino (12). Éstas son dos de las tres formas en que puede ser corrompida la Palabra escrita de Dios, siendo la tercera la *alteración*. «Las palabras de Jehová son puras» –palabras que pertenecen a este mundo y que por ello precisan ser purificadas (véanse pp. 183, 183). Pero estas palabras han sido alteradas, se ha quitado y añadido a ellas por parte de los hombres. ¿Hay algo en esto que lo conecte con el hecho de que las letras del alfabeto hebreo son *veintidós*? ¿Señala acaso al hecho de que la revelación de Dios, al ser dada en lenguaje humano y al ser entregada a la custodia humana, quedaría por ello sujeta a desintegración y corrupción?

VEINTICUATRO

Al ser un múltiplo de *doce*, expresa de una manera más elevada la misma significación (como sucede con 22 de 11). Es el número asociado con el gobierno y el culto celestial, del que la forma terrenal en Israel era sólo una copia. Se nos dice que tanto Moisés como David ordenaron todas las cosas relacionadas con el culto del Tabernáculo y del Templo por revelación directa de Dios, y como copia de las cosas celestiales (He. 8:5; 1º Cr. 28:12, 19). Y la séptuple frase (en Éx. 40), «como Jehová había mandado a Moisés», da testimonio de la ordenación divina del todo. Así era con los *veinticuatro* órdenes de sacerdotes en el Templo terrenal; fueron instituidos en base a «las figuras de las cosas celestiales». ¿Por qué nos es necesario, cuando Dios nos dice algo, llegar a la conclusión de que nos quiere decir algo diferente? ¿Por qué razón, entonces, cuando leemos en Ap. 4 de los *veinticuatro* ancianos celestiales, debemos suponer que se trata de algo diferente de lo que leemos, esto es, los conductores de la adoración celestial? ¿Por qué intentar hacer de ellos hombres redimidos, o la representación simbólica de hombres redimidos? ¿Por qué no dejarlos solos? Es por adiciones como ésta a lo que está escrito que el pueblo de Dios queda dividido en tantas escuelas y partidos.

Los que los consideran como representando a los redimidos lo hacen sobre la supuesta autoridad de Ap. 5; pero han sido extraviados por algún escriba que, al copiar Ap. 5:9, alteraron ciertas palabras bien para hacer que el pasaje se conformara a Ap. 1:5, 6 (que es algo similar), o para sustentar este punto de vista concreto. Así se ha transmitido la enseñanza de que estos *veinticuatro* ancianos son redimidos, y por tanto seres humanos glorificados.

Pero se sabe ahora que la lectura antigua y verdadera era muy diferente. Esta lectura es dada así en la Versión Moderna: «Y cantaban un cántico nuevo, diciendo: Digno eres de tomar el libro y de abrir sus sellos, porque tú fuiste inmolado, y con tu sangre compraste para Dios a gente[1] de toda tribu, lengua, pueblo y nación; y los[2] has hecho un reino[3] y sacerdotes para nuestro Dios; y reinarán[4] sobre la tierra».

Así la lectura antigua y verdadera quita toda base para hacer de estos ancianos hombres redimidos, y los deja como líderes angélicos del culto celestial.

NOTAS

1. La palabra ἡμᾶς *(hemas)*, «nos», queda eliminada, con la autoridad de Lachmann, Tischendorf, Alford, Westcott y Hort, los Revisores y el Códice A. Es cierto que las autoridades están divididas en cuanto a esta palabra, pero como son *unánimes* en cuanto a los otros cambios en el versículo, esta palabra debe ser *necesariamente* eliminada como resultado de ellos.

2. La palabra ἡμᾶς *(hēmas)*, «nos», debe ser cambiada por αὐτούς *(autous)*, «los», siguiendo a todas las autoridades críticas.

3. La palabra βασιλεῖς *(basileis)*, «reyes», debe ser cambiada por βασιλείαν *(basileian)*, «un reino», en seguimiento de todas las autoridades críticas.

4. La palabra βασιλεύσομεν *(basileusomen)*, «reinaremos», debe ser cambiada por βασιλεύουσιν *(basileuousin)*, «reinarán», con Lachmann, Tregelles, Alford, Westcott y Hort, los Revisores y los Códices A y B. O por βασιλεύσουσιν *(basileusousin)*, «reinarán», con Griesbach, Scholz, Tischendorf, Tregelles en el margen, y el Códice Sinaítico.

VEINTICINCO

es el cuadrado de cinco (5²), expresando por ello la esencia del significado de *cinco*, esto es, la *gracia*, tanto si se usa a solas como si aparece como un factor en números mayores. Lo mismo puede decirse del número

VEINTISIETE

que es cubo de tres.

VEINTIOCHO

es un múltiplo, y por tanto tiene la significación del *siete*. Siendo también el producto de 4 x 7, participa de la significación del 4. Véanse pp. 208, 209.

VEINTINUEVE

es la combinación del·20, el número de la *expectación*, y del 9, el número del *juicio*.

TREINTA

es 3 x 10, denotando en un grado más alto la perfección del orden divino, como marcando el momento justo. CRISTO tenía *treinta* años al comenzar su ministerio, Lc. 3:23.

JOSÉ, Su tipo, era de la misma edad (Gn. 41:46).
DAVID también, cuando comenzó a reinar, 2º S. 5:4.

TREINTA Y UNO

La expresión hebrea de esto es אל, *El*, el nombre de Dios, y su significación como número o factor sería *Deidad*.

CUARENTA

ha sido reconocido universalmente y durante mucho tiempo como un importante número, tanto debido a la frecuencia de su aparición como a la uniformidad de su asociación con un período de *prueba* y *disciplina* –(no *juicio*, como el número 9, que tiene relación con el castigo de enemigos, sino la disciplina de los hijos, y del pueblo del pacto). Es el producto de 5 y 8, y señala a la acción de la *gracia* (5), llevando a/y acabando en *avivamiento* y *renovación* (8). Éste es, desde luego, el caso en que *cuarenta* se relaciona con un período de *prueba* evidente. Pero allí donde tiene relación con *dominio agrandado*, o con *gobierno renovado* o *extendido,* entonces es así en base a sus factores 4 y 10, y en armonía con su significación.

Hay 15 períodos que aparecen expresamente en las Escrituras, y que pueden clasificarse de esta forma:

Cuarenta días de prueba mediante adversidad:
Israel en el desierto (Dt. 8:2-5; Sal. 95:10; Hch. 13:18) (el tercer 40 de la vida de Moisés, 120 años).
Israel desde la crucifixión hasta la destrucción de Jerusalén.

Cuarenta días de prueba mediante prosperidad en liberación y reposo:
bajo Otoniel (Jue. 3:11),
bajo Barac (Jue. 5:31),
bajo Gedeón (Jue. 8:28).

Cuarenta años de prueba mediante prosperidad en dominio agrandado:
bajo David (2º S. 5:4),
bajo Salomón (1º R. 11:42),
bajo Jeroboam II. Véase 2º R. 12:17, 18; 13:3, 5, 7, 22, 25; 14:12-14, 23, 28;
bajo Joás (2º R. 12:1),
bajo Joás (2º Cr. 24:1).

Cuarenta años de prueba por humillación y servidumbre:
Israel bajo los filisteos (Jue. 13:1).
Israel en tiempos de Elí (1º S. 4:18).
Israel bajo Saúl (Hch. 13:21).

Cuarenta años de prueba en espera:
Moisés en Egipto (Hch. 7:23).
Moisés en Madián (Hch. 7:30).

CUARENTA DÍAS

Hay *ocho* de estos grandes períodos expresamente expuestos en la Biblia:

Cuarenta días *estuvo* Moisés en el monte (Éx. 24:18), y para recibir la ley (Éx. 24:18).

Cuarenta días estuvo Moisés en el monte tras el pecado del Becerro de Oro (Dt. 9:18, 25).

Cuarenta días de los espías, resultando en la sentencia penal de los cuarenta años (Nm. 13:26; 14:34).

Cuarenta días de Elías en Horeb (1º R. 19:8).

Cuarenta días de Jonás en Nínive (Jon. 3:4).

Cuarenta días estuvo echado Ezequiel sobre su costado derecho para simbolizar los 40 años de la transgresión de Judá.[1]

Cuarenta días fue Jesús tentado por el diablo (Mt. 4:2).

Cuarenta días fue visto por Sus discípulos, hablándoles de las cosas que atañían al reino de Dios (Hch. 1:2).

NOTA

1. Así 40 viene a ser un número estrechamente relacionado con *Judá*, como 390 (Ez. 4:5) es el número del *Israel* separado. La significación de esto se verá (en la página 232), porque 40 es un múltiplo de 8, y 390 es un múltiplo de 13. Se puede observar asimismo que 65 (5 x 13) es el número de Efraín, mientras que 70 está especialmente relacionado con Jerusalén.

CUARENTA Y DOS

es un número relacionado con el Anticristo. Una parte importante de su carrera durará 42 meses (Ap. 11:2; 13:5), y así este número lo caracteriza. Otro número del Anticristo es 1260, que es 30 x 42.

Sus factores son *seis* y *siete* (6 x 7 = 42), y esto muestra una conexión entre el hombre y el Espíritu de Dios, y entre Cristo y Anticristo:

> *Cuarenta y dos* etapas de las peregrinaciones de Israel marcan sus conflictos con la voluntad de Dios.
>
> *Cuarenta y dos* jóvenes[1] se burlaron de la ascensión de Elías ante Eliseo (2º R. 2:23, 24).

Al ser un múltiplo de *siete*, se podría suponer que estaría conectado con la perfección espiritual. Pero es el producto de *seis* por *siete*. Por tanto, al ser *seis* el número del Hombre, y de la *oposición* del hombre a Dios, *cuarenta y dos* viene a ser significativo de la operación de la oposición del hombre a Dios.

Puede que haya más en la conocida frase inglesa acerca de que «todas las cosas son *seis* y *sietes*». Y lo son, desde luego, cuando el hombre se entromete en las cosas de Dios y cuando la «carne» religiosa se inmiscuye en cosas espirituales. Véanse *Seis y Siete*, pp. 174-181.

EN GEMATRÍA

es un factor del número de Nimrod, que es 294, o 42 x 7. Se encontrará frecuentemente como factor en los nombres anticristianos. Véase el número *Trece*.

No aparece muchas veces como número separado, pero cuando aparece como *factor* de otro número, siempre le imparte su significación.

NOTA

1. Véase nota 4 en p. 252.

CINCUENTA

es el número del jubileo o de la liberación. Es *lo que viene* a continuación de 7 x 7 (7²), y señala a la liberación y al reposo que siguen como resultado de la perfecta consumación del tiempo.

CINCUENTA Y UNO

Éste es el número de la revelación de Dios,

porque hay 24 libros en el Antiguo Testamento,
    y 27 en el Nuevo Testamento,
haciendo 51 en total.

Éste es el resultado, naturalmente, al contar la separación divina de los libros, tal como aparece en los MSS., que constituyen nuestra *única* autoridad, y no contando según la manipulación humana de los mismos; porque tanto los razonamientos y las fantasías judaicas y de los gentiles llevan a un número bien diferente y conflictivo. Véanse pp. 38, 39.

SESENTA Y CINCO

Al ser un múltiplo de *trece* (13 x 5 = 65), está especialmente asociado con Efraín (véase Is. 7:8), y marca la apostasía de esta tribu. Esta apostasía, que comenzó en Jue. 17, se extendió después al reino de las Diez Tribus, al que se hace frecuentemente referencia bajo el nombre de «Efraín».

«Dentro de sesenta y cinco años será Efraín quebrantado hasta dejar de ser pueblo».

SETENTA

es otra combinación de dos de los números perfectos, *siete* y *diez*. Hemos visto algo de la significación de su *suma* bajo el número *diecisiete*; y su *producto* es no menos significativo.

En comparación con la *suma* de dos números, el *producto* exhibe la significación de cada uno de ellos en una forma intensificada.

Por ello, 7 x 10 significa un *perfecto* orden espiritual llevado a cabo con todo poder y significación espiritual. Tanto el *espíritu* como el *orden* quedan grandemente enfatizados.

LAS SETENTA NACIONES

que poblaron la tierra quedan expuestas con una particularidad que muestra la importancia del hecho (véase Gn. 10).

LAS SETENTA ALMAS DE GÉNESIS 46

quedan señaladas no sólo por la perfección de la verdad espiritual, como se ve por el múltiplo de 7, sino también por la perfección del orden divino, como se ve en el múltiplo de 10, siendo que *setenta* es 7 x 10.

No nos detenemos a observar el número dado en Hch. 7:14, que es diferente por cuanto se refiere a una clasificación diferente, esto es, a «toda su parentela», que ascendía a 75. En Gn. 46:26 Dios se refiere a otra clase, esto es, sólo a aquellos procedentes de sus lomos». Éstos eran *setenta*.

Este número está formado de una manera notable, distinguiendo a los descendientes de Lea y su criada de los de Raquel y su criada,[1] siendo en este último caso un múltiplo de 7 más marcado:

Los hijos de Lea   ...   .   33 (3 x 11)
(Sólo se *nombran* 32, debido a que una, Jocabed,[2] la madre de Moisés, aunque concebida, no nació hasta después de la llegada a Egipto (Nm. 26:59), y por ello no podía ser *nombrada* aquí).

Los hijos de su criada Zilpá	...	...	16 (4 x 4)
Juntos (aunque no separada-			
mente hacen un múltiplo de 7)		...	— 49 (7 x 7)
Los hijos de Raquel	... ...	...	14 (2 x 7)
Los hijos de su criada Bilhá	...	...	7
			— 21 (3 x 7)

Haciendo por separado y juntos				
un múltiplo de siete	...	...	...	<u>70</u> (7 x 10)

Estos *setenta* edificaron la nación de Israel. Véanse Gn. 46:27; Éx. 1:5 y Rt. 4:11.

Setenta ancianos constituían el gran Tribunal de Israel, Éx. 24:1; Nm. 11:16, llamado después el Sanedrín. Véase más adelante, en el siguiente número (120).

Setenta discípulos fueron enviados por el Señor para prefigurar la gran hueste que los seguiría (Lc. 10:1, 17) en espíritu y poder.

Es el número especialmente conectado con

JERUSALÉN

porque la ciudad guardó sus sábados *setenta* años, mientras Judá estaba en Babilonia (Jer. 35:11).

Y *setenta sietes* fueron determinados sobre ella para consumar su transgresión y traer la justicia perdurable para ella, Dn. 9:24 (véanse pp. 15, 16, 17).

NOTAS

1. La gematría de sus nombres es igual de notable. Véanse pp. 227, 228.

2. La *gematría* de su nombre es 42 (6 x 7), porque aunque era de llamamiento divino era sumamente humana.

CIENTO VEINTE

está constituido por *tres* cuarentas (3 x 40 = 120). Aplicado al *tiempo* significa, por tanto, un período *divino* de probación (Gn. 6:3).

Aplicado a *personas* designa a un número divinamente señalado durante un período de espera (Hch. 1:15).

Es un *factor* también en el número de aquellos que volvieron de Babilonia, 42360, que es 120 x 353.

Es asimismo un *factor* del número de los hombres que subieron de Egipto, siendo 600000 = 120 x 5000.

Es también un *factor* de los 144000 que serán sellados de entre las Doce Tribus de Israel para pasar sin daño a través de la gran tribulación, siendo 144000 = 120 x 1200.

La voz unánime de la tradición judía concuerda con el Talmud[1] acerca de que «la Gran Sinagoga» (Neh. 10:1-10) consistía de 120 miembros. «Fue llamada "Grande" debido a la gran obra que llevó a cabo de restaurar la ley divina a su anterior grandeza y debido a la gran autoridad y reputación de que gozó». Su más magna obra fue completar el canon del Antiguo Testamento. La gran Sinagoga permaneció durante unos 110 años, entre el 410 y el 300 a.C., o desde los últimos días de Nehemías hasta la muerte de Simón el Justo. Luego pasó a ser el Sanedrín, y toda su constitución fue cambiada.[2]

NOTAS

1. *Jerusalem Berachoth*, ii. 4; *Jerusalem Megilla*, i.; *Bab. Meg.* 176.

2 Véase *Kitto*, vol. iii. p. 909.

CIENTO CINCUENTA Y TRES

Éste es un número que ha retado el ingenio de algunos de los más grandes estudiosos de la Biblia, y ello desde los tiempos más tempranos. Todos han creído que debe haber algo profundamente significativo y misterioso en este número, por la manera solemne en que es introducido en Jn. 21:11: «Subió Simón Pedro, y sacó la red a tierra, llena de grandes peces, ciento cincuenta y tres».

Otros milagros son parábolas en sus lecciones, y Agustín[1] ha señalado la semejanza y el contraste entre las dos pescas milagrosas, una al comienzo y otra al final del ministerio de Cristo (después de Su resurrección). Él y otros comentaristas ven en este número alguna conexión con los salvos, como definido y particular hasta el último de ellos, dando un número no redondo y grande, sino pequeño y completo, 153. Vieron en esto una prueba del hecho de que el número de los elegidos está fijado y preordenado.[2]

Jerónimo ve también un sentido profundo en el número, y dice que hay 153 *clases* de peces, esto es, todo tipo de hombres recogidos en la red del Evangelio.

Se han hecho otras sugerencias más sorprendentes, pero todas son producto de la imaginación.

Lo más que se puede decir es que si hubiera sido el número 150, se habría dado una ausencia de toda concreción, pero al ir más allá y dar los tres con los que se pasa de 150, parece comunicar la impresión de que tenemos aquí, si estos peces son un símbolo de los salvos, una ilustración y confirmación de las palabras de nuestro Señor, registradas en el mismo Evangelio, «de todo lo que [el Padre] me ha dado, no pierda yo nada» (Jn. 6:39), y «a los que me diste, los guardé, y ninguno de ellos se perdió» (Jn. 17:12).

Cuando llegamos a la forma en que se ha estimado la significación de este número, encontramos una variedad de maneras. Agustín y Gregorio Magno comienzan con el hecho de que 17 es la *suma* de 10 y 7. Para la significación del número 17, véase p. 280. Pero ellos tratan con el 17 de maneras distintas.

Gregorio simplemente *multiplica* 17 por 3, y otra vez por 3 (esto es, 17×3^2), y llega así a 153.

Agustín, por otra parte, emplea la *adición*, y toma la *suma* de todos los dígitos hasta el 17 inclusive como sumando exactamente 153. Dice él:[3] «Porque si añadimos 2 a 1, se tiene 3, naturalmente; si a éstos se añade 3 y 4, la suma del todo es 10; y si luego se añaden los números que van hasta el 17, la totalidad asciende al número mencionado [153]; esto es, si a 10, al que se ha llegado añadiendo todos los números del 1 al 4, se añade 5, se tiene 15; añádase a éste 6, y el resultado es 21; añádase luego 7, y se tiene 28; añádase a éste 8, y 9 y 10, y se obtiene 55; añádase a éste 11, y 12 y 13, y se tiene 91; a éste añádase 14, y 15 y 16, y asciende a 136; añádase a éste el número restante del que hemos estado hablando, o sea, 17, y se tendrá el restante número de peces».[4]

El obispo Wordsworth llega a este resultado de manera diferente. Emplea dos números, y emplea adición y multiplicación. Primero toma el cuadrado de 12 (que él mantiene es el número de la Iglesia), y luego le *añade* el cuadrado de 3 (el número de la Deidad), y señala que $12^2 + 3^2 = 153$, o $(12 \times 12) + (3 \times 3)$.

Podríamos hacer otra contribución a estos varios modos como resultado de nuestras investigaciones en números, y decir que $153 = 9 \times 17$, y ver en este número todo juicio (9) agotado para el pueblo de Dios (17) en la persona de aquel que es el Garante de ellos.

Pero todos concuerdan, no obstante, en la magna y bendita realidad de que «la salvación es de Jehová», divina tanto en su fuente como en su agencia y en sus resultados.

El mismo carácter divino está marcado sobre este milagro y sus lecciones por el número de discípulos presentes cuando fue obrado. Había *siete*. Y el siete queda repartido como es usual entre 3 y 4, siendo 3 de ellos nombrados, y 4 no nombrados.

La lección que queda es cierta, esto es, que el número total de los redimidos son salvados por el poder del Dios Trino y Uno.

Podemos recapitular todo esto llamando al 153 sencillamente.

¡EL NÚMERO DE LOS HIJOS DE DIOS!

¡La expresión בְּנֵי הָאֱלֹהִים (*Beni Ha-Elohim*), «Hijos de Dios», aparece *siete* veces![5]

Ahora bien, la gematría de esta expresión es exactamente 153. Así:

$$
\begin{array}{rcl}
\text{ב} &=& 2 \\
\text{נ} &=& 50 \\
\text{י} &=& 10 \\
\text{ה} &=& 5 \\
\text{א} &=& 1 \\
\text{ל} &=& 30 \\
\text{ה} &=& 5 \\
\text{י} &=& 10 \\
\text{ם} &=& \underline{40} \\
&& 153
\end{array}
$$

En griego, la expresión exhibe de otra manera el mismo fenómeno, siendo la gematría 3213, o 3 x 7 x 153.

Es muy notable, en relación con esto, que en Job 2:1 tenemos «*Beni-ha Elohim* con Satanás entre ellos». La gematría de esta frase es 1989, y los dos factores de este número son 153 y 13 (13 x 153 = 1989).

El término συνκληρονόμοι (*sunkleronomoi*), «coherederos» (Ro. 8:17), asciende a 1071, siendo sus factores 153 y 7 (153 x 7 = 1071).

La expresión συνκληρονόμοι δὲ Χριστου (*sunklëronomoi de Christou*), «coherederos con Cristo» (Ro. 8:17) asciende a 2751. Como ya hemos visto, los factores de 153 son 9 y 17, y el número 2751 es tres veces *nove*cientos más *diecisiete*, esto es, 3 x (900 + 17) = 2751.

La expresión κτίσις θεοῦ (*Ktisis Theou*), «la creación de Dios», es 1224, o sea, 8 x 153.

En el registro del milagro mismo aparecen unos fenómenos notables:

El término para «peces», ἰχθύες (*ichthues*) es, por gematría, 1224, o sea, 8 x 153.

Las palabras para «la red» son τὸ δίκτυον (*to diktuon*), y por gematría la expresión asciende a 1224, o sea 8 x 153, porque no se rompe, sino que lleva su preciosa carga desde «la derecha de la barca» a salvo hasta la costa, y «ninguno de ellos se perdió».

Una aportación totalmente nueva la ha dado el teniente coronel F. Roberts, que encuentra que entre las multitudes que recibieron bendiciones directas de Cristo están registrados exactamente 153 casos individuales específicos. Damos esta lista como apéndice a continuación, con una o dos alteraciones; y si parece que algunos nombres están omitidos, se verá, al examinarlos, que hay buenas razones para ello; p.e., Natanael es el mismo que Bartolomé, mientras que Matías y Barsabás (Hch. 1:23), Josés, Bernabé (Hch. 4:36), Esteban, aunque puede que recibieran, con muchos otros, bendición de parte del mismo Jesús, y que probablemente fuera así, sin embargo *nada se revela acerca de ello*. Naturalmente, Zacarías, Elisabet, Juan el Bautista, José, Simeón y Ana no se incluyen, porque todos ellos están en bendición antes del nacimiento de Jesús.

Sigue la lista:

1. El leproso	Mt.	8:	2	...	1
2. El centurión y el siervo ...	"		5	...	2
3. La suegra de Pedro	"		14	...	1
4. Dos poseídos por demonios	"		18	...	2
5. Paralítico y porteadores ...	"	9:	2	...	5
(Mr. 2:3)					
6. Jairo y su hija	"		18	...	2
7. Mujer con flujo de sangre ...	"		21	...	1
8. Ciegos	"		27	...	2
9. Mudo	"		32	...	1
10. Los once apóstoles	"	10:	2	...	11
11. El hombre con la mano seca	"	12:	10	...	1
12. Endemoniado mudo y ciego	"		22	...	1
13. Los hermanos del Señor ...	"	13:	55	...	4
(Hch. 1:14)					
14. Mujer sirofenicia y su hija ...	"	15:	22	...	2
15. Hijo lunático y su padre ...	"	17:	14	...	2
16. Ciegos (saliendo de Jericó)[6]	"	20:	30	...	2
17. Simón el leproso	"	26:	6	...	1
18. María (hermana de Lázaro. Ver Nos. 32 y 47)	"		7	...	1
19. Centurión	"	27:	54	...	1
20. Salomé (la madre de los hijos de Zebedeo)	"		56	...	1
21. María (la madre de Jacobo y esposa de Cleofas) ...	"		56	...	1
22. María Magdalena	"		56	...	1
23. José de Arimatea	"		57	...	1

24. El hombre con el espíritu inmundo	Mr.	1: 23	...	1
25. Hombre sordomudo... ...	"	7: 32	...	1
26. Ciego	"	8: 22	...	1
27. Hijo de la viuda de Naín ...	Lc.	7: 12	...	1
28. Una mujer pecadora... ...	"	37	...	1
29. Juana y Susana	"	8: 3	...	2
30. Un discípulo, «Sígueme» ...	"	9: 59	...	1
31. Los setenta discípulos ...	"	10: 1	...	70
32. Marta	"	38	...	1
33. Mujer con espíritu de enfermedad	"	13: 11	...	1
34. El hombre hidrópico ...	"	14: 2	...	1
35. Los diez leprosos ...	"	17: 12	...	10
36. El ciego (llegando a Jericó)[7]	"	18: 35	...	1
37. Zaqueo	"	19: 2	...	1
38. Malco	"	22: 51	...	1
39. El ladrón arrepentido ...	"	23: 43	...	1
40. Los dos discípulos que iban a Emaús	"	24: 13	...	2
41. Nicodemo	Jn.	3: 1	...	1
42. La mujer de Samaria... ...	"	4: 4	...	1
43. El noble y su hijo ...	"	46	...	2
44. El paralítico de Betesda	"	5: 1	...	1
45. La adúltera	"	8: 11	...	1
46. El ciego de nacimiento	Jn.	9	...	1
47. Lázaro	"	11	...	1
48. María, la madre de Jesús ...	"	19: 25	...	1
				153

Damos lo anterior no como solución alternativa, sino como una *ilustración adicional,* creyendo que todas las propuestas puedan ser verdaderas; y en todo caso, que todas contribuyen a/ e incrementen la evidencia acumulativa del mismo magno y bendito hecho, que es cierto del pueblo de Dios lo mismo que de las estrellas: «Las llama a todas por su nombre» (Sal. 147:4). El libro del Éxodo es el libro en el que primero oímos de la redención (Éx. 15:14), y el nombre hebreo y divinamente canónico de este libro es «LOS NOMBRES», ¡porque su pueblo es redimido por nombre!

Ésta es la lección de los 153 grandes peces.

NOTAS

1. *Tratados sobre el Evangelio según san Juan*, cxxii.

2. Así Trench, *Notes on the Miracles*, p. 194.

3. *Tratado sobre Juan*, cxxii.

4. Lo expresaríamos hoy más científicamente diciendo que $1 + 2 + 3 + 4 + 5 + 6 + 7 + 8 + 9 + 10 + 11 + 12 + 13 + 14 + 15 + 16 + 17 = 153$.
Y Gregorio lo expresaría de este modo: $(10 + 7) \times (3 \times 3) = 153$.

5. Una de las ocasiones es ligeramente diferente, בני אל חי *(Beni El-hai)*, «hijos del Dios viviente». Así se ve el elemento *humano* y el *divino* en el *seis* y el *siete* (véase p. 179).

6. Siendo Bartimeo uno de ellos (Mr. 10:46), y siendo estos dos sanados cuando Jesús *salía* de Jericó.

7. El ciego (No. 36) fue sanado (Lc. 18:35) «al acercarse Jesús a Jericó», y es por ello adicional a los dos que fueron sanados al salir de Jericó (No. 16). Véanse Mt. 10:30; Mr. 10:46.

DOSCIENTOS

Veinte es el número de la *expectativa*, como hemos visto (p. 283). Aquí lo tenemos *decuplicado* (20 x 10).

La significación de este número es sugerida por Jn. 6:7, donde leemos: «Doscientos denarios de pan NO BASTARÁN para... cada uno de ellos».

Y así vemos cómo este número marca varias cosas con *insuficiencia*.

Los 200 siclos de Acán fueron «insuficientes» para salvarlo de las consecuencias de su pecado (Jos. 7:21). Esto nos muestra *la insuficiencia del dinero* (Sal. 49:7-9).

Los 200 siclos que pesaba la cabellera de Absalón no sólo fueron «insuficientes» para salvarlo, sino que lo llevaron a su perdición (2ª S. 14:26; 18:9). Esto nos muestra *la insuficiencia de la belleza*.

La imagen tallada de Micá fue comprada por 200 siclos (Jue. 17:4 y 18), conduciendo a la introducción de la idolatría en Israel y a la exclusión de las tribus de Dan y Efraín de la bendición de Ap. 7. Esto nos muestra *la insuficiencia de la mera religión*.

Los 200 «cantores y cantoras» de Esdras (Esd. 2:65) fueron «insuficientes» para producir la «paz con Dios», un culto espiritual verdadero, o gozo en el Señor. Sólo la Palabra de Dios rectamente administrada puede llevar a ello (Neh. 8:5-9). Esto muestra la *insuficiencia de las cosas externas en la adoración de Dios*, y la imposibilidad de adorar a Dios con los *sentidos*. La verdadera adoración, la única que Dios aceptará, «ES NECESARIO» (Jn. 4:24) que sea espiritual.

TRESCIENTOS NOVENTA

Éste es el número de Israel (Ez. 4:5), constituido por 13 x 30;así como 65 (5 x 13) es el número de Efraín (Is. 7:8), así también 40 (5 x 8) es el número de Judá (Ez. 4:6) y 70 (7 x 10) es el número de Jerusalén. Véanse más abajo estos números, respectivamente, y 8 y 13 también.

Como cuestión de cronología, hubo 390 años desde la división de las Tribus hasta la Deportación, y así la duración del reino separado de Israel fue de 390 años, como se menciona en Ez. 4. Véase p. 231.

CUATROCIENTOS

es el *producto* de 8 y 50, y es un período divinamente perfecto.

Desde el cumplimiento de la promesa a Abraham en el nacimiento de Isaac hasta el Éxodo transcurrió un período de 400 años. Esteban lo menciona como datando desde «su descendencia» (Hch. 7:6), y Dios lo data desde el mismo punto en el tiempo cuando le dice a Abraham, «tu descendencia» (Gn. 15:13).[1]

Es popularmente confundido con un período diferente, el de

CUATROCIENTOS TREINTA

años, que, aunque tiene el mismo punto de llegada, no comienza en el mismo punto en el tiempo.

Desde el llamamiento de Abraham, o «la promesa» que le fue hecha en aquel llamamiento (Gn. 12:3), hasta el Éxodo, hubo 430 años. Esto cubre todo el período de las «peregrinaciones», no de la «descendencia» de Abraham, como en Gn. 15:13[1] y Hch. 7:6, sino del mismo Abraham. Esto es lo que se menciona en Gá. 3:17 como el período desde la «promesa» hasta la «Ley». También se menciona en Éx. 12:40, donde el término «habitaron» es en el original un caso nominativo (o sujeto) del verbo, mientras «que moraron en Egipto» es meramente *una cláusula relativa*, que define parentéticamente un punto importante de ellos.

NOTA A LOS NÚMEROS CUATROCIENTOS Y CUATROCIENTOS TREINTA

1. La estructura de este versículo lo rescata de la manera en que es tristemente comprendido:

A | «Ten por cierto que tu descendencia morará en tierra ajena,
  B | Y será esclava allí;
  B | Y será oprimida
A | cuatrocientos años».

La estructura sitúa B y B en paréntesis. A y A cubren la totalidad del tiempo de la *morada*, mientras que B y B se refieren al servicio y morada durante un paréntesis de duración no mencionada dentro de este tiempo. La estructura de Hch. 7:6 es exactamente la misma.

CUATROCIENTOS NOVENTA

Éste es el período de 70 sietes a que se hace referencia bajo el encabezamiento de Cronologías (pp. 15, 16). Por tanto, no tenemos que extendernos aquí acerca de ello más allá de señalar la significación espiritual del número mismo como siendo *siete* veces *setenta.*

Daniel estaba orando, y se sentía concernido por los 70 años profetizados por Jeremías (Dn. 9:2 y Jer. 25:11, 12; 29:10). Y la respuesta significaba que aunque estos 70 años señalados culminarían con restauración y bendición, se había determinado otro período de *siete veces* 70 *años* (9:24-27), y éstos comenzarían a partir del mismo «decreto» (Neh. 2) que pondría fin a los anteriores 70 años. Y éstos seguirían su curso, marcados por ciertos incidentes, antes que se cumpliera la plena y definitiva restauración de la «ciudad» y del «pueblo» de Daniel.

El número 490 marca el producto de la perfección espiritual (7) con respecto a la operación del número de Jerusalén (70). Porque 7 veces 70 es 490.

SEISCIENTOS SESENTA Y SEIS

es «el número *de un nombre*» (Ap. 13:17, 18). Cuando se conozca el *nombre* del Anticristo, es indudable que su gematría será el número 666. Pero este número tiene, creemos, una referencia a/y relación mucho más profunda con los misterios secretos de las antiguas religiones, que volverán a manifestarse en conexión con la última gran apostasía.[1]

Se pueden encontrar muchos nombres en los cuales el valor numérico de sus letras es de 666. Tenemos una lista de unas cuarenta *gematrías* así. La mayor parte de ellos son ridículos, por cuanto en vez de limitar la gematría al hebreo y al griego (que no tienen signos arábigos o especiales para *cifras),* el principio se extiende al inglés, francés y otros lenguajes modernos, sobre la suposición de que se deletrearan de la misma manera, en tanto que sabemos que los nombres de personas y lugares simplemente no se transliteran en varios idiomas.[2] Por ello, es absurdo el intento de tomar palabras de las modernas lenguas europeas que emplean cifras arábigas.

La gematría no es *un medio* por el que se ha de descubrir el nombre; pero será al menos un *ensayo* y *prueba* por el que puede ser identificado el nombre después que la persona sea revelada.

Si seis es el número de la perfección secular o humana, entonces el 66 es una expresión más enfática de lo mismo, y 666 es su expresión concentrada; 666 es por ello la trinidad de la perfección humana; la perfección de la imperfección; la culminación de la soberbia humana en independencia de Dios y en oposición a Su Cristo.

Sin embargo, el número tiene que ser *calculado* (ψηφίζω [psëphizö], *computar, calcular,* no meramente contar o enumerar). Véase Ap. 13:18. Por ello no será conocido meramente por *gematría,* aunque, como se ha dicho, éste será uno de los factores en el cálculo, así como las letras en la palabra Jesús suman 888.

Pero 666 era el *símbolo secreto* de los antiguos misterios paganos relacionados con la adoración al Diablo. Es en la actualidad el vínculo secreto entre aquellos antiguos misterios y su moderno avivamiento bajo las formas de espiritismo, teosofía, etc. Los esfuerzos del gran enemigo se dirigen ahora hacia la unión de todos en un gran conjunto unitario. Las publicaciones, del mundo y religiosas, van repletas de planes para tal unión. La «reunión» está en el aire. Las sociedades para la reunión de la Cristiandad y las Conferencias para la re-unión de las Iglesias, son todo ello parte del mismo gran movimiento, y están abriendo el camino y siendo señal de la venidera Apostasía. Durante esta edad el lema de Dios para Su pueblo es «separación», y es la marca de *Cristo,* mientras que *«unión»* y «re-unión» es la marca del *Anticristo.*

El número 6 estaba estampado sobre los viejos misterios. El gran símbolo secreto consistía en las tres palabras SSS, porque la letra S en el alfabeto griego era el símbolo de la cifra 6 (véase p. 62). α (alfa) = 1, β (beta) = 2, γ (gamma) = 3, δ (delta) = 4, ε (épsilon) = 5; pero al llegar al 6 ¡se introducía otra letra! No la que correspondía por el orden, la sexta ζ (zeta), sino otra diferente, una forma peculiar de la S, llamada *«stigma»* (ϛ).

Ahora bien, la palabra στίγμα *(stigma)* significa *una marca,* pero especialmente una marca hecha con *un hierro candente* con la que se marcaban esclavos, ganado o soldados, poniéndoles la marca de sus propietarios o señores; o sobre devotos que así se marcaban como pertenecientes a sus dioses. Proviene de στίζω *(stizō)*, *pinchar,* o *marcar con un hierro candente.* De ahí vino a emplearse de *cicatrices* o *marcas de heridas,* y lo emplea Pablo de sus cicatrices, que consideraba como prendas de sus sufrimientos, las marcas que llevaba sobre su cuerpo por causa de Su Amo y Señor, y marcándole como perteneciente a Aquel que lo había comprado (Gá. 6:17).

Esta letra se nos está haciendo familiar; y no es agradable cuando vemos a muchos así marcados (ignorantemente, sin duda) con la simbólica «S», «S», especialmente cuando está conectada no con «salvación» sino con el *juicio,* y está asociada con «sangre y fuego», que en Jl. 2:30, 31 es dado como uno de los terribles signos «antes que venga el día grande y espantoso de Jehová».

La apostasía está ante nosotros. La religión de Cristo ha sido en el pasado *opuesta* y *corrompida,* pero cuando llega a ser, como en nuestros días, *ridiculizada,* no queda nada más que el juicio. No queda nada más que el enemigo pueda hacer antes que pase a erigir la gran apostasía sobre las ruinas de la verdadera religión, y abra de esta manera el camino para la llegada del Juez.

Es de destacar que los romanos no empleaban todas las letras de su alfabeto, como sí lo hacían los hebreos y griegos. Empleaban sólo *seis* letras,[3] D, C, L, X, V e I. Y es aún más de destacar, y quizá sea significativo, que la suma de ellas asciende a 666:

$$
\begin{array}{lllll}
1. & D & = & 500 & \left.\right\} \ 600 \\
2. & C & = & 100 \\
3. & L & = & 50 & \left.\right\} \ 60 \\
4. & X & = & 10 \\
5. & V & = & 5 & \left.\right\} \ 6 \\
6. & I & = & \underline{1} \\
& & & 666
\end{array} \right\} \ 666
$$

En cada uno de los tres pares hay una adición de *uno,* porque 6 = 5 + 1. Es la gracia de Dios suplantada por la corrupción del hombre.

Se verá de ello que el número 666 tiene un gran alcance, y que está repleto de un significado más profundo, quizá, que cualquier otra cosa que hayamos aún descubierto. Hay sin embargo una cosa segura, y es que el triple 6 marca la culminación de la oposición del hombre a Dios en la persona del venidero Anticristo.

Una ilustración adicional de la significación de este número se ve en el hecho de que

LA DURACIÓN DEL ANTIGUO IMPERIO ASIRIO

fue de 666 años antes de ser conquistado por Babilonia.

JERUSALÉN FUE PISOTEADA

por el Imperio Romano exactamente 666 años desde la batalla de Accio, el 31 a.C., hasta la conquista sarracena en el 636 d.C.[4]

HAY TRES HOMBRES

que destacan en la Escritura como declarados enemigos de Dios y de Su pueblo. Cada uno de ellos está marcado con este número *seis* a fin de que no perdamos de vista su significación:

1. GOLIAT, que tenía una estatura de 6 codos, y tenía una armadura de *seis* piezas;[5] el peso de la punta de su lanza era de 600 siclos de hierro (1º S. 17:4-7).

2. NABUCODONOSOR, cuya «estatua», que él erigió,[6] tenía 60 codos de altura y 6 codos de anchura (Dn. 3:1), y que era adorada cuando se oía la música de 6 instrumentos específicos;[7] y

3. EL ANTICRISTO, cuyo número es 666.

En el primero vemos *un* seis conectado con la soberbia del poder carnal.

En el segundo tenemos *dos* seis conectados con la soberbia del dominio absoluto.

En el tercero tenemos *tres* seis conectados con la soberbia de la conducción satánica.

LOS TALENTOS DE ORO

que eran traídos anualmente a Salomón eran 666 (1º R. 10:14). Pero esta perfección del poder monetario era sólo «vanidad y aflicción de espíritu» (Ec. 2:8, 11; cp. 1ª Ti. 6:10).

En cuanto al triple número 666, ya hemos visto (p. 135) que en tanto que una cifra (6) es significativa, dos (66) lo son más aún; y *tres* cifras (666) parecen denotar la concentración o esencia del número de que se trata.

Vemos ejemplos adicionales de esto en

Jesús, 888, el número *dominical*;
Sodoma, 999, el número de *juicio*;
Damasco, 444, el número del *mundo*;
La bestia, 666, el número del *hombre*;
«De cierto, de cierto os digo», 888;
«Jehová Dios hizo», 888; etc., etc.

Los hijos de Adonicam» que volvieron del Cautiverio (Esd. 2:13) eran 666. Adonicam significa *el señor del enemigo*. Es sugestivo, aunque pueda ser vago.

El número 666 tiene otra notable propiedad. Está adicionalmente marcado como la *concentración* y *esencia* del 6 ¡al ser la *suma* de todos los números que constituyen el *cuadrado de seis!* El cuadrado de seis es 36 (6^2, o 6 x 6), y la suma de todos los números del 1 al 36 es igual a 666, esto es, 1 + 2 + 3 + 4 + 5 + 6 + 7 + 8 + 9 + 10 + 11 + 12 + 13 + 14 + 15 + 16 + 17 + 18 + 19 + 20 + 21 + 22 + 23 + 24 + 25 + 26 + 27 + 28 + 29 + 30 + 31 + 32 + 33 + 34 + 35 + 36 = 666.

Se pueden disponer en forma de un cuadrado con seis cifras en cada dirección, de modo que la suma de cada grupo de seis cifras en cualquier dirección sea otra significativa *trinidad* = 111.

6	32	3	34	35	1
7	11	27	28	8	30
19	14	16	15	23	24
18	20	22	21	17	13
25	29	10	9	26	12
36	5	33	4	2	31

GEMATRÍA

Es notable que el valor numérico del «CÁNTICO DE MOISÉS» (Éx. 15:1-18) es de 41626, que es el producto de los significativos factores 13 x 42 x 70.

Por otra parte, si comparamos «el Cántico de Moisés y del Cordero» en Ap. 15:1-5, su notable valor es 9261, que tiene los notables factores de $3^3 \times 7^3$.

CONCLUSIÓN

Hemos llegado ahora al fin de nuestro examen de los números empleados por Dios en Sus obras y en Su Palabra, y hemos visto que todo es perfecto.

Nuestra comprensión e interpretación de los fenómenos pueden estar marcadas por muchas imperfecciones, y somos conscientes de que después de todo sólo hemos tocado el borde de este magno e importante tema.

Una cosa es sin embargo cierta, y es que tenemos, en la Escritura de Verdad, una revelación procedente de Dios sin error alguno, y sean cuales fueren las dificultades que podamos encontrar al intentar comprenderla, éstas son los resultados de nuestra propia incapacidad.

De otra cosa podemos estar asimismo ciertos: que la Palabra Escrita no puede ser separada de la Palabra Viviente, ni se puede comprender el sentido espiritual de la primera sin una unión viva con la segunda.

Se puede decir de la Palabra de Dios lo que está escrito de la Nueva Jerusalén (Ap. 21:23):

«EL CORDERO ES SU LUMBRERA.»

ILUSTRACIONES MISCELÁNEAS ADICIONALES

Se han añadido muchas ilustraciones mientras esta obra ha estado siendo impresa.

Se dan ahora unas pocas más, que se han descubierto desde que la obra ha sido impresa.

TRES

Tres multitudes alimentadas milagrosamente: (1) 2º R. 4:42, 43; (2) Mt. 15:34, 38; (3) Mr. 6:38, 44.

Tres veces es Abraham llamado el «Amigo de Dios»: (1) 2º Cr. 20:7; (2) Is. 41:8; (3) Stg. 2:23.

Tres veces se encuentra la palabra «cristiano» en el Nuevo Testamento: (1) Hch. 11:26; (2) Hch. 25:28; (3) 1ª P. 4:6.

CUATRO

Cuatro veces es «Eva» mencionada en la Biblia por su nombre: Gn. 3:20; 4:1; 2ª Co. 11:3; 1ª Ti. 2:13.

SEIS

Seis veces le pidieron una señal al Señor:

1. Los fariseos, Mt. 12:38; Mr. 8:11.
2. Los saduceos, Mt. 16:1.
3. Los discípulos, Mt. 24:3; Mr. 13:4.

4. El pueblo, Lc. 11:16.
5. Los judíos, Jn. 2:18.
6. El pueblo, Jn. 6:30.

Seis personas dieron testimonio de la inocencia del Salvador:

1. Pilato, Lc. 23:14.
2. Herodes, Lc. 23:15.
3. Judas, Mt. 27:13.
4. La mujer de Pilato, Mt. 27:19.
5. El ladrón moribundo, Lc. 23:41.
6. El centurión, Lc. 23:47.

SIETE

Siete fueron los milagros obrados por Cristo en sábado:

1. La mano seca, Mt. 12:9.
2. El espíritu inmundo, Mr. 1:21.
3. La suegra de Pedro, Mr. 1:29.
4. La mujer, Lc. 13:11.
5. El hombre hidrópico, Lc. 14:2.
6. El paralítico, Jn. 5:8, 9.
7. El ciego de nacimiento, Jn. 9:14.

«El último día se menciona *siete* veces en el Evangelio de Juan: Jn. 6:29, 40, 44, 54; 7:37; 11:24; 12:48.

NUEVE

Nueve personas *«apedreadas».*

1. El blasfemo, Lv. 24:14.
2. El violador del sábado, Nm. 15:36.
3. Acán, Jos. 7:25.
4. Abimelec, Jue. 9:53.
5. Adoram, 1º R. 12:18.
6. Nabot, 1º R. 21:10.
7. Zacarías, 2º Cr. 24:21.
8. Esteban, Hch. 7.
9. Pablo, Hch. 14:19.

Nueve viudas son especialmente mencionadas:

1. Tamar, Gn. 38:19.
2. La mujer de Tecoa, 2º S. 14:5.
3. La madre de Hiram, 1º R. 7:14.
4. Zeruá, 1º R. 11:26.
5. La mujer de Sarepta, 1º R. 17:9.
6. La viuda pobre, Mr. 12:42.
7. Ana, Lc. 2:37.
8. La viuda de Naín, Lc. 7:12.
9. La viuda importuna, Lc. 18:3.

Nueve personas padeciendo *ceguera:*

1. Los hombres a la puerta de Lot, Gn. 19:11.
2. Isaac, Gn. 27:1.
3. Jacob, Gn. 48:10.
4. Sansón, Jue. 16:21.
5. Elí, 1º S. 4:15.
6. El profeta Ahías, 1º R. 14:4.
7. El ejército de Siria, 2º R. 6:18.
8. El rey Sedequías, 2º R. 25:7.
9. Elimas, Hch. 13:11.

Nueve azotados con *lepra:*

1. Moisés, Éx. 4:6.
2. Miriam, Nm. 12:10.
3. Naamán, 2º R. 5:1.
4. Guehazí (o Giezi), 2º R. 5:27.
5-8. Los cuatro leprosos de Samaria, 2º R. 7:3.
9. Azarías, 2º R. 15:5.

DIEZ

Se registra la observancia de *diez* pascuas:

1. En Egipto, Éx. 12.
2. En el desierto, Nm. 9:5.
3. La llanura de Jericó, Jos. 5:10.
4. La de Ezequías, 2º Cr. 30:1.
5. La de Josías, 2º Cr. 35:1.

6. La de Esdras, Esd. 6:19.
7. Cuando nuestro Señor tenía doce años, Lc. 2:41.
8. Jn. 2:13.
9. Jn. 6:4.
10. Mt. 26:2.

Diez muertes ocasionadas por mujeres:

1. Sísara, Jue. 4:21.
2. Abimelec, Jue. 9:52, 53; 2º S. 11:21.
3. Seba, 2º S. 20:1, 21, 22.
4. El hijo de la prostituta, 1º R. 3:19.
5. Los profetas de la tierra, 1º R. 18:4.
6. Nabot, 1º R. 21:9, 10.
7. El hijo cocido por su madre, 2º R. 6:29.
8. La descendencia regia, 2º R. 11:1.
9. Los diez hijos de Amán, Est. 9:13, 14.
10. Juan Bautista, Mt. 14:8.

Diez ejemplos en el Antiguo Testamento de hijos menores preferidos sobre los mayores: Abel, Sem, Abraham, Isaac, Jacob, Judá, José, Efraín, Moisés, David.

ONCE

Once reyes y gobernantes ofendidos con siervos de Dios porque les dijeron la verdad:

1. Faraón, Éx. 10:28.
2. Balac, Nm. 24:10.
3. Jeroboam, 1º R. 13:4.
4. Acab, 1º R. 22:27.
5. Naamán, 2º R. 5:12.
6. Asá, 2º Cr. 16:10.
7. Joás, 2º Cr. 24:21.
8. Uzías, 2º Cr. 26:19.
9. Joacim (o Joyaquim), Jer. 26:21.
10. Sedequías, Jer. 32:3.
11. Herodes, Mt. 14:3.

José estuvo once años en casa de Potifar:

Tenía 30 años cuando compareció ante
Faraón (Gn. 41:46)...   30
Tenía 17 años cuando lo vendieron
(Gn. 37:2, 36)   17
Estuvo dos años en la cárcel (Gn. 42:1)... ... _2
                                                19
                                                ──
                                                11

TRECE

Se registran *trece hambres* en las Escrituras: (1) Gn. 12:10; (2) Gn. 26:1; (3) Gn. 41:54; (4) Rt. 1:1; (5) 2º S. 21:1; (6) 1º R. 18:1; (7) 2º R. 4:38; (8) 2º R. 7:4; (9) 2º R. 25:3; (10) Neh. 5:3; (11) Jer. 14:1; (12) Lc. 15:14; (13) Hch. 11:28.

CATORCE

Catorce veces en el Libro de Proverbios aparece la expresión «el temor de Jehová»: Pr. 1:7, 29; 2:5; 8:13; 9:10; 10:27; 14:26, 27; 15:16, 33; 16:6; 19:23; 22:4; 23:17.

DIECISIETE

Se registran *diecisiete* apariciones angélicas en los Evangelios y Hechos:

1-3. Tres a José, Mt. 1:20; 2:13, 19.
4. Al Señor en el desierto, Mt. 4:11.
5. En Getsemaní, Lc. 22:43.
6. Junto a la piedra del sepulcro, Mt. 28:2.
7. Dentro del sepulcro, Mr. 16:5.
8. A Zacarías, Lc. 1:11.
9. A María, Lc. 1:26.
10. 11. A dos de los pastores, Lc. 2:9, 13.
12. En el estanque de Betesda, Jn. 5:4.
13. A los discípulos, Hch. 1:11.
14. A los discípulos en la cárcel, Hch. 5:19.

15. A Cornelio, Hch. 10:3.
16. A Pedro en la cárcel, Hch. 12:7.
17. A Pablo, Hch. 27:23.

VEINTE

Se registran *veinte sueños:*

1. Abimelec, Gn. 20:3.
2, 3. Jacob, Gn. 28:12; 31:10.
4. Labán, Gn. 31:24.
5, 6. José, Gn. 37:5, 9.
7, 8. El copero y el panadero, Gn. 40:5.
9, 10. Faraón, Gn. 41:1, 5.
11. El hombre del ejército de Gedeón.
12. Salomón, 1º R. 2:5.
13, 14. Nabucodonosor, Dn. 2:3; 4:5.
15. Daniel, Dn. 7:1.
16, 17, 18. José, Mt. 1:20; 2:13, 19.
19. Los magos, Mt. 2:13.
20. La mujer de Pilato, Mt. 27:19.

VEINTIUNO

es el número de veces que en el Libro de los Reyes se dice que Jeroboam, hijo de Nabat, «hizo pecar a Israel»: 1º R. 14:16; 15:26, 30, 34; 16:19, 26; 21:22; 22:52; 2º R. 3:3; 10:29, 31; 13:2, 6, 11; 14:24; 15:9, 18, 24, 28; 17:21; 23:15.